[부모학 시리즈 1]

# 말썽쟁이 아빠

Korean Ben Hur
허인욱

(KBS) 월드넷 칼럼집:
## 미국유학실패기

Q 쿰란출판사

/ 추 천 사 /

    허인욱 동문은 미국에 살면서 흔히 보기 어려운 분입니다.
    자신이 선구자가 되겠다고 유학 온 청운의 꿈을 접고, 미주 동포들의 삶의 현실을 안타깝게 생각해서 한인사회와 미국 주류사회를 연결하는 일들을 오랫동안 해왔습니다.
    또 세계정치의 일번지라는 워싱턴 지역의 한인회장을 하면서 많은 한인회장들이 자신의 일을 하기도 벅차다는데, 미국 동부지역 뉴욕과 필라델피아, 볼티모어, 워싱턴, 버지니아 남부 리치몬드 지역에 이르기까지 미국 경제가 어려워져서 힘들어하는 미주 동포들에게 희망과 꿈을 주기 위해서 이 시대의 꿈쟁이로 불리우는 〈고도원의 아침편지〉 주인장 고도원 씨를 초청하여 순회강연을 한 것과, 미국을 한인들의 도움으로 다 같이 잘사는 나라로 만들어 우리 후손들이 미국의 역사 속에 자랑스럽게 살아갈 수 있도록 하자는 꿈을 가지고, 대대로 가난을 대물림하는 흑인들에게 '미주새마을운동'을 해온 것, 지역정치인과 손을 잡고 50여 명의 한인동포들과 청소년들에게 공무원으로서 경험을 쌓고 주류사회에 진출할 수 있도록 도와준 것, 지구촌화된 시대에 국내외 동포가 힘을 합쳐 민족의 융성을 위해서 노력하자는 〈동포회〉 추진 워싱턴 위원장 활동, 이제 자녀들을 다 키웠으니 조기은퇴하고 남은 여생을 예수님의 사랑과 복음을 전하는 데 바치겠다고 선교사로 나갈 준비를 하면서, 다른 분들도 함께 가자고 세계시니어선교회를 창립하는 데 참여하여 총무간사로 섬기고 있는 것 등등 이 책 속에는 그의 미국 생활 35년이 그대로 녹아 있습니다.

 그의 삶에는 민족과 조국을 사랑하고, 미주 한인동포들과 지역사회, 새로 선택한 나라 미국을 사랑하는 마음, 나아가 지구촌을 사랑하고 복음화하라는 예수님의 명령을 따르는 제자로서 살기를 열망하는 마음이 담겨 있습니다.

 아무쪼록 이 책을 읽는 분들에게 그의 뜨거운 마음이 전달되어 많은 분들에게 도전을 주기를 바랍니다.

2016년 4월

김동욱

(뉴저지 생명나무교회 협동목사, 국민대학교 뉴욕동문회 초대회장,

뉴욕 코리안 닷 넷 대표)

/ 추천사 /

## 평생 신념을 좇은 아름다운 삶

　사람이 한평생을 신념을 간직한 채 산다는 것은 쉬운 일이 아니다. 일찍이 삶의 목표와 방향을 정하고 한눈팔지 않고 곧장 한 길을 걸어간다는 것은 험난한 세상 풍파를 헤쳐 나가는 것만큼 어려운 일이다. 그러기에 신념을 버리지 않고 변함없이 실행해 온 사람은 드물 수밖에 없고, 세상의 존경을 받게 된다.

　허인욱 선생은 신념에 따라 평생을 살아온 보기 드문 사람 중에 한 분이다. 일생을 사회봉사와 신앙의 실천을 목표로 두고 이 두 축에서 한 치도 벗어난 적이 없다. 한인들이 정확한 정보와 뉴스로 올바른 가치관을 가질 수 있도록 한인 신문사에 적을 두거나 직접 라디오 방송에 뛰어든 언론인이기도 하고, 평생교육원을 만들어 한인들의 교양을 함양함으로써 지적 의식을 높이려 했다.
　또 메릴랜드한인회장, 한인 라이온스클럽 회장 등 한인단체의 지도자로 한인사회 및 지역사회에 직접 봉사하기도 했고, 미주한인재단-워싱턴 회장을 맡아 한인이민의 의미를 되새기고 새로운 미래를 여는 데 앞장섰다. 뿐만 아니라 인패스 청소년 오케스트라 대표를 맡아 우리 2세들이 재능을 키우고 발휘할 수 있도록 했고, 신앙인으로서 선교도 소홀히 하지 않았다.

더욱이 볼티모어 시의 유력 정치인들과도 교류를 가지며, 한인 권익 신장에도 앞장섰다. 신념을 실현하기 위해 때로는 고집도 피웠고, 때로는 엉뚱한 일도 마다하지 않았기에 주위에서 '외골수'라고 지칭하기도 했지만, 한 가지 길을 정하면 결코 곁눈질하지 않고 오직 한 방향으로만 나아갔다.

사회활동에 매진하면서 본인 스스로 '말썽쟁이 아빠'라 칭할 만큼 가정은 챙기기 힘들었다. 돈 버는 일보다 신념에 따른 일을 우선시하다 보니 밤낮으로 밖으로 돌아다녔고, 경제적으로 힘들 때도 많았다. 하지만 자녀교육만은 소홀히 하지 않았다. 남에게 평생교육을 주창하는 이답게 자녀들을 살뜰하게 교육시켜, 미국 주류사회에 당당히 진출시켰다. 20년 이상을 곁에서 지켜본 지인으로서 부인 홍성애 여사와 함께 어떠한 어려움이 있어도 자녀교육에는 하나도 남김없이 쏟아 붓는 그의 정성과 헌신에 감탄을 금할 수 없었다.

그는 말썽쟁이 아빠일지언정 불량 아빠는 아니었다. 오히려 모범 아빠였고, 부성의 표상이었다. 그런 아빠의 모습을 줄곧 보아 왔기에 자녀들이 훌륭하게 성장했을 터이다. 그는 또한 바쁜 와중에도 신앙생활을 게을리 하지 않았고, 기도를 멈추지 않았다. 선교를 사명으로 알고 땅 끝까지 복음을 전하기 위해 여생을 걸고 있다.

이 책에는 이 같은 그의 삶에서 우러나오는 고뇌와 사색이 오롯이 담겨 있다. 미국 생활에서 느낀 생각과 깨달음에서부터 미국의 정치, 경제는 물론 그가 애틋이 사랑하는 고국의 제반 현실에 이르기까지 그의 사유와 고민은 폭과 끝이 없이 이어지고, 그는 이를 하나도 놓치지 않고 글로 남겼다. 그는 틈틈이 칼럼을 써

KBS 월드넷의 개인 블로그인 '미국의 평생교육 읽기'와 또 다른 개인 블로그에 실었다. 이 책은 그 칼럼들을 모은 것이다.

이 책을 읽으면 사회봉사자이자 사회개혁 활동가이고, 교육가이자 한 집안의 가장으로서 그가 흔들리지 않고 걸어온 한 길을 고스란히 들여다볼 수 있다. 이 책은 미국 생활을 막 시작하는 이민 초보에서부터, 갑갑한 이민생활에서 벗어나 새로운 삶을 추구하려는 올드 타이머는 물론 세상에 뛰어드는 사회 초년생과, 깊숙이 넣어 두었던 신념을 꺼내 이를 실행함으로써 인생의 의미를 되찾으려는 이들에 이르기까지 삶의 방향을 모색하고 계획을 수립하는 데 좋은 길잡이가 될 것이다.

그는 여전히 꿈을 꾸고 있고, 꿈을 이루려고 오늘도 뛰고 있다. 한국인을 가난에서 탈출시킨 새마을운동을 미국에서도 벌여, 도시의 빈민들을 해묵은 가난에서 벗어나게 해 미국에 기여하겠다는 당찬 포부를 갖고 있다. 또 한인 커뮤니티의 집결체이자 미국사회에 한국의 모든 것을 보여줄 '태극시'를 만들겠다는 꿈에 부풀어 있다. 뿐만 아니라 선교사 1만 명 파송을 목표로 조기은퇴자들을 훈련시킬 시니어선교센터 건립 계획도 가지고 있고, 한국 '동포처' 설립을 추진하며, 현대 가정의 문제를 해결하기 위해 '부모학'을 만들려고 한다.

어느 것 하나 실현 가능성을 자신할 수 없는 벅찬 과제이고, 주위에서는 무모하다고 만류할 만한 것들이다. 하지만 그는 계속 꿈을 꾸고, 이를 이루기 위해 남은 생을 바칠 것이다. 해외 동포들을 위해, 나아가 조국을 위해, 더 나아가 온 인류의 평화를 위해 일로매진했고, 또 이러한 그의 열의가 언젠가 결실을 맺기를 바라 마지않는다.

    사회운동을 하는 이들이 종종 사용하는 '요원지화'(燎原之火)라는 말이 있다. 요원지화는 들판을 태우는 불이라는 뜻으로, 무섭게 번져가는 벌판의 불처럼 세력이 대단해 막을 수 없는 것을 지칭한다. 그의 이상과 신념이 요원지화를 이뤄 온 세상에 번져가기를 기대해 본다.

2016년 4월

**박기찬**

(워싱턴 중앙일보 편집국장)

추천사

　한인회장직에 임하면서 '자리가 사람을 만든다'라는 말을 자주 떠올리게 됩니다. 좋게 풀이하면, 누구에게나 잠재된 능력이 있어서 어떤 직분을 맡으면 그 자리에 걸맞은 기질의 사람으로 발전한다고 볼 수도 있지만, 안 좋게는 감투를 이용해 잠재된 욕망을 충족시키는 경우로도 풀이할 수 있습니다. 그래서 자리가 사람을 만든다는 말보다는 '사람이 자리를 만든다'는 말을 더 깊이 생각해 보게 됩니다. 어떤 사람이냐에 따라 그 자리의 가치가 달라지기 때문입니다.

　어느 누구라도 한인회장이라는 직분을 처음 맡게 되면 대단한 명예나 권력 또는 금전적인 이윤이 생기는 것이 아님에도 불구하고, 순전히 모국에 대한 애국심과 한인사회를 향한 애정을 갖고 발벗고 나서서 성심을 다해 일하려고 합니다. 하지만 그렇게 순수한 마음에서 시작한 일임에도 한인회장으로서 활동하다 보면 사방에서 유혹이 따르고, 각종 구설수에 오르내리기도 합니다. 떠나온 모국에서 여러 기회의 손짓을 보내오기도 하고, 유명한 공직자들, 특히 국회의원들과 함께할 수 있는 자리가 빈번해지며, 주변에서는 온갖 바람을 집어넣어 본래 한인회장직에 임하며 가졌던 초심을 흔드는 경우가 생깁니다. 인간이라면 누구나 한 번쯤 흔들릴 법한 구실로 말입니다.

　제가 아는 허인욱 회장님은, 메릴랜드 한인회장과 미주한인재단-워싱턴 회장을 역임하며 흔들림 없이 오로지 한인의 정치력 신장과 소수민족으로서 미주 한인사회의 위상을 높여야 한다는 초심을 지키고 계신 대표적인 분입니다. 그러한 강한 신념과 소신, 그리고 깊은 신앙으로 오랜 세월에 걸쳐 지금까지도 한인사회를 위해 봉사하고 계신, 한인 2세들에게 매우 본이 되는 분이라고 할 수 있습니다.

그렇기에 이번 허인욱 회장님의 미국 이민생활사와 한인사회의 회장직 경험을 토대로 작성하신 글을 한데 모아 책을 출판한다는 소식에 기쁜 마음을 금한 길이 없습니다. 허인욱 회장님의 연륜이 녹아 있는 책을 통해, 이민 1세대뿐만 아니라 2세대와 3세대들도 쉽사리 얻지 못하는 삶의 노하우와 이민생활에 도움이 되는 많은 교훈을 배우고 느낄 수 있기를 바랍니다.

2016년 4월

임소정

(워싱턴지구 한인연합회 제38대 회장)

/ 추천사 /

## 찰리 채플린을 닮은 사람

허인욱 회장을 생각하면
찰리 채플린이 생각난다.

그의 선한 눈빛과 장난기 어린 듯한 넉넉함이
더욱 그렇다.
그렇지만 그는 그렇게 쉽게 살아오지는 않았다.
온몸으로 몸부림치며
이민의 땅을 밟고 다녔음이 분명하다.

어느 날 토요 새벽기도를 마치고
교회 문을 나서다가 깜짝 놀란 적이 있다.
족히 한 시간 이상은 운전을 해야 하는 거리에서
새벽 운전을 하고 단지 나를 만나러 오셨기 때문이다.
그는 그렇게 열정의 사람이다.

그는 늘 아버지학 또는 부모학에 대하여 말하기를 좋아했다.
그의 두 아들과 딸이 얼마나 성공적으로 잘 컸는지를 알면
자연스레 이해가 될 만큼

좋은 아버지가 되기 위해 많이 생각하며 실천했음을
알게 된다.

그의 눈은 항상 미소를 머금고 있다.
그러나 불의를 보면 단호하고
냉철한 매의 눈을 하기도 한다.

사람을 좋아하고 사람을 사랑한다.
무엇보다 그는 하나님을 사랑한다.

이 책에는 그의 인생과 그의 철학과
그의 삶이 꾸밈없이
고스란히 담겨 있다.

더불어 나도 행복하다.
그 행복감이 전염되기를 바라는 마음이다.

2016년 4월
**피터 정**
(차와 음악과 선교를 사랑하는 사람,
꽃피는 아침마을 미주대표, CEO/CconmaUSA.com)

/추천사/

## 자유인 허인욱

기쁩니다. 나올 것이 나왔습니다. 축하합니다. 어떤 이들은 책을 펜으로 씁니다. 어떤 이들을 머리로 씁니다. 그런데 어떤 이는 삶으로 책을 씁니다. 본서는 저자가 자기의 일생을 들여서 쓴 책입니다. 자신의 삶에서 몸으로 경험한 지혜를 독자들과 나누고 싶어 섬기는 마음으로 쓴 책입니다.

특별히 이민자로서의 정체성을 가지고 하나님, 가정, 교회, 한인사회, 그리고 미국의 주류사회를 넘나들면서 많은 이들을 만나며 사랑한 이야기들입니다. 언젠가는 책으로 자신의 삶의 철학을 나누겠거니 막연히 생각하고 있던 차에 추천을 의뢰받게 되어 기쁜 마음으로 본서를 추천합니다.

제가 아는 본서 저자 허인욱 님은 자유인입니다. 자신의 이미지를 관리하는 것이 우리의 행동을 구속하는 시대입니다. 이미지 제고를 위해서라면 거짓말도 서슴지 않는 풍조가 만연한 시대입니다. 결과적으로 이런 욕심이 우리를 구속하여 자신의 본모습을 숨기면서 우리의 자유를 빼앗습니다. 대부분의 사람들은 그래서 자유롭지 못합니다.

그런데 가끔 번뜩거리는 자유로운 인생을 사는 분을 만나게 됩니다. 그런 분을 만나면 보통 사람들과는 다른 영혼을 느끼게 됩니다. 저자는 그런 분입니다. 내심 나도 그렇게 자유롭게 말하며 살고 싶지만 남이 어떻게 생각하는지가 두려워서 지나치게 몸을 사리는 사람들이 많은 시대에 저자는 자신이 옳다 하는 바를 말하고 행동하는 그런 분입니다.

본서를 읽으시면서 독자 여러분도 그 자유로움을 시원하게 느끼시게 될 것입니다. 행복한 독서가 되시기를 바랍니다. 그리고 저자가 경험한 지혜를 활용하셔서 독자 여러분의 인생이 충만해지시기를 축원합니다.

2016년 4월
송영선
(미국 메릴랜드 주 빌립보 교회 목사)

## 추천사

    누군가의 삶에 영향을 주는 이들이 있습니다.

    허인욱 회장님과 저의 인연은 10여 년 전 보이스카웃(Boy Scout) 본부에서 저를 볼티모어(Baltimore)에 강사로 보내면서 시작되었습니다. 나중에 안 사실이었지만 아드님이 Eagle Scout 되기에 큰 힘이 되어 주셨고, 늘 Be prepared!!! 준비된 삶을 살아가시는 분이었습니다. 그 삶이 자신의 얼굴을 빛내기보다는 남을 위한 삶을 살아가시는 분이었습니다.

    낮아지기 위해 더 강해지라는 말이 가슴에 다가옵니다. 힘이 있어야 힘을 모아 앞으로 나아간다는 좋은 리더이셨습니다.

    허 회장님의 힘은 하나님의 사랑에 바탕을 두었습니다. 하나님이 허락하신 사랑의 힘을 지혜롭게 잘 사용하신 분으로 기억됩니다.

    늘 용기 있는 삶을 사신 큰 어르신께 박수를 보냅니다.

2016년 4월

이기동

(미국보이스카웃연맹 전국이사, 다양성위원회 아시안소위원장)

/ 추천사 /

　저는 짧지 않은 인생을 살면서 목회자로서 또는 집회 강사로서 많은 사람들을 만났습니다. 그것은 일반인들이 경험하는 삶과 비교해 목사라는 직업을 가진 자가 누리는 특권이었습니다.
　그동안 만난 사람들은 대부분 한번 만나고 다시는 보지 못한 사람들이었지만, 그중에는 오랜 기간 자주 만나며 인연을 계속 이어온 사람들도 있었습니다. 그런 사람들 가운데 한 사람이 허인욱 씨입니다.
　첫 번째 만남은 허인욱 씨가 제가 시무하던 교회에 찾아왔을 때입니다. 수천 명 되는 교인들과 매주 방문하는 수많은 방문자 중 한 사람이었지만, 그는 나의 교인이 되었고 우리의 오랜 관계는 그렇게 시작되었습니다.
　그동안 가끔 만나면 우리의 과거의 경험과 현재 가지고 있는 꿈을 나눴습니다. 그리고 이렇게 대화를 나누는 중에 서로 흡사한 면을 많이 발견했습니다. 우리는 같은 시대에 살면서 그 시대의 생각과 사상, 또 많은 비슷한 경험들을 공유하고 있었습니다.
　우린 1950년대 초에 태어났습니다. 그리고 60년대와 70년대 한국 역사의 아픔과 기쁨을 직접 경험했습니다. 그러다 1970년대에 미국으로 유학을 왔다가 결국 미국 시민이 되어 살아왔습니다. 그러면서 많은 이민자의 고뇌와 보람을 직접 체험했고, 결국 주류사회의 일원이 되어 미국에 살면서 자녀들을 키웠습니다.

그러나 우리의 생각이 일반 이민자들과 조금 다른 면이 있다면 그것은, 우리의 경험을 한국 이민 사회와 함께 나누기를 원하는 마음이었습니다. 저는 목회자로, 허인욱 씨는 이민사회와 미국의 주류사회, 그리고 조국을 사랑하는 한국 국민으로 그동안 배우고 느끼고 체험했던 경험을 함께 나누고 싶어하는 열정입니다.

그런 점에서 허인욱 씨는 특별한 분입니다. 과거 수십 년을 그래왔고, 지금도 그런 열망으로 가득 차 있는 분입니다. 주변에서 그런 점을 잘 이해하지 못하는 가까운 지인들조차 어느 때는 그를 타일러 오히려 돈이나 잘 벌라고 하는 사람들도 있었습니다. 더 큰 영향력 있는 일을 하라고 조언하는 사람들도 있었습니다. 차라리 가정에 더 충실하라고 타일렀던 사람들도 있었습니다. 하지만 그는 마치 사명자처럼 수많은 것을 포기하고 자신이 원하고 확신하는 일들을 해왔습니다.

그래서 저는 그런 허인욱 씨를 좋아합니다. 세상에는 그런 사람들이 필요하기 때문입니다. 나의 안위를 위해 사는 것이 아니라 더 큰 그림을 위해 달려가는 사람들 말입니다. 누가 뒤에서 지원해 주기 때문이 아니라, 누가 특별히 알아주고 인정해 주기 때문이 아니라, 그런 것에 상관없이 그것이 꼭 필요한 일임을 알기에 그 일을 하는 사람들 말입니다.

그런 점에서 저는 이번 허인욱 씨가 쓴 책이 의미있는 책이라고 믿습니다. 그 내용은 많은 이들에게 크고 작은 감동을 주리라고 믿기 때문입니다.

허인욱 씨 본인이 먼저 인정할 것입니다. 바울 사도의 "내가 이미 얻었다 함도 아니요 온전히 이루었다 함도 아니라 오직 내가 그리스도 예수께 잡힌 바 된 그것을 잡으려고 좇아가노라"는 고백이 그의 고백이 될 것을 믿고 있습니다. 그는 아직 이룬 것이 아닙니다. 다만 젊은 시절부터 가지고 있던 꿈을 버리지 않고 앞을 향해 달려갈 뿐입니다. 누구에겐가, 무엇인가에 잡힌 바 된 그것을 위해 기쁜 마음으로 좇아갈 것이라고 의심치 않습니다. 그리고 그 때문에 주위의 많은 사람들이 행복해 할 것이라고 믿고 있습니다. 그걸 아마 사명이라고 할 것입니다.

우린 함께 지켜볼 것입니다. 그리고 마음으로 계속 지지해 줄 것입니다. 그의 마음을 이해하기에……. 

2016년 4월
김원기
(코어커뮤니티 목사, Rockville, Maryland USA)

| 추천사 |

It has been an honor to work with In-wook Ben Hur for over a decade in serving the community. Mr. Hur has been an outstanding partner in volunteering his time, sharing his talents, and donating significantly to the betterment of the community in Maryland. In addition, Mr. Hur has been a liaison in connecting Korean-Americans with the mainstream and diverse cultures. Mr. Hur's commitment to his family and community go hand-in-hand. His family supported him in all his efforts, and he fully supported his family members making their marks in the world.

Mr. Hur is a hard-working and loyal gentleman who has been selfless in his service to others. Dreaming big is an inherent characteristic of Mr. Hur. He has repeatedly taken on tough challenges in life. It's not about winning or losing to him; it was always about doing what is right. I had the opportunity to serve in the trenches with Mr. Hur in some difficult times, and his steadfast leadership overcame many obstacles. Hope often can be lost when turmoil gets the best of us, yet Mr. Hur has been a still small light who has reignited hope when those he knew hit rock bottom.

Serving on many team-based initiatives with Mr. Hur, he challenged me and others he led to push the limit in our capacities of serving others. Mr. Hur inspires others to build relationship networks across diverse demographics, be lifelong learners, and never to quit on ourselves or others.

I sincerely wish Mr. Hur the best as he shares his experiences and life lessons with others. I trust that the present generation will be encouraged by his words, and future generations will be inspired to live a life of service.

Mark S. Chang
State Delegate

# 머리말

　미국에 평생교육을 공부하러 왔다가 평생 하는 공부라서 학위를 받지 못하고 평생 교육타령만 하고 있는 사람입니다.
　코리안 아메리칸 - 가장 평생교육의 혜택이 필요함에도 불구하고 그 혜택을 받지 못해 안타깝게 생각하면서 한인사회의 평생교육운동을 위해 나름대로 노력해 온 것을 정리하고, 많은 분들이 함께 생각하면서 한인들에게 조그마한 도움이라도 되기를 기대해 봅니다.
　'문명이 최고로 발달한 미국에 이민 와서 글 모르고 말 못하고 사회제도와 문화를 잘 몰라서 인간답게 살아가지 못한다면, 그저 저소득층 사회에 들어가 매일 총칼 없는 삶의 위협 속에서 생계를 유지한다면 아프리카 밀림에 들어가 맹수들의 위협 속에 살아가는 것과 무엇이 다른가?' 이런 회의를 많이 했습니다. 그러나 이젠 한인 1세들의 이런 희생이 2세, 3세, 아니 앞으로 미국에서 살아가야 할 자손만대의 찬란한 미래를 위한 귀중한 밑거름으로서 큰 의미가 있다고 생각합니다.
　이제 이 이민 1세들을 위해서, 그들의 남은 여생을 위해서 할 수 있는 일들을 함께 생각해 보고자 합니다. 과거도 돌아보고, 또 현재의 일들을 점검해 봐야 하겠지만 무엇보다도 중요한 것은 이 희생의 세대들의 여생을 어떻게 도와줄 수 있는가 하는 문제입니다.
　많은 분들이 참여해 주셔서 좋은 의견들이 많이 나오기를 기대해 봅니다. 감사합니다.

  이 책이 빛을 보기까지 원고 정리와 편집, 도안, 제작을 위해 수고를 아끼지 않으신 김효정, 박지현, 권미애, 박경숙, 그리고 제자를 써주신 묵재 권명원 선생께, 또 어려운 시절 칼럼을 쓸 수 있도록 해주신 KBS 월드넷 관계자들께 감사를 드립니다.

  이 책을 나를 낳아 주고 키워 준 내 조국 대한민국과 내 부모, 두 분 누님 희자와 혜자, 그리고 내 평생의 존경하는 스승이신 형님, 공군대령 공학박사 허원욱, 고교 은사 학산 조재억 선생님, 대학 은사 이광호 박사님, 김상복 목사님, 아내 홍성애, 수젠, 벤지, 폴 모두에게 감사하며 바칩니다.

2016년 4월<br>허인욱

/ 목
  차 /

**추천사** _ 김동욱(뉴저지 생명나무교회 협동목사) • 2
　　　_ 박기찬(워싱턴 중앙일보 편집국장) • 4
　　　_ 임소정(워싱턴지구 한인연합회 제38대 회장) • 8
　　　_ 피터 정(꽃피는 아침마을 미주대표) • 10
　　　_ 송영선(미국 메릴랜드 주 빌립보 교회 목사) • 12
　　　_ 이기동(미국보이스카웃연맹 전국이사) • 14
　　　_ 김원기(코어커뮤니티 목사) • 15
　　　_ 마크 장(미국 메릴랜드 주 하원의원) • 18

**머리말** • 20


미국유학실패기(1) – 예정된 실패 • 28
미국유학실패기(2) – 유학 실패가 인생 실패는 아니다 • 31
미국유학실패기(3) – 평생교육의 시작 • 33
미국유학실패기(4) – 평생교육의 필요성 • 35
미국유학실패기(5) – 공부가 인생의 전부는 아니다 • 37
미국유학실패기(6) – 기초실력의 한계 • 39
내 삶을 이끌어 온 말들(1) – 선의를 생각하라 • 41
내 삶을 이끌어 온 말들(2) – 알을 깨는 고통을 감내하라 • 43
내 삶을 이끌어 온 말들(3) – 준 것은 잊고 받은 것은 잊지 마라 • 45

내 삶을 이끌어 온 말들(4) – 의(義)에 살고 의(義)에 죽자 • 47
내 삶을 이끌어 온 말들(5) – 군인이 되겠는가 • 49
내 삶을 이끌어 온 말들(6) – teachable person • 51
내 삶을 이끌어 온 말들(7) – 진리를 알면 자유가 있다 • 53
내 삶을 이끌어 온 말들(8) – 죽기는 왜 죽는가? • 55
내 삶을 이끌어 온 말들(9) – 낮아지기 위해 높아져라 • 58
내 삶을 이끌어 온 말들(10) – 원수를 사랑하라 • 60
내가 경험한 미국(1) – 코끼리 만지기 • 63
내가 경험한 미국(2) – 와! 정말 크다 • 64
내가 경험한 미국(3) – 새 차 공짜로 얻어 타기 • 66
내가 경험한 미국(4) – 동양인 주류의 샌프란시스코 • 69
내가 경험한 미국(5) – 법 앞에 평등 1 • 72
내가 경험한 미국(6) – 법 앞에 평등 2 • 75
내가 경험한 미국(7) – 정치적 불평등(투표자) • 78
내가 경험한 미국(8) – 정치적 불평등(돈 주는 사람) • 81
내가 경험한 미국(9) – 경제적 불평등-시작부터 달라 • 83
내가 경험한 미국(10) – 파산선고(bankruptcy) • 85
내가 경험한 미국(11) – 빚쟁이들의 독촉 • 87
내가 경험한 미국(12) – 가난한 흑인들 1 • 90
내가 경험한 미국(13) – 가난한 흑인들 2 • 92
내가 경험한 미국(14) – 가난한 흑인들 3(의료제도) • 95
내가 경험한 미국(15) – 흑인 지도자들 1(쉬머크 시장) • 97
내가 경험한 미국(16) – 흑인 지도자들 2(스튜어드 심스) • 99
내가 경험한 미국(17) – 흑인 지도자들 3(평범한 지도자) • 102
보험료 때문에 • 105

배심원 홍보주간 • 108
곤경에 처한 부시 대통령 • 111
9·11에 국방성을 공격한 것은 미사일 • 114
10만 원 내지 않아 16억짜리 집 빼앗긴 사람들 • 116
왜 미국이 강대국인가(1) – 기회의 나라 • 119
왜 미국이 강대국인가(2) – 더불어 함께 사는 나라 • 122
왜 미국이 강대국인가(3) – 인간의 기본권이 보장되는 사회 • 124
왜 미국이 강대국인가(4) – 예측 가능한 안정된 사회 • 127
왜 미국이 강대국인가(5) – 사람을 믿어 주는 신용사회 • 130
왜 미국이 강대국인가(6) – 돈으로 사회를 운영하는 자본주의 • 133
미국의 문제점은 무엇인가(1) – 인종차별 • 137
미국의 문제점은 무엇인가(2) – 경제적 계급사회 • 139
미국의 문제점은 무엇인가(3) – 의료보험 • 145
여성 참정권 허용(1920년부터) • 147
평생교육 – 교육의 본질-아버지학을 만들자 • 149
교육의 시작-인생의 시작 • 152
문제 아동-문제 부모 • 155
대학 진학(1) – 명문대 입학 5요소 • 158
대학 진학(2) – 변하는 것들 • 162
대학 진학(3) – 부모의 변화 1 • 164
대학 진학(4) – 부모의 변화 2 • 167
세 가지 직업 – 사회 첫발을 어떻게? • 169
직업을 바꿔야 하는 경우 • 172
무엇을 교육할 것인가? – 육신, 정신, 영적 교육 • 176
육신의 교육(1) – 결혼 전 건강진단서 • 180

육신의 교육(2) – 덧붙일 이야기들 • 183
육신의 교육(3) – 천성은 훈련으로 고쳐진다 • 186
정신 교육(1) – 민족교육 • 189
정신 교육(2) – 두뇌발달 • 191
정신 교육(3) – 가훈이 있는 집안 • 193
정신 교육(4) – 교육 환경 • 197
어떻게 기독교인이 되었나(1) • 199
어떻게 기독교인이 되었나(2) • 201
교회는 무엇이고, 무엇을 하는 곳인가? • 203
하나님은 누구이고, 어떤 분인가? • 206
아버지 때문에 예수 못 믿는 사람들 • 208
이해할 수 없는 하나님-하나님 어머니 • 210
예수-신인가, 아니면 희대의 사기꾼인가? • 212
왜 살고 있습니까? • 215
영어– 정복할 길은 없는가? • 218
영어 정복(1) – 듣기 훈련 • 219
영어 정복(2) – 말하기 훈련 • 222
대구 지하철 사고와 132년 만의 폭설 • 224
신용사회-크레딧의 의미는? • 226
국제결혼(1) – 의사회 여름세미나 • 229
국제결혼(2) – 타 민족과의 결혼 • 232
한 생명을 구하는 일-방범 세미나 • 235
어느 장애아동 어머니의 비극 • 238
어느 선생님 이야기 • 240
길고 긴 방학-집 떠나는 아들을 생각하며 • 243

1,500마일을 단숨에 • 245
고 유태희 씨 영전에 • 248
휴가지에서-사랑 • 250
아름다운 세상 • 253
눈물 젖은 빵의 의미 • 256
육신적인 고통 • 258
정신적인 고통-불확실성의 미래 • 260
크리스천의 장례 • 262
21세기 제3차 세계대전 • 265
수십억 매미 떼의 습격 • 267
매미 떼의 습격-좋은 교육자료 • 269
무덥고 긴 2006년 여름 • 271
미국에서 부동산업을 생각하시는 분께 • 274
지구촌의 개발과 평화에 앞장서는 한민족이 되었으면 • 276
3T 교육(1) - 재능 개발 • 278
3T 교육(2) - 재물 관리 • 280
재물 관리 교육(1) - 돈 버는 방법 세 가지 • 282
재물 관리 교육(2) - 무슨 산업이 발달할까 • 285
풀뿌리 민주주의-정치참여와 권익 옹호 • 287
두 여중생 사망 사건의 어제, 오늘, 내일 • 291
여중생 사망, 진실을 밝히는 것이 중요하다 • 294
파병과 반전-서로의 분명한 이유와 입장을 밝혀야 • 296
학원의 병영화, 병영의 학원화 • 298
개인수표 사용과 화폐단위 변경 • 302
반기문 장관의 유엔 사무총장 출마 • 305

중국어 세계화를 위한 언어공정 • 307
북핵에 대한 미국의 입장 • 309
북한의 핵실험 • 312
언론 개혁의 필요성(1) – 경영자, 제작자, 독자, 청취자 • 314
언론 개혁의 필요성(2) – 정치군인-정치언론인 • 315
언론 개혁의 필요성(3) – 독자 • 317
언론 개혁의 필요성(4) – 신문은 필연적으로 거짓말? • 318
언론 개혁의 필요성(5) – 뜯어먹고 산다? • 321
언론 개혁의 필요성(6) – 행간을 읽어라 • 323
언론 개혁의 필요성(7) – 어디를 비추나 • 326
언론 개혁의 필요성(8) – 맑고 밝은 사회를 기대하며 • 327
미국 부동산 구입 신중해야 • 328
평생 스승(1) – 김상복 목사님 • 331
평생 스승(2) – 이광호 박사님 • 336
평생 스승(3) – 조재억 선생님 • 341
시간 관리 교육(1) – 5분이 인생을 바꾼다 • 344
시간 관리 교육(2) – 아는 것과 실천하는 것 • 347
시간 관리 교육(3) – 무슨 일을 언제 하는가 • 349
시간 관리 교육(4) – 남의 시간 빼앗기 • 352
시간 관리 교육(5) – 토막 시간 활용법 • 354
시간 관리 교육(6) – 공공질서 지키기 • 356
내가 여행을 좋아하는 이유 • 358
내가 등산을 좋아하는 이유 • 360

후기 • 363

미국유학실패기(1)
# 예정된 실패

나이를 먹어가면 부끄러움이 없어지는 모양이다. 젊어서는 자신의 실패를 대놓고 얘기할 용기가 없었지만, 이제는 '필자와 같은 실패를 다른 사람들이 안 하게 하기 위해서'라는 명분으로 내 실패담을 기록해 볼까 한다.

먼저 내 삶의 철학은 무엇을 하든 죽기살기로 끝까지 해보자는 것이 아니고, 그저 최선을 다해서 가는 데까지 가는 것이다. 미국 유학을 오는 사람이 이런 정신을 갖고 온다면 그것은 100% 실패를 보장한다고 해도 과언이 아닐 것이다.

지금은 사정이 많이 달라졌다고 하지만, 해방 이후부터 한국이 경제적인 근대화를 성취하고 그 과실을 나눠 가질 무렵이 된 1990년대까지 해외 유학은 고학을 의미했다. 즉 달러화가 없으니 해외에서 공부하는 학생들은 현지에서 자체 조달을 해야지, 한국에서 돈을 가져다가 쓴다는 것은 지극히 일부 유학생에 해당되는 일이었다.

유학을 준비하고 있으면서 문교부에 근무한다는 분으로부터 전해 들은 얘기로는 해외 유학을 떠난 사람들의 3%만이 귀국을 한다는 것이었다.

60~70%가 중도에 포기를 하고 현지에 정착하는 경우이고, 학

업을 마치는 사람들도 한국에 돌아와 봐야 써먹을 자리가 없으니 미국에 정착하게 된다는 것이다. 고생을 하고 학위를 받아도 귀국하면 일할 자리가 없다는 것이다. 그저 유일하게 취직을 가능하게 하는 곳이 대학 강단이다.

그야말로 낯설고 물설고 문화가 다른 곳에서 생활하면서 죽기 살기로 공부하지 않고서야 어떻게 정상적인 생활을 하면서 학업을 마칠 수 있겠는가? 본인 혼자서 돈을 벌면서 공부를 했다면 남자든 여자든 혼기를 놓치고 학업을 마칠 때까지 노총각, 노처녀 신세를 면할 길이 없다. 유학생의 부인처럼 눈물겨운 고생을 하는 사람들이 없다. 자신의 공부를 포기하고 막일로 생계를 꾸리면서 남편 뒷바라지를 하거나, 자녀들이 생겨 자녀들의 뒷바라지를 하기 위해서 자신의 꿈을 접어야 했던 수많은 사람들…….

공부, 결혼, 가정, 자녀를 낳는 것, 돈 버는 것(경제적 안정), 어느 하나 인생에서 중요하지 않은 것이 있는가?

무엇을 먼저 하고 무엇을 연기하고 포기해야 하는가?

그래서 인생은 얻는 것이 있으면 잃는 것이 있고, 반대로 잃는 것이 있으면 얻는 것이 있는 법, 정말로 공평하신 하나님은 절대로 작은 것까지도 거저 넘기시는 법이 없는 것 같다.

그래도 남들보다 훨씬 좋은 여건이라고 생각하는 것이, 누님이 이민을 가서 미국에서 생활하고 있었기 때문에 기댈 언덕이 있었다는 것이다. 사실은 그것이 악착같이 생활하는 데 방해가 되었을 수도 있지만 말이다.

미국에 와서 결혼을 하면 훨씬 미국생활이 용이할 것이라는 누님의 충고를 무시(?)하고, 훌륭하게 된다는 것은 남과 같이 평범한 생활을 하면서 이뤄내야지, 많은 것을 잃고 한 가지를 얻는다면 무엇이 위대한가? 인생에 가장 중요한 일을 미국생활의 편의와 바꿀 수 없다고 생각하면서 한국에서 결혼을 하고 미국 유학을 떠날 무렵, 장인께서 물어오신 말씀은 "내 딸을 미국에 데려가면 밥 벌어 먹이겠는가?"라는 말씀이셨다. 지극히 당연한 대답이지만 어처구니 없는 대답을 했다. "저도 미국엔 처음 가는 길이고 미국 사정을 잘 모르니 가서 어찌 될지 모르나 함께 고생을 각오하고 갑니다. 그저 열심히 살아가겠다는 말씀밖에는 드릴 말씀이 없습니다. 죄송합니다, 장인 어른……."

지금 유학을 오는 많은 사람들도 미국을 잘 모르지만 그저 가보면 무슨 길이 생기지 않을까 하며 무작정 떠나는 분들, 아니면 자녀들을 유학 보내는 분들은 지극히 당연한 일처럼 보이지만 어처구니없는 도박을 하는 것이다. 학업을 마칠 때까지 목숨을 걸어놓고 열심히 하겠다는 각오가 없이는, 또는 자녀들이 그런 마음의 결단이 서 있지 않다면, 그저 좁은 한반도에서 인구를 줄여주는 조그만 애국으로 해외동포가 되는 것이 유학생활의 끝이 될 것이다.

미국유학실패기(2)
# 유학 실패가 인생 실패는 아니다

　유학 실패기를 쓰면서 자기변명을 먼저 해두어야겠다.
　유학의 실패가 인생의 실패를 의미하는 것은 아니라는 것이다.
　누구든지 자기 인생에 대해서 긍정적으로 생각하지 않으면 인생을 행복하게 살 수 없다. 비록 목표에는 도달하지 못했지만 지금의 삶에 감사하고 보다 나은 내일을 위해서 노력할 때 우리들의 삶이 밝아질 수 있다.
　자기의 삶을 밝혀 놓지 않고는 자신의 미래에 대해 소망도 없고, 자기가 속해 있는 집단, 그것이 가정이든 직장이든 지역사회든 자기 주변에 있는 사람들에게 영향력을 끼칠 수도 없다.
　가고 있는 길이 험하고 때론 불가능하게 보이기까지 하지만 그래도 올바른 방향으로 가고 있다면 언젠가는 목표에 도달할 수 있을 것이다. 또 목표에 도달하지 못하고 생을 마감한다 해도 한이 될 것이 없다.
　평생 하는 공부라면 좀 천천히 하면 어떤가? 천천히 가도, 가야 할 길을 가고 있다면 문제될 것이 없지 않은가? 때로는 잘못된 길로 들어서서 방황하고 서성거리고 있을 수도 있겠지만 그래도 목표를 잃어버리지 않는다면 그 또한 한때의 쉼이 될 수도 있을 것이다.

쉬지 말고 목표를 향해서 전진하라. 게으름이 제일 무서운 적이다.

중요한 것은 목표를 갖는 것이다. 그리고 그 목표를 늘 기억하고 방향을 잃지 않는 것이다.

미국유학실패기(3)
# 평생교육의 시작

　한국에 평생교육의 개념이 본격적으로 도입된 것은 제5공화국 헌법의 전문에 "국가가 국민의 평생교육에 힘써야 한다" 이런 내용의 구절이 삽입된 이후라고 본다.
　하지만 당시에는 이 분야에 대한 전문가를 찾아보기 힘들었고, 대학에서 이 분야에 대한 강의가 개설되어 있는 곳도 없었다. 유학을 온 후에 1980년대 중반 석사 과정을 마쳐 갈 무렵 모교에 근무하는 선배에게 현황을 조사해 달라고 부탁했더니 성신여대에서 교수의 재량으로 코스를 가르치고 있다는 것만 확인할 수 있다는 답을 얻었다. 그 결과 석사학위만 가져도 고국에 돌아가 평생교육의 선구자 역할을 할 수 있겠다는 희망을 갖게 되었다. 이루지 못한 꿈이지만…….
　사실상 평생교육, 성인교육이 학문적인 뿌리를 내린 것은 불과 50~60년, 학문으로서 아직 자리를 덜 잡았다고 해도 과언이 아니다. 미국에서도 평생교육을 전공으로 하는 학과가 개설된 대학들이 많지 않아서 아예 없는 주들도 있고, 있어도 한 주에 한두 개 정도밖에는 없다. 물론 교육학의 한 분야로서 평생교육을 전공 분야로 공부할 수 있는 곳은 많이 있지만 독립된 학과를 갖고 있는 대학이 많지 않다.

먼저 얘기했지만, 평생교육의 발달이 어려운 이유 중 하나는 이미 고등교육을 받은 사람들은 자체적인 세미나, 학회, 전문교육 등을 통해서 연장교육을 잘하고 있기 때문에 실제로 평생교육이 절실하게 필요한 사람들은 저소득층이나 교육 기회를 놓친 사람들, 직업의 전환을 위해 재훈련이 필요한 사람들, 새로운 이민자들이다.

사회복지적인 개념이 강하게 느껴지는 이유로 설 땅을 고르는 데 어려움이 있는 것 같다.

평생교육이 아동이나 청소년들의 교육과 구별되는 이유는 정규 학교교육이 미래에 대한 준비가 주 목적이라면, 성인교육은 당장의 현실적인 문제 해결을 위한 직업교육이거나 여가선용, 폭넓은 인생을 위한 인간의 지적 욕망의 충족에 있다는 것이다.

평생교육이 당장 먹고사는 데 급급한 사람들에게는 현실적인 빵 문제 해결을 위한 수단이지만, 생활에 여유가 있거나 은퇴한 사람들에게는 하고 싶었으나(빵 문제 해결을 위해) 하지 못했던 일들을 새롭게 할 수 있는 - 공자의 인생 삼락에 나오는 - 배우고 익히는 인생의 즐거움을 맛볼 수 있는 방법이 되는 것이다.

성인을 대상으로 하는 교육, 그래서 성인교육이란 용어를 쓰는데 어감이 성인용, 성인이란 단어가 섹스와 관련된 이미지로 - 한국 말만 그런 것이 아니고 미국에서도 Adult Education이, Adult Entertainmant, Adult Magazine 등으로 연상될 수 있을 만큼 - 일반 사람들에게 용어가 생소해서 오해를 받고 있기 때문에 성인교육이란 표현 대신에 평생교육이란 용어를 선호하고 있다.

미국유학실패기(4)
# 평생교육의 필요성

   산업혁명 이후에 인간의 기술이 비약적인 발달을 거듭해 왔고, 인간 수명은 40~50년에서 90~100년으로 거북이같이 길어졌다. 기술의 혁신 초기에는 몇백 년의 세월이 흘렀지만 지금은 몇십 년 몇 년이 아니고 기술의 혁신이 시간, 분, 초마다 이루어지고 있는 세상이 되었기 때문에, 옛날에는 인간이 태어나서 한 가지 기술만 배워 두면 평생을 먹고사는 데 지장이 없고 때로는 대대손손 물려가면서 빵 문제 해결을 할 수 있었다. 하지만 현재는 기술이 발달하면서 평생에 한 가지 기술만 가지고 있다가는 깡통을 차고 사회에서 도태되고 낙오될 수밖에 없는 현실이 되었다.

   그러나 봄에 씨를 뿌려서 여름내 수고를 하고 가을까지 농사를 짓고 추수해서 겨울을 지낼 수 있는 것처럼, 인생의 초창기에 (학생 시절에) 공부를 열심히 해서 청·장년기에 수고를 하고 노년을 안락하게 보내는 공식은 변함이 없는 것 같다.

   미국에서 평생교육이 발달하게 된 배경에는 미국이 이민자들로 구성되어 있다는 특수성에 있다. 새로운 삶을 찾아 자기의 정든 고향, 친척, 친구들을 떠나서 신천지에 왔는데 그곳에서 정착을 하기 위해서는 새로운 교육이 필요했다. 언어, 사회법규, 문화를 새롭게 배우지 않으면 안 되었다. 또 사회나 국가는 새로 맞은 시민들을 교육하지 않고는 더불어 함께 살아갈 수 있는 공통분모를 형성해 나갈 수가 없었다.

　한국계 미국인들의 미국 정착 과정에서는 다른 민족들과 다른 몇 가지 요인들이 있다. 이런 점들이 한민족의 빠른 정착과 성공에 기여했다고 보는데, 앞으로 그런 점들을 하나씩 살펴볼 것이다.

미국유학실패기(5)
# 공부가 인생의 전부는 아니다

    공부 못하는 녀석들이 즐겨 사용하는 말이다. 공부 잘하는 녀석들은 이런 말을 사용할 필요가 없다.
    결론부터 얘기를 하자면, 공부가 인생의 전부는 아닐지라도 공부가 학생의 전부는 될 수 있다.
    공부가 인생의 전부인 세상이 된 것이 평생교육이다. 물론 이 말이 평생 공부를 해야 하기 때문에 학생 시절에 공부를 소홀히 해도 된다는 뜻은 아니다.
    오히려 평생 해야 하는 공부인데, 나중에 할수록 더 많은 고생을 해야 하기 때문에 일찍 해두는 것이 훨씬 경제적이고 효과적이라는 말이다.
    10대에 10시간을 공부해서 이룰 수 있는 것이라면, 20대에는 20시간을, 30대에는 30시간에 20시간을 더 해도 힘들고, 40대에는 50시간에 두 배 해서 100시간을 해도 이루기가 어렵다. 물론 50~60이 되면 어쩌면 더 많은 시간을 투자해도 영영 할 수 없는 일들이 많을 것 같다.
    젊은 학생들이 지금 재미있는 것들을 찾아서 시간을 낭비한다면, 남은 인생 동안에 재미 없는 일들을 하면서 인생을 보내야 할지도 모른다. 지금 공부를 해두는 것이 나중에 보다 나은 인생을 살면서 더 재미있는 일들을 더 많이 할 수 있는 길이라는 것을 알았으면 좋겠다.

  공부가 인생의 전부는 아니지만, 학생에게는 친구를 사귀는 것도, 사회활동 경험을 쌓는 것도, 여가를 즐기는 것도 중요하지만 더 중요한 것은 공부를 우선순위에 놓고 다른 것을 균형 있게 하는 것이다.

미국유학실패기(6)

# 기초실력의 한계

많은 사람들이 '미국에 가면 어떻게 되겠지……' 하는 생각을 하는 것 같다. 영어의 본고장이니 가서 어떻게 어떻게 하다 보면 영어가 익숙하게 되어 공부를 계속할 수 있을 것이라는 생각을 할 만하다.

하지만 중·고등학교 시절에 기초학력을 길러 놓지 않고는 힘들다. 물론 나중에 시작을 해서 못한다는 의미는 아니지만 앞서 말한 것처럼 시간이 흘러 나중에 할수록 몇십 배, 몇백 배의 노력이 필요하다는 말이다. 그런 노력을 젊어서도 게을리 한 사람이 나이를 먹어가면서 제대로 할 수 있겠는가?

내 실패의 근본 원인은 고등학교 시절의 땡땡이에 있다고 생각한다. 지금 와서 '그때 조금만 더 열심히 공부했더라면 내 인생이 좀 더 나아졌을 텐데……' 하고 후회를 해봐야 소용이 없는 일 아닌가?

중·고등학생들에게 지금 열심히 공부하지 않으면 나중에 더 많은 노력과 고생을 하게 된다는 얘기를 하고 싶다. 지금 당장 재미있게 놀고 싶다고 투정하는 아들에게 하는 말이다. "재미없어도 네가 지금 놀다 보면 남은 인생을 재미없게 고생만 하면서 살지도 모른다. 네가 만약 1년만 공부를 열심히 하면 남은 네 인생에서 너 자신뿐만이 아니라 네 아내와 자식까지도 훨씬 재미있게 살 수 있을 것이다."

최근 미국 센서스 통계 중에 재미있는 것이 있다.

미국에 사는 사람들의 학력과 수입을 비교해 본 것인데, 25세부터 64세까지 일하는 사람의 학력을 비교해 보니, 고교졸업자는 120만 달러를 벌고, 대학졸업자는 210만 달러, 석사학위자는 250만 달러, 박사학위를 포함한 전문직업인(의사,변호사 포함)은 440만 달러를 벌어들인다고 한다.

학위가 곧 돈을 더 많이 벌게 한다고 보증하는 것은 아니지만, 인생에서 보다 나은 삶을 위한 가장 확실한 길이 교육이란 것은 재론의 여지가 없는 것 같다.

내 삶을 이끌어 온 말들(1)
# 선의를 생각하라

　필자에게 한 분 있는 형님은 삶의 큰 스승이자 존경의 대상이다. 성장하면서 많은 것을 형님으로부터 배웠기 때문이다.
　아버님이 박복하셔서 부인을 여러 명 두셨다. 한 아내와 평생을 함께 사는 것이 행복하다는 생각을 하기 때문에 부인을 여럿 두신 것이 복이 없어서 그렇다고 생각한다. 다행히도 첫 번째 부인인 어머님에게서 우리 네 남매가 출생을 했고, 성장하면서 두 번째 부인이신 계모의 학대로 형제자매 간에 남들보다 두터운 동기간의 사랑을 갖게 된 것이 감사한 일이다. 그 이후의 분들은 이미 성장한 후의 일이니 크게 문제(?)될 것이 없었다.
　어려서 형님의 수첩 뒷면에서 본 이 말은 내 삶에 큰 영향을 끼쳤다. 중학교 1학년 때로 기억한다. 형님과 세 살 차이지만 학년은 2학년 차이였기 때문에 형님은 중학교 3학년이었을 것이다.
　"선의의 생각을 하라. 이 세상에는 나를 아끼고 사랑하는 사람들뿐이다."
　당시에 계모 때문에 마음고생이 심했는데 어떻게 그런 생각을 하게 되었는지 모른다. 하지만 그 말은 두고두고 내 삶에서 큰 영향을 끼치게 되었다.
　나이를 먹어서도 주변의 많은 사람들로부터 가끔은 비아냥거리는 소리를 듣는다. 저 혼자 착한 척하면서 무조건 남에게 좋게만 말한다고. 사실상 살아가면서 당하거나 닥치는 모든 일들을 긍정적으로 해석하고 받아들이도록 노력하는데, 그것은 어려서부터 그렇게 생각하도록 노력을 해왔기 때문이다.

형님의 가르침을 깨닫고(?) 만들어낸 이야기를 어릴 적에 친구에게 예를 들어서 해준 얘기다.

지나가던 친구가 어깨를 치고 지나갔다. 반가워서 그랬나보구나, 자식 요즘 잘 지내고 있나 보지. 이렇게 해석을 하면 문제가 없다. 그러나 반대로, 저 녀석이 나한테 무슨 감정이 있지? 다음에 만날 때 보자, 세게 한 대 갈겨 줄 것이다. 이렇게 되면 악순환이 일어나서 인간관계가 깨지게 된다.

우리가 일상생활에서 만나는 일이나 사람들, 그리고 그들의 말이나 행동들에 대해서 어떻게 받아들이는가 하는 것은 전적으로 내가 선택할 문제다. 긍정적으로 선의로 해석하고 받아들이는 사람과 그렇지 못한 사람의 삶의 태도에는 큰 차이가 있다. 바로 마음의 평안과 불편함이다.

그러나 이것도 하루아침에 되는 것은 아니다. 오랫동안 훈련을 거쳐서 차츰차츰 그렇게 바꾸어 가야만 하는, 평생 동안 해야 할 작업이다.

내 삶을 이끌어 온 말들(2)
# 알을 깨는 고통을 감내하라

 필자의 형님은 공군사관학교를 졸업하시고 서울대학교 학부와 대학원, 그리고 뉴욕의 폴리텍에서 항공공학을 공부하시고 평생 공군사관학교 교수를 하신 분이다.

 34년인가를 공군에서 복무하신 후 은퇴하고 의료봉사를 위해서 침을 배워 침장이가 되었다. 침과 뜸으로 값싸게 사람들의 건강을 지켜 주고 고쳐 줄 수 있다는 것이 참 자랑스럽다.

 형님이 사관학교를 선택한 것은 부모님이 경제적인 이유로 동생인 필자의 대학교육을 포기하실지도 모른다는 염려에서 나온 희생이었다. 샌님 같은 형님보다는 차라리 필자가 사관학교 체질이 맞을 것 같다는 생각이었지만. 형님의 그런 뜻에도 불구하고 공부를 열심히 안 했다.

 형님이 생도 시절 생도전대장인가(?) 하는 직책을 맡아서 공군사관학교에 새로 들어오는 신입생의 훈련을 담당한 적이 있다. 나도 군대를 갔다 왔지만 신병을 훈련시키는 것은 참 힘든 일이다. 지금까지 부모 밑에서 곱게 자라온 생도들을 단기간 내에 조국과 국민을 지키는 군인으로 탈바꿈시켜야 하는 것이 바로 신병훈련 아닌가?

 형님이 대학 노트에 빽빽하게 기록해 놓은 것을 보았다. 매일 아침 훈련병들에게 훈시(?)할 내용들을 적어 놓은 것 같았다. 그 중 첫 번째 훈련병들에게 주는 메시지가 바로 오늘의 주제다.

"알을 깨는 고통을 감내하라."

헤르만 헤세의 《데미안》이란 책에서 인용한 것으로 기억하는데, 부모에게 의존해서 살아온 청년들을 새로운 세계로 도약시키기 위해서 지금까지 지내온 알이라는 세계를 과감하게 깨뜨리고 새로운 세상, 넓은 창공을 나는 독수리로 길러내기 위한 첫 번째 교훈이다.

평생 그 목표를 잃어버리지 않았고, 그 목표에 도달하기 위해서 안주하지 않고 끊임없이 노력해 왔다. 알을 깨는 고통을 두려워하지 않고 알을 깨고 난 다음에 올 세계에 대한 기대와 호기심으로 노력을 해왔다. 알을 깨지 않으면 그곳에서 썩어 버리고 말 것이라는 경계심을 늦추지 않고 항상 자신을 채찍질할 수 있었던 것은 바로 이 교훈 때문이었다.

미국에 "No Pain No Gain"이란 속담이 있다. 고통 없이, 노력 없이 얻을 수 있는 것이 없다는 말이다. 공짜를 바라지 말라는 말이기도 하다.

내 삶을 이끌어 온 말들(3)

# 준 것은 잊고 받은 것은 잊지 마라

중학교 2학년 때 교감선생님이셨던 김종한 선생님이 특강 때 해주신 말씀이었다. 어느 과목 선생님이 결강을 하게 되어 대신 들어오셨는데 다음과 같은 한문으로 설명을 해주셨다.

수은망막(授恩忘幕)하고 수은불망(受恩不忘)하라.

은혜를 베풀었으면 잊어버리고, 은혜를 입었으면 잊어버리지 말라는 말이다.

인간관계의 어려움을 단적으로 표시한 말이다. 특히 미국에 온 후에는 더욱 절실하게 느껴지는 말이다.

많은 사람들이 미국에 와서 첫 번째 만나는 사람, 공항에 데리러 나온 사람을 따라서 직업을 잡게 된다고 말한다. 형제, 친척이거나 친구에게 신세를 지고 아파트를 잡거나 세 들어 살 집을 마련하는 동안 묵는 집에서 임시로라도 일자리를 구하고 장사를 배워서 하게 되는 것이 일반적인 패턴이라는 것이다.

요즘은 한국이 경제성장을 이루어 이민 오는 사람들이 경제적으로 여유가 있고, 또 인터넷이 발달해서 그 풍속이 변화되었지만 적어도 2000년도 이전에는 그랬다.

그래도 처음에 오면 신세질 일이 많다. 기본적인 의식주 문제에서부터 애들 학교 보내는 것, 운전면허 따는 것, 직장을 갖는 것, 각종 서류 처리에 도움이 필요하다.

그런데 많은 경우 인간관계에 어려움이 생기는 것은 상대방에게 도움을 주었거나 편의를 보아 해준 것은 안 잊어버리고, 반면에 상대방이 감사를 표시하거나 잘해 준 것은 깨끗이 잊어버리기 때문이다. 나중에는 서로 서운한 감정만 남게 되어 좋지 않은 관계가 되는 사람들을 많이 보았다.

인생을 살아가면서 무수히 많은 어려움을 당하게 되는데, 어려움을 당할 당시에는 "이 은혜를 평생 잊지 않겠습니다" 하고 감사를 하지만 시간이 지나면 점점 잊어버리는 것이 보통 사람들의 행태다.

결국 좋은 인간관계를 유지하기 위한 최선의 방법은 내가 상대방에게 잘해 준 것은 잊어버리고, 상대방이 나에게 잘해 준 것은 잊지 말고 기억해 두는 것. 이것이 가장 좋은 방법이라고 믿는다.

내 삶을 이끌어 온 말들(4)
# 의(義)에 살고 의(義)에 죽자

　필자가 졸업한 성남고등학교의 교훈이었다. 물론 지금까지 정의롭게만 살았다고 말할 수는 없다. 그러나 적어도 불의에 타협하지 않고 살았다고 말할 수 있다.
　살아가면서 언제나 정의를 선택한다는 것은 쉬운 일이 아니다. 때로는 금전적인, 명예적인, 실리적인 유혹 앞에서 눈 한번 질끈 감으면 횡재를 할 것 같은 경우가 얼마나 많은가? 더구나 오랫동안 가난과 어려움을 겪을 때는 더욱 이런 유혹들을 물리치기가 쉽지 않다.
　개인적인 생각이지만 우리의 역사 속에서 지금도 어려움을 겪고 있는 일 중 하나가 바로 친일 청산이다. 처음에는 민족지도자로 활동하던 분들이 말기에 가서 변절한 경우가 많았다. 10대나 20대에 시작된 일본의 침략 통치가 30여 년이 지나서 인생을 마감할 시기가 되어서도 끝날 것 같지가 않고, 오히려 변절해서 일본에 협조한 사람들은 부귀와 영화를 누리고, 그들의 자녀들은 일본으로 유학하며 자손대대로 잘살 것 같은 현실을 눈앞에 두고 변절의 유혹을 더욱 강하게 느꼈을 것이다.
　바로 이런 이유로 말년에 일본에 협력한 사람으로 지탄을 받는 것이 아닌가?

인간이 한 번 죽는 것은 정한 이치라고 했으니 정의를 위해서 죽는 것은 어렵지 않을 수도 있다. 하지만 자신만을 믿고 살아온 부모와 아내, 그리고 자녀들까지 자신의 지조 때문에 가난과 고생을 대물림해야 한다는 것은 죽는 것보다 더 어려운 괴로움이 될 수 있다.

역사에서 배워야 할 것은, 당대에는 자손까지 어려움을 겪을지라도, 역사를 통해 보면 결국 지조를 지키고 끝까지 정의롭게 살다가 정의롭게 죽는 것이 인생의 승리자가 된다는 사실이다.

역사 청산의 의미도 바로 거기에 있다는 것을 잊어서는 안 될 것이다.

내 삶을 이끌어 온 말들(5)
# 군인이 되겠는가?

　필자는 대한민국의 해군 사병으로서는 전시를 제외하고는 가장 오랫동안 복무한 것을 자랑스럽게 여기는 사람이다. 36개월 12일이다.
　해군병 154기로 입대했는데, 보통은 9월 18일 입대를 하면 9월 17일에 제대해서 만 36개월 근무를 했다. 그런데 당시 해군과 해병대가 통합되면서 제대 명령이 월말에 나왔기 때문에 12일간을 더 복무해야만 했다. 제대 말년에 하루가 천 년 같은 세월에 12일간을 더 복무한다는 것이 얼마나 어마어마한(?) 일인지 군대 갔다 온 사람은 안다.
　처음 진해에 있는 신병훈련소에 가입소를 했다.
　엎드려뻗쳐를 시켜 놓고 3분도 안 되었는데 팔이 떨어지는 것 같았다. 그리고는 지금이라도 집에 가고 싶은 사람은 집에 보내줄 테니 앞으로 나오라고 했다. 나가 봐야 매만 실컷 맞고 보내줄 것 같지도 않았지만 말이다.
　만약 여기서 포기를 한다면 그동안 해군을 제대한 모든 사람들보다 못난이, 패배자가 되고, 그래가지고는 인생을 제대로 살아갈 수 없다는 생각이 들었다. 그렇게 첫 관문을 통과했다.
　해군 신병훈련소의 중대장이 상사다. 그리고 신병 중에서 신병

간부로 중대장, 소대장, 향도를 선발해서 훈련을 시킨다.

당시 중대장은 이상서 갑판상사였는데 그분은 정말 전형적인 군인이었다.

훈련생 간부들이 너무 혹독하고 비인간적인(?) 훈련에 항의하기 위해서 중대장을 찾아갔다. 그러자 중대장님이 이렇게 말했다.

"너희들은 부모와 형제, 자매를 적군으로부터 지켜낼 군인이 될 각오가 되어 있는가? 조국과 민족이 너희들을 믿고 산업현장에서 마음놓고 일을 할 수 있겠는가? 훈련은 훈련일 뿐이다. 실제로 전쟁이 나면 너희들은 다 도망가고 말 것이다. 아무리 혹독한 훈련을 받은 군인도 전쟁이 나서 동료가 총에 맞고 피를 흘리기 전에는 총을 쏘지 못하고 전쟁을 하지 못한다."

전쟁을 경험한 중대장의 말에 우리는 아무 말도 하지 못했다.

물론 비인간적인 행위들을 옹호하는 것은 아니지만, 훈련이 아무리 혹독해도 전쟁 자체와 비교할 수 없다는 말이다.

세상에서 철없이 지내다 온 사람들을 단기간에 조국과 민족, 그리고 부모, 형제들을 적군으로부터 지켜내야만 하는 군인으로 만드는 신병훈련소의 훈련은, 전 생애를 통해서 마지막 전쟁을 준비하는 인생을 살아가야 한다는 깨달음을 주었다.

인생의 전장에서 당신은 군인으로서의 훈련이 되었는가?

이것이 인생을 살면서 때때로 자신에게 묻는 질문이다.

내 삶을 이끌어 온 말들(6)
# teachable person

　한국 속담에 세 살 먹은 어린아이에게도 배울 것이 있다는 말이 있다. 겸손한 것, 언제나 배울 자세가 되어 있는 것, 자만하거나 교만하지 않는 것…… 여러 가지 형태로 표현될 수 있는 말이지만 영어로 'teachable'이란 표현은 어느 때고 배울 자세가 되어 있어서 무엇에든지 노력하는 것을 말한다. 상대방이 학식이 많고 유명한 사람이 아니고 나보다 덜 배우고 좀 부족한 것 같더라도 그 사람을 통해 무엇이든지 배우겠다는 자세로 상대방을 존중해 주고 노력하는 자세를 말한다.
　필자가 졸업한 국민대학에는 '교학상장'(敎學相長)이란 현판이 크게 걸려 있었는데, 그게 교훈의 하나였는지 아닌지 모르겠다. 그런데 그 뜻은 내가 평생교육을 공부하는 계기가 되었다.
　즉 가르치고 배우면서 서로 성장한다는 뜻이다.
　요즘처럼 시대가 빨리 변화할 것을 미리 예측했던 것 같다.
　실제로 몇 번을 반복해서 공부하는 것보다 한 번 가르쳐 보는 것이 더 잘 배우는 방법이다. 영어를 배우면서도 배워서 다른 사람을 가르쳐 보겠다는 생각으로 배우면 훨씬 더 좋은 교육효과를 기대할 수 있다.
　한국교육이 수동적인 주입식 교육이라면 미국은 학생들이 능동적으로 참여해서 발표를 많이 하게 하는 창의적 교육이라고 생각한다.

한국은 군사부일체(君師父一體)라는 말처럼 선생님이 절대적인 권위를 가지고 학생들을 가르치는 입장이지만, 미국에서는 선생님을 학생이 공부하는 데 도움을 주는 'helper'라는 개념으로 생각한다.

선생님이 권위를 가지고 자기가 아는 것을 가르치려고 하면 학생들이 그 한계를 벗어나기 힘들지만, 자기가 아는 지식을 가지고 학생들이 무한한 지식의 바다로 나아갈 수 있도록 도와주는 역할을 하는 헬퍼의 개념이 더 학생의 재능을 키워 주는 데 도움이 될 것이라는 생각이다. 선생님이나 학생이나 모두 겸손해야 할 이유다.

필자는 남의 실수나 부족함으로부터도 배우려는 노력을 계속해 왔다. 특별히 지금 서울 할렐루야교회를 담임하고 계시는 김상복 목사님이 하신 말씀을 늘 내 마음에 새기고 있다.

"나는 성경에서 예수님이 하신 한 마디 말씀을 연구해서 철학박사 학위를 받았는데, 성경 전체가 예수님 한 분에 대한 기록이며, 그분에 대해서는 평생을 공부해도 누구도 예수님을 더 잘 안다고 자랑할 수가 없다."

하나님이신 예수님도 이 세상에 오셔서 30년을 준비하고 마지막 3년간 공적인 활동을 하셨는데, 60년간 배우고 나머지 주신 생명을 하나님 나라와 주변 사람들을 위해서 전도하며 사랑으로 봉사할 수 있다면 필자의 인생은 행복한 인생이라고 생각한다.

내 삶을 이끌어 온 말들(7)
# 진리를 알면 자유가 있다

미국생활 초창기 때의 일이다.

당시에 가깝게 지내던 분의 남편은 언제나 "형편껏 해야지요. 억지로 되는 일이 있나요? 무리하지 말고 형편껏 합시다"라고 했었다.

부인은 예수를 믿는 사람이 일하는 것이 마음에 안 들었는지, "예수 믿는 사람들은 참 인생을 편하게 살아요. 무슨 일이 잘되어도 하나님의 뜻, 잘못되어도 하나님의 뜻이라고만 변명을 하면 되니까요"라고 했다.

당시로서는 비아냥거리는 듯한 소리였지만 나에게는 큰 깨달음을 주는 말이었다. 물론 그분도 지금은 신앙생활을 열심히 하면서 교회의 권사님으로 봉사하고 있다.

살다 보면 인간이 마음대로 컨트롤할 수 있는 부분이 거의 없다는 것을 깨닫게 된다. 이 세상이 하나님의 주권하에 운행되고 있다는 것을 믿으면 정말 주어진 여건하에서 최선을 다하면서 살면 되는 것이다. 그것이 진리고, 진리를 알게 되면 우리의 삶이 자유로워질 수 있다.

그러나 실제로 이 세상을 살면서, 특별히 오랫동안 교회생활을 했거나 또한 신앙이 있다고 하는 사람들도 자유를 누리지 못하고 어려움을 겪고 고생을 하는 경우가 많다. 물론 모든 것이 하나님의 뜻이니 아무렇게나 막살자는 것이 아님은 분명하다. 주어진 환경과 여건 속에서 게으르지 않고 최선을 다해서 열심히 살면 행복한 인생이라고 본다.

성경구절 중에서 가장 좋아하는 구절을 택하라면 서슴없이 요한복음 8장 32절의 "진리를 알지니 진리가 너희를 자유롭게 하리라"는 말씀을 택한다.

율법과 전통, 주위 사람들의 시선과 비교, 살아가면서 하는 실수와 잘못 등등 우리들의 삶을 얽어매는 모든 것들로부터 '나는 자유롭다'라고 선포하고 행복한 삶을 살아갈 수 있다.

왜냐하면 예수를 믿기 때문이다.

예수의 진리를 알기 때문이다.

내 삶을 이끌어 온 말들(8)
# 죽기는 왜 죽는가?

일생을 살아오면서 두 번 심각하게 자살을 생각한 적이 있다.

한 번은 고등학교 학생 때였다. 그 후로 10대들의 자살에 대해서 많은 생각을 하게 되었다.

천안에서 중학교를 마치고 서울로 유학을 왔는데 입시를 앞두고 신장염 때문에 졸업 무렵에 3개월 이상을 병석에 누워서 공부를 못했다.

그래도 평소 실력 덕분에 우수반에 들어갔지만 쫓아가기가 쉽지 않았다. 1학년 때는 담임선생님도 좋았고 형님이 같은 학교 3학년에 계셔서 한눈을 팔지 못하고 열심히 했다. 그러나 2학년부터는 공부를 소홀히 했다. 형님이 사관학교에 들어가셔서 함께 생활하지 않았고, 중학교 때까지 엄격하신 아버님 밑에서 자유 없이 자랐다는 것을 아는 누님이 자유롭게 살도록 풀어준 것이 한눈을 팔게 된 계기가 되었다.

한참 공부할 때에 신나게 딴짓을 했으니 실력이 늘어날 수가 없었다. 막상 대학입시 때가 되니 걱정이 태산이요, 비관적인 생각이 들기 시작했다. 좋은 대학에 진학을 못하면 좋은 직장을 갖기도 힘들고, 또 좋은 사람 만나서 결혼하는 것도 힘들고……인생이 온통 비관적이고 살아갈 희망이 없어졌다. '이렇게 맨날 뒤

쫓아가는 인생을 사느니 차라리 죽자.' 그것이 자살을 생각하게 된 이유다. 실패해서 살아나긴 했지만 말이다.

두 번째는, 미국에 와서 사업에 실패하고 난 후의 일이다. 적어도 한 달에 1만 달러(천만 원)를 벌어야 빚을 갚으면서 살아갈 수 있는데, 망한 사람이 자본도 없이 무슨 수로 한 달에 1만 달러라는 돈을 벌 수가 있는가? 도저히 불가능한 일이었다. 완전히 재기 불능이라는 생각이 들었다. 미국은 뱅크럽시(Bankruptcy)라는 개인파산 제도가 있다. 사업에 실패한 사람에게 죽지 말고 재기를 하도록 길을 열어 주는 사회적 제도 같다. 하지만 거기에 필요한 비용 1천 달러도 마련할 길이 없었다.

지금은 은퇴하셨지만 로스앤젤레스에서 목회를 하시던 임동선 목사님(전에 공군 군종감을 지내셨던 분이다)이 부흥회를 하러 볼티모어에 오셨을 때 다른 말씀은 기억나는 것이 없는데 오직 한 마디, "죽기는 왜 죽냐? 살다 보면 그때 죽었더라면 이 좋은 시절을 못 볼 뻔했다"라고 하신 것이 생각나서 죽지 못했다.

그때 죽었더라면 지금처럼 행복한 생활을 누리지 못할 뻔했다. 지금은 신앙적으로나 하고 있는 일에 있어서나 자녀들의 성장이나 모든 면에서 참으로 감사하면서 행복한 생활을 하고 있다.

그래서 얻은 결론은, 행복은 성적 순이나 능력으로 결정 짓는 것이 아니라는 것이다. 3등이나 꼴찌를 해도 얼마든지 행복한 인생을 살아갈 수 있다.

인생은 살아볼 만한 가치가 있다. 인간의 지식이나 지혜를 가지고 우리의 인생을 계산하거나 예측하는 것은 한계가 있다.

이 세상을 창조하시고 지금도 운행을 주관하고 계시며 전지전능한 하나님께서 내 인생에 대해서 놀라운 계획을 갖고 계시다는 믿음만 있으면, 인간의 상상을 뛰어넘는 놀라운 일들이 누구의 인생에서나 일어날 수 있다.

  실패하고 좌절하고 남보다 뒤처져 있다고 고민하는 청소년들이나 어른들에게 "죽기는 왜 죽는가? 살다 보면 좋은 날이 오는데……" 이 말을 꼭 전해 주고 싶다.

내 삶을 이끌어 온 말들(9)
# 낮아지기 위해 높아져라

　미국에서 시작되어 지금은 유럽과 다른 지역에도 확산이 된 북미유학생수련회(KOSTA)라는 집회가 매년 열리고 있는데, 10여 년 전에 시카고에서 열린 수련회에 참가한 경험이 있다.
　그때 높은뜻숭의교회의 김동호 목사님 설교 내용이었다.
　높아지지 않으면 낮아질 것도 없으니 겸손해질 것도 없다. 높아지지 않은 사람은 그만큼 사회에 영향력을 미칠 수도 없다.
　예수를 믿는 사람들이 맨날 뒤처져 있으니 사회에 영향력을 미치지 못한다. 바닷물은 소금기가 5% 미만이라도 썩지 않는데, 한국사회는 기독교인이 엄청나게 많은데도 썩은 곳이 많고 사회에 영향력을 제대로 미치지 못하고 있다. 선두에서 앞서 가지 못하기 때문에 영향력을 미치지 못하는 것이다.
　사회는 가진 자, 높은 자, 실력 있는 자, 권력이 있는 자에게 귀를 귀울이게 되어 있다. 사회를 변화시키고 싶으면 그렇게 되어야 한다.
　그러나 목적이 자신이나 가족, 가문의 영광과 행복을 위해서 높아지려 하느냐, 아니면 주위에 있는 사람들을 행복하게 해주고 도와주기 위해서 높아지려 하느냐에 따라서 하늘과 땅 차이만큼이나 결과가 다르다.

필자는 지금도 돈을 더 많이 벌기를 노력하고, 박사 학위를 받기를 열망하고 있고, 높은 직책이 있으면 쟁취(?)하기 위해서 노력하고, 더 많은 사람에게 영향을 미칠 수 있는 기회가 있으면 잡기 위해서 노력한다.

그러나 돈을 벌되 부정하게 벌어들이지 않기 위해 조심하고, 실력을 기르지 않고 돈을 주고 박사 학위를 사려고 하지 않으며, 권력을 얻거나 행사하기 위해서 부정한 방법을 사용하지 않도록 노력한다.

필자의 아이들이 제 밥벌이를 해가면서 살아나가는 데 필요한 교육들을 마쳤고, 그럴 능력이 있다고 보기 때문에 앞으로는 남을 도와주면서 살고 싶다.

지역사회에서 동포들을 돕고, 또 다른 민족들과 함께 화합해서 잘 살아갈 수 있도록 노력하고, 특별히 먼 장래를 내다보고 한국계 미국인들이 자자손손 잘 살아갈 수 있게 되면 좋겠다는 생각으로 지금 내가 할 수 있는 일들을 조금씩 해나가고 있다.

높아져야 낮아질 수가 있고, 많이 가져야 남에게 나눠 줄 수 있다. 높은 자가 겸손해야 본받을 내용이 된다.

기독교인의 신앙 덕목 가운데 중요한 핵심 중 하나가 바로 '낮아지기'이다. 천지를 창조하신 전지전능한 하나님이, 자기가 창조한 인간의 몸을 입고 이 세상에 오셔서 십자가의 고통을 받고 죽으시기까지 낮아지셨기에 우리도 낮아져야 한다.

내 삶을 이끌어 온 말들(10)
# 원수를 사랑하라

　예수를 믿는 사람들 아니면 성경을 처음 읽는 사람들 중에서 가장 이해하기 어려운 말이 있다면 바로 "원수를 사랑하라"(마 5:44)는 말일 것이다. 신앙생활을 좀 했다는 사람 중에도 도대체 어느 정도의 신앙 경지에 이르러야 다른 뺨을 돌려대고, 더 나아가 원수를 사랑할 수가 있는가? 어쩌면 인간으로서는 불가능한 것을 성경은 요구하고 있는 것은 아닌가? 이런 생각을 해본 사람들이 많이 있는 것 같다.

　가까운 인척분으로부터 "예수를 믿는 것은 참 쉽다. 무엇이든지 세상에서 얘기하는 것을 거꾸로 하기만 하면 된다"라는 말을 들은 적이 있다. 생각하면 할수록 정말 진리 같다. 인간이 육신적으로 세상적으로 생각하고 행동하고 추구하는 것들을 전부 반대로 하라는 것이 성경의 가르침이다.

　인생의 고난과 배신, 그리고 어려움을 겪고 나서야 비로소 그 의미를 깨닫게 되었다.

　나름대로 불가능하다고 생각하던 것들을 그럴 수도 있겠다고 생각하는 데도 꽤 오랜 시간이 걸렸다. 그러나 아직도 내게 직접적으로 해를 끼치고 또 적대적인 감정을 드러내는 사람을 용서하지 못하겠고, 더더구나 진정으로 사랑하지도 못하겠다.

그러나 이제는 그런 사람들을 용서하기 위해서 노력하고, 또 실제로 그들을 위해서 기도하려고 노력한다. 같은 44절 말씀에서 원수를 사랑하라고 하시고 이어서 박해하는 자를 위해서 기도하라고 명령하고 있기 때문이다.

어렵고 힘든 과정 속에서는 불가능했지만 생활이 안정되고 연륜이 쌓일수록 이제는 나를 반대하는 사람, 모함하고 괴롭히는 사람, 은혜를 배신으로 갚으려는 사람들까지도 사랑하고 용서하는 한 비결을 깨달았다.

그것은 내 인생에 등장하는 모든 등장인물들을 사랑하겠다고 작심을 한 데서 시작된다. 내 인생이란 소설에 등장하는 모든 인물들은 나를 주인공으로 내 인생에 출연해 준 고마운 사람들이요, 또 하나님으로부터 배역을 받아서 내 인생에 등장하는 사람들인데, 그들이 맡은 배역이 선한 역할이면 함께 즐거워하고 기쁘게 살아가면 된다. 악역을 맡아서 등장하는 사람들이면 '어쩌다 당신은 그런 배역을 맡아서 내 인생에 등장하게 되었는가? 이왕이면 좋은 배역을 맡아서 등장했으면 좋았을 것을……. 그러나 당신을 통해서 하나님이 내 인생에서 이루고자 하시는 일들, 또 내게 주시는 메시지를 감사한 마음으로 받겠다'는 생각을 하면서 악역 배우를 사랑하는 마음을 가지면 인생에 등장하는 원수를 사랑할 수 있다.

그러나 솔직하게 말해, 머리로 이해를 하고 사랑하려고 노력을 한다는 것이지 실제로는 급한 성격으로 불같이 화를 내기도 하고, 금방 복수를 생각하다가도 곧 후회하고 다시 다짐을 하곤 하는 것이 현실이다.

아직도 수양이 덜 되어서 그런 것 같다. 그러나 세월이 흘러갈수록 화를 내는 일도, 즉각적인 반발을 하는 것도 줄어드는 것 같다.

　공자님의 가르침처럼, 인생이 50이 넘어 천명(하늘의 명령)을 알게 되고, 이순(인생에 경륜이 쌓이고 사려와 판단이 성숙하여 남의 말을 받아들이는)의 나이를 바라보고 있어서 그런가 보다.

　남은 짧은 인생은 모두를 사랑하다 마감을 하기도 시간이 부족할 것 같은데, 누군가를 미워하고 비판하고 정죄하는 일들에 시간을 낭비하지 않기를 바랄 뿐이다.

내가 경험한 미국(1)
# 코끼리 만지기

  개인의 경험과 인식은 제한적일 수밖에 없다.
  하지만 거대한 그림도 조그만 조각들의 집합체라고 본다면 그것이 긍정적이든 부정적이든 한 모습임에는 틀림없다.
  김형인 박사의 칼럼을 통해서 많은 것을 배운다. 김 박사님의 글이 전체를 꿰뚫어 보는 주류사회의 거대한 물결이라면, 내 글은 어쩌면 그저 시골 구석에서 흐르는 조그만 개울에 불과할 수도 있다. 개인의 경험을 대하의 흐름에 빗대어 생각하지 말고, 그저 이런 면도 있다는 것을 알아주면 족하겠다.
  혹자는 미국을 지구의 종합판이라고 한다.
  지구상에 있는 거의 모든 것이 미국에 있다는 표현인데, 필자도 이에 동감한다. 꼭 그렇다는 것은 아니지만 모든 것이 공존하고 있다는 생각을 할 때가 많다.
  평등사회라면서도 불평등이 많고, 민주주의의 본산이라면서도 옛날의 노예제도의 흔적이 아직도 많이 남아 있다.
  최고로 풍요롭고 복지가 잘되어 있는 국가라면서 거지와 집 없이 떠도는 사람들을 대도시 곳곳에서 볼 수 있다.

내가 경험한 미국(2)
# 와! 정말 크다

　처음 미국에 도착한 곳은 뉴욕의 케네디 공항이었다.
　볼티모어로 가는 연결편이 없어서 항공사가 제공하는 호텔에서 미국에서의 첫날밤을 지내게 되었다. 잠이 제대로 올 리가 없었다. 호텔 밖으로는 못 나가고 호텔 내에 있는 바에 들어갔다.
　영화에서나 보던 정말 계란형의 몸집을 가진 털보 바텐더의 허리가 필자의 세 배는 되어 보였다. 그러면서도 열심히 일하고 있는 모습이 인상적이었다. 큰 것은 털보 바텐더만이 아니었다. 손님 사이를 부지런히 다니는 웨이트리스도 다리가 꼭 코끼리 다리를 연상시킬 만큼 길고 굵었다. 미국 사람들은 코만 큰 것이 아니고 몸집도 크다고 느껴졌다.
　넓은 것에 대한 경험은 시카고에서의 일이다.
　세계에서 제일 높다는 시어즈타워의 103층에 전망대가 있다. 그 103층에서 망원경을 가지고 사방을 둘러봐도 산이 보이지 않았다. 물론 동북쪽으로는 미시간 호수라는 큰 바다와도 같은 호수가 있지만 다른 방위로는 전체가 평평한 땅이다. 고향 동네에서는 마당에서 사방을 둘러보면 모두가 산으로 둘러싸여 있었는데 말이다.
　또 다른 경험은 미국 동부 간선도로인 I-95, 고속도로를 여행하면서 느낀 것이다. 95번 고속도로는 메인 주의 끝인 캐나다 국경에서 시작해서 남부 플로리다 주의 맨끝 키웨스트라는 곳까지 국토를 종단하는 고속도로다.

메인 주 캐나다 접경에 사는 친척집을 처음 방문하는 길이었다. 볼티모어에서 12시간 정도를 달려서 북쪽으로 가니 "Welcome to Main"(미국에서는 대부분 주 경계를 넘으면 이런 사인과 함께 방문자 안내소가 나온다)이라는 표지판이 나왔다. '이젠 거의 다 왔나 보다'라고 생각했지만 그곳에서도 거의 12시간이 걸려서야 친척집에 도착할 수 있었다. 교통체증이 있는 것도 아니고 시속 70~80마일을 유지하면서 달렸는데도 말이다.

비슷한 경험은 플로리다 방문 때도 마찬가지였다.

볼티모어에서 12시간 정도를 남쪽으로 운전하면 플로리다 주에 들어서면서 남국의 상징 같은 야자수 나무와 선인장들이 보이기 시작한다. 그곳에서 또 12시간 정도 내려가야 플로리다 주의 남단 키웨스트라는 작은 도시에 도착한다.

서부 횡단은 해보지 못했다. 그랜드캐니언까지 갔다가 횡단을 포기하고 돌아온 적이 있는데, 가도가도 끝이 없다는 황야지대는 들어가 보지를 못했다. 자동차 가스를 넉넉히 채우고 가지 않으면 황야 횡단을 못한다는 것은 말로만 들었지 실제로 운전해 보지는 못했다. 서울에 있을 때는 고향인 천안에 다녀오려면 하루를 잡고 큰맘먹고 다녀와야 했는데, 워싱턴-버지니아 지역을 옆집 다니듯이 다닌다. 거리를 비교하면 서울-천안 거리와 비슷한 거리라고 생각된다. 물론 지금은 한국도 도로 사정이 좋아지고 차량 이용이 용이해져서 옛날 같지 않다는 것을 알지만 고속도로망은 땅덩어리가 넓은 미국이 참 잘되어 있는 것 같다.

내가 경험한 미국(3)
# 새 차 공짜로 얻어 타기

　미국에는 다른 도시로 출장을 가거나 이사를 가면서 갈길이 급해서 비행기를 타고 갔으니, 자기 차를 갖다주도록 의뢰하는 회사가 있다. 물론 단기 출장이야 렌터카를 사용하면 되지만 장기간이 되면 차를 팔고 다시 사는 것보다는 적절한 수수료를 주고 가져가면 되는 것이다. 대부분 이런 차들은 고급차 또는 새 차들이다. 값이 나가지 않는 차들을 굳이 비용을 들이면서 다른 도시로 가져갈 필요가 없으니 말이다.
　전화번호부를 찾아보면 이런 회사들이 대도시마다 Automobil 섹션에서 Drive-Away 또는 Transpotation 항목을 보면 나와 있다. 이런 회사를 찾아가 차 배달을 조건으로 내가 가고 싶은 목적지까지 그 차를 이용할 수 있는 방법이 있다.
　내가 경험한 것은 오래전의 일이니 지금은 어떻게 변했는지 모르겠지만 기본적인 것들은 변함이 없을 것 같다.
　대개 운전면허증만 있으면 차를 주는데, 조건은 차를 지정된 주소까지 배달해 주는 것이다. 보통은 처음에 가스를 가득 넣어 주는데 빈 탱크로라도 도착만 하면 된다. 하루에 300마일을 계산해서 운전거리에 따라서 시간을 준다. 예를 들어서 1,300마일이면 5일을 주고 5일 안에 목적지까지 배달해 주면 된다. 물론 중간에 가스를 넣는 것은 운전자가 부담을 해야 한다. 만약 5일 안에 배달이 안 되면 FBI가 잡으러 간다는 무시무시한 겁을 주면서 사인을 받고 차를 내어준다.

시카고에서 차를 받아서 버지니아까지 차를 배달해 주겠다고 했는데, 장장 12시간 이상을 논스톱으로 운전해서 볼티모어에 왔다. 논스톱이란 중간 주유소에서 가스만 넣고 계속 달려왔다는 뜻이다.

너무 빨리 와서 며칠의 여유가 생겼다. 며칠을 놀고 버지니아 배달지로 안전하게 전해 주었다. 지금은 어디인지 기억이 안 나지만 무척 아름다운 동네였다. 집집마다 앞마당을 꽃밭으로 가꾸어서 미국에 이렇게 아름다운 곳도 있구나 하고 처음 느꼈다.

한국에서 운전면허를 받기 위해서 교육을 받았지만 시험에 두 번이나 낙방을 하고 면허를 받지 못했는데, 이곳에 오니 법규시험도 상식을 벗어나지 않는 것이고, 실기시험은 시험관이 옆자리에 타고 동네에서 길 모퉁이를 한 바퀴 돌더니 다 끝났다는 것이다.

앞서 미국에 고속도로가 잘되어 있다는 얘기를 했는데, 초보운전자가 시속 100마일에 가까운 속력으로 시카고에서 볼티모어까지 오는데, 간간이 비가 뿌리는 날씨를 생각하면 그야말로 죽지 않고 안전하게 도착한 것이 기적 같다는 생각이 든다. 고속도로가 잘되어 있다는 것은 도로가 넓고 포장이 잘되어 있다는 것만이 아니고, 도로의 구조가 운전을 안전하게 할 수 있도록 되어 있어서 경사면이든지 언덕이든지 웬만해서는 사고가 나지 않도록 되어 있다는 말이다. 초보운전자의 무지막지한 운전에도 불구하고 무사히 도착할 수 있었던 것은 안전한 고속도로 덕분이라는 생각을 두고두고 하게 된다.

* 혼자서 운전을 하고 가면 목적지까지 버스로 가는 운임과 가스비가 비슷하게 들 것이다. 만약 친구 두세 명이 함께 가는 배낭여행이라면 비용도 적게 들고 운전도 나누어 하면 재미있는 여행을 할 수 있다. 흠이라면 내가 원하는 곳으로 가는 차가 원하는 때에 있다는 보장이 없다는 것이다.

내가 경험한 미국(4)
# 동양인 주류의 샌프란시스코

　1980년대 후반 미주한인상공인총연합회 회장을 역임한 박헌주 씨를 만났다. 당시 시애틀에 살면서 색유리를 미 전국에 판매하는 사업을 했는데, 그 공장을 고향인 한국의 천안에 가지고 있었다.
　가장 이상적인 사업을 하는 분이라고 생각을 했다. 고향과 조국에 경제적인 도움을 줄 수 있는 사업을 가지고, 미국 전역을 누비면서 성공적인 사업을 하고 있으니 말이다. 더구나 자녀들이 하버드와 예일 대학을 졸업한 수재들이었다고 하니 그야말로 미주 동포 중에서 성공한 기업인으로 존경을 받을 만한 분이었다.
　이분이 은퇴 후에 어디에서 살아갈 것인지 찾기 위해 미국 전역을 돌아다니다가 결론적으로 정착을 한 곳이 샌프란시스코란다. 당해 여름에 비행기표를 보내줘서 우리 가족들이 샌프란시스코 구경을 갔다.
　미국에 살면서 한인들은 영원한 소수민족이요 이곳에서 몇천 대를 살아간들 우리가 다수가 될 수 없으니 결국은 곁방살이하는 마이너리티(소수) 중에 마이너리티라는 생각을 하고 있었는데, 샌프란시스코에 도착해 보니 동양인이 메이저리티(다수)였다. 참 놀라운 일이었다. 물론 그곳은 중국계 동양인들이 더 많겠지만 어쨌든 미국이란 나라에서 동양인이 다수를 이루며 살아가고 있는 모습을 보면서 큰 깨달음이 있었다.

바로 그것이다. 뭉쳐서 살아야 하는 것이다. 또 미국은 그런 곳이다. 지역에 따라서 동양인이 다수인 지역도 있고, 백인이나 흑인, 또 라티노(Latino)들이 다수를 점하는 지역도 있다. 그것이 작은 마을의 지역이든 대도시든, 아니면 주 단위라 할지라도 그렇게 다수를 점하고 살아가는 사람들이 있는 것이다.

정치나 사회학을 배울 때 '게리맨더링'이란 용어를 배운 사람들이 있을 것이다. 선거구를 이상하게 획정해서 특정후보자에게 유리하게 하는 것이다. 나는 이것을 부정적으로만 생각해 왔는데 실제로 미국에서는 소수민족을 보호하기 위해서, 아니 그들의 대표자를 뽑아 주기 위해서 이용한다는 사실을 알게 되었다.

지금도 워싱턴 DC의 자동차 번호판에는 "Taxation without representation"이란 구호가 쓰여 있다. 워싱턴 DC에 연방상원의원이나 하원의원 선출권이 없음을 불평하는 말이다. 물론 하원에는 투표권이 없는 의원을 옵서버로 보내고 있지만, 미국 독립운동의 도화선이 되었던 영국 정부의 세금공세에 "대표 없이 세금 없다"라고 맞서서 독립을 하게 되었던 것을 연상하게 해주는 말이다. 그들은 지금도 워싱턴 DC를 미국의 주로 승격시켜 달라는 운동을 열심히 하고 있다.

지금도 선거구를 결정할 때 흑인이나 라티노들이 모여 사는 곳을 묶어서 선거구를 획정하는 것을 당연히 여긴다. 그래야 그들이 자신들의 대표자를 뽑아서 참여할 수 있다고 보기 때문이다.

얘기가 다른 곳으로 흘러갔으나 결국 한인들도 모여 살아야 대표자도 뽑고 미국 정치에 참여하는 데 도움이 될 것이다.

물론 여기에는 많은 논란이 있다. 미국에 왔으니 미국사회에 들어가서 그들과 함께해야지 끼리끼리만 모여 살면 한계가 있지 않겠는가? 그러나 요즘 한인 타운이 형성되는 것을 보면서 점점 한인들이 뭉쳐서 자체 커뮤니티를 형성하는 것이 발전의 지름길이 될 것이란 생각을 한다. 그렇다고 한인들이 한인 커뮤니티 내에서만 살자는 것이 아니다. 각계 각층에 뻗어나가야 하지만 한인 타운을 형성할 만한 지역에서는 타운을 형성해서 뭉치는 것이 권익을 옹호하고 뿌리를 내리는 길이다.

좋은 예 중 하나가 유대인들의 생활 모습이다. 유대인들은 미국사회 구석구석에서 많은 활약을 하고 있지만, 그들은 대부분 자체 커뮤니티를 형성해서 거주하고 있다.

그런 의미에서 샌프란시스코를 다녀온 후로 한인 타운 형성에 나름대로 희망을 갖고 노력을 했지만 쉬운 일은 아니었다.

한인 타운들도 비슷한 양상을 띠고 발전을 한다.

한인 인구의 절반이 사는 것으로 추정되는 로스앤젤레스를 선두로 해서 뉴욕과 시카고, 워싱턴 등 이런 대도시에서 형성된 한인 타운들의 모습이 비슷한 형태를 띠고 다른 중소도시나 한인들이 거주하는 지역으로 퍼져나가고 있다.

내가 경험한 미국(5)
# 법 앞에 평등 1

　얼마 전에 부시 대통령의 쌍둥이 딸들이 21세가 되어 더 이상 말썽을 피우지 않고 술을 사 먹을 나이가 되었다는 기사를 읽은 사람들이 있을 것이다. 딸들이 21세 이전에 술을 사다가 적발되어 처벌받은 적이 있었기 때문이다.
　한국에서 대통령은 고사하고 국회의원이나 고위공무원, 각종 권력기관이라고 하는 기관에 근무하는 사람 또는 지방 유지라고 불리는 사람 등등 경찰에 청탁이나 압력을 행사할 수 있는 사람들의 자녀들이 크고 작은 사건으로 처벌을 받은 사람들이 있을까?
　미국 사회의 모든 계층에서 법 앞에 평등이 이루어지는 이유를 몇 가지 살펴보면 다음과 같다.
　첫째, 특권층이 존재할 수 없다. 정치적이든 경제적이든 사회적이든 일선 경찰관에게 영향을 미칠 수 있는 사람들이 존재할 수 없다. 처벌을 받아야 할 사람이 처벌하는 사람(경찰)에게 불이익을 줄 수 있는 환경이 없다. 그것이 정치인이든, 심지어는 자기의 직속 상관이든, 소위 권력 기관 근무자, 신문기자 어느 누구를 막론하고 일선 근무자의 공무 집행에 대해서 영향을 끼칠 수가 없다.
　어느 신문 기자에게 들은 이야기다.

사건소식을 접하고 현장에 달려가다가 속도 위반으로 경찰에 붙잡혔다. 물론 현장에 출동하던 경찰이야 문제가 없지만 기자는 경찰에게 교통 위반 티켓을 받았다. 법을 위반한 것이 사실이고, 설명은 법원에 가서 판사한테 하라는 것이다. 벌금을 물고, 포인트를 먹어서 보험료가 올라가는 것을 감수할 수 있으면 그렇게 빨리 가고, 그렇지 않으면 규정 속도를 지키면서 가라는 것이다.

둘째, 근본적으로 직업 공무원 제도의 발달로 자기의 공무 집행에 대해서 남을 의식할 필요가 없다. 물론 사람이 사는 사회이기 때문에 개개인의 부정행위나 뇌물수수, 개인적인 관계 등에 얽매어 일을 처리하는 사람이 전혀 없다고 말할 수는 없다. 그러나 적어도 상급자나 다른 사람으로부터 업무 처리에 대한 압력을 받지 않고, 그런 것을 보장하는 공제회(노동조합이나 친목 단체 성격의 권익옹호 단체)가 잘 발달되어 있어서 부당한 대우에 대해서 집단으로 대처할 수가 있기 때문에, 승진에 불이익을 당하거나 밥줄이 끊어질까 봐 바르게 판단하지 못하는 상황이 벌어지지 않는다.

셋째, 언론의 발달로 부정 행위에 대한 감시 기능이 활발하고, 행정 업무의 투명성으로 경찰들의 행위가 시작부터 끝까지 투명하게 이루어진다. 즉 경찰 출동은 주로 911(긴급전화) 신고로부터 이루어지는데, 신고 내용이 녹음되어 사건의 내용이나 시간이 자동적으로 기록이 남게 되고, 신고받고 출동하는 것이 아니라도 업무수행에 관한 것들이 기록으로 남게 되어 뒤에 적당히 조작을 하거나 없애 버리거나 하는 것이 불가능하게 되어 있다.

넷째, 사회 환경적으로 지방자치가 발달해서 경찰국장은 대부분 시장이나 군수들이 임명한다. 하지만 검찰총장(더러는 법무총장으로 번역하기도 한다) Attorney General은 주정부나 시정부의 법률 문제를 담당하는 직책으로 주민이 직접 선거로 선출하기 때문에, 누구의 눈치나 지시 감독 없이 시민 또는 주 전체 주민을 의식해서 업무를 처리한다.

물론 다음 선거를 의식해야 하고, 또 선거에서 경쟁해야 할 상대방에게 약점 잡히는 일을 해서는 안 되기 때문에 부정행위에 대한 견제가 이뤄진다.

그러나 자본주의 사회의 근본이 황금만능주의처럼 보이기 때문에, 돈으로 실력 있고 유능한 변호사를 고용하면 유죄 입증이 어려워 죄를 짓고도 무죄로 풀려나는 경우가 있으니, 법 앞에 평등은 송사리들에게나 적용되는 것인지도 모른다.

내가 경험한 미국(6)
# 법 앞에 평등 2

 "법은 도덕의 최소한이다"라는 말이 있다. 이는 법을 가장 잘 표현한 말 중 하나로 예리네크라는 법철학자의 말이다. 흔히 우리는 법 없이도 살 사람, 또는 법 없이도 살아갈 수 있는 사회를 이상향처럼 느낀다.
 반대로 말하면 도덕적으로, 즉 반강제적으로 하지 않고 자발적으로 사회를 유지하려다 실패했기 때문에 법이라는 국가의 강제력을 가지고 사회를 유지시키려 노력한다.
 미국에서 배심원 재판을 하는 이유도, 법이 그 시대를 살아가는 보통 사람들의 도덕적, 사회적인 판단 기준을 실제 범죄에 적용하자는 것이다. 그러다 보니 몇 년 전에 한인 동포 대학생 한 명이 흑인 밀집지구에 있는 친구집을 방문했다가 노상강도를 만나서 살해되었는데, 범인들이 증거불충분을 이유로 무죄 방면되어 동포들의 울분을 산 일이 있었다. 배심원을 지역주민 중에서 선발하게 되니까(절대 다수가 흑인인 지역에서 1명을 제외한 전체 배심원이 흑인이었다) 인종적인 편견이 작용했다고 해서 새로운 재판을 열라고 데모를 하는 등 많은 노력을 했지만 헛수고였다.
 서론을 장황하게 한 이유는 미국에 인종차별이 심각한 문제라는 것이다. 물론 극단적인 예로 노예제도가 존재하는 사회에서 노예의 주인과 노예생활을 하던 이들이 평등한 관계를 이루는 것은 오랜 역사를 두고 피 흘리며 싸워 왔기에 가능하다. 그 밖에도 미국은 전 세계에서 거의 모든 종족들이 이민을 와서 만들어진 국가이기 때문에 미국이 모든 인간의 평등을 추구하고, 특별히 법적으로 그런 제도를 만들어서 노력하는 것 자체가 그만큼 인종 간의 심각한 차별이 있었다는 것을 반증한다고 하겠다.

연방정부의 EEOC(Equal Employment Opportunity Commission)와 같은 기관들이 주정부와 지방정부에까지 대부분 설치되어 고용, 공공기관 서비스, 주택, 식당이나 호텔 등 서비스업, 교육 등 각 분야에서 인종이나 출신국가, 성별, 신체적인 장애, 피부색 등을 이유로 차별하지 못하도록 법으로 규제하고 있다. 요즘은 일부 지역에서 Sexual Orientation 조항을 삽입해서 동성애자들에 대한 차별도 이 범주에 포함시키고 있다.

이런 차별을 감시하는 시민단체에서는 암행 감사를 해서 적발되면 경찰 당국에 고발을 한다. 예를 들면 흑인이 아파트를 얻으러 갔더니 없다고 했다. 잠시 후에 백인들이 얻으러 갔더니 아파트를 내주었다든지, 마찬가지로 식당에 가거나 취직할 때도 그런 차별이 있는지를 조사하는 시민단체들이 사법당국을 도와서 차별 없는 사회를 만들기 위해 노력한다.

그렇지만 법은 멀고 주먹은 가깝다는 말처럼 권력 있는 자, 돈 있는 자, 가진 자들이 저지르는 범법 행위에 대해 가난한 자, 약한 자, 취직을 하려고 하는 자 등 사회적 약자들이 대항해서 싸우기란 여간 힘든 일이 아니다. 때로는 보복이 무서워서 차별을 당하고 아무 소리도 못하고 손해보고 사는 경우도 많다. 물론 법으로는 이런 고발이나 차별대우에 대한 항의를 이유로 보복을 하면 더 심한 벌칙을 가하도록 되어 있지만 말이다.

　더군다나 미국에 이민 와서 말과 글이 서툴고 사회법에 미숙한 동포들이 차별대우를 받고 권리를 제대로 찾지 못하고 억울하게 살아가는 일들이 비일비재하지만, 이런 것이 이민자들이 겪어야 할 숙명이라고 생각하고 다음 세대에서는 보다 나은 생활을 할 것을 기대하면서 살아가고 있다.

내가 경험한 미국(7)
# 정치적 불평등(투표자)

　민주주의는 법적으로 평등이 보장되어 있지만, 실제로 정치인에게 있어서 투표하는 시민과 투표를 하지 않는 시민은 하늘과 땅 차이라고 본다. 특별히 풀뿌리 민주주의가 발달한 미국에서는 많은 자리가 주민의 직접선거로 선출되기 때문에 선거를 통해 선출되는 사람들에게는 그야말로 생사가 걸린 문제라고 생각할 수 있다.

　시민들을 세 그룹으로 나눈다면 첫 번째는 매번 빠짐 없이 투표에 참여하는 그룹, 두 번째는 가끔 참여하는 그룹, 그리고 마지막으로 전혀 투표에 참여하지 않는 그룹, 물론 그 외에도 투표권 등록마저도 하지 않는 그룹도 있다.

　미국은 시민권을 받게 되면 자기 거주지에 투표권 등록을 해야 투표를 할 수 있고, 투표권 등록 시 자기가 정당을 선택할 수 있다. 공화당이나 민주당, 아니면 독립적으로 아무 정당에도 가입하지 않을 수도 있다. 주에 따라서 날짜를 달리하는 경우도 있지만 대부분 9월에 실시하는 예비선거는 당 후보를 뽑는 선거이기 때문에 자기 정당을 선택한 사람만이 참여할 수 있다. 예비선거에서 뽑은 후보자를 놓고 11월 본 선거에서 최종적인 선거를 한다. 물론 본 선거에서는 정당에 관계없이 투표할 수 있다.

메릴랜드 주의 경우에는 전통적으로 민주당의 등록률이 공화당보다 월등히 높아서 많은 경우 민주당 예선에서 승리하면 본선거에서도 무난히 당선되는 경우가 많았다. 그러나 지난 1994년과 1998년 두 번의 주지사 선거에서는 공화당의 약진이 두드러져서 금년에는 30여 년 만에 공화당 주지사가 선출되었다.

정치적 불평등을 얘기하고자 하는 이유는, 먼저 열거한 것처럼 정치인들에게 있어서 시장이나 주지사 또는 검찰총장, 의회의원 등 시민의 투표로 당락이 결정되는 사람들은 시민을 대할 때 모든 사람들을 웃는 낯으로 잘 대하지만, 실제로 '이 사람들이 나의 선거에 어떤 도움을 줄 수 있는가? 선거자금을 지원하는가? 투표를 해줄 것인가? 아니면 몸으로라도 때워서 선거운동을 해줄 것인가? 아무것도 해줄 수 없는 사람이라면 내가 왜 그들을 위해서 일해 줄 것인가?' 하는 생각을 할 수 있다는 것이다.

이것은 한인동포들의 현실과 직결되는 문제이다.

풀뿌리 민주주의라고 표현을 했는데 각 지역별로, 또 직업별로 정치위원회나 클럽들이 있어서 자기의 이익을 챙기기 위해서 로비를 하고 노력을 한다. 그래서 선출직 공무원들은 자기 선거구에서 매번 투표하는 사람들이 50명 모이는 단체가 있으면 그들의 부름에 응할 수밖에 없다는 것이다. 그러나 투표권이 없거나 투표에 참여하지 않는 그룹들은 무시하고 별다른 관심을 안 보일 수도 있다.

밥 먹고 살만 하게 되면 정치적으로 나타나는 특징이 바로 무관심이다. 누가 하든 나와는 별 상관이 없다고 생각한다. 그래서 투표참여율이 낮아진다. 그렇기 때문에 빠짐없이 참여하는 사람들의 입김이 세지게 된다.

지역별로 유권자 명단이 나오는데, 물론 비밀투표이기 때문에 누구에게 투표했는지는 모르지만, 예비선거와 본선거에 투표했는지 안 했는지 기록이 나와 있다. 바로 이런 명단을 토대로 투표 참여자와 불참자를 구별해 가면서 선거운동의 전략을 짜고 선거 캠페인을 한다.

민주주의에서 자기의 권익을 찾는 첩경은 '투표 참여'이다.

내가 경험한 미국(8)
# 정치적 불평등(돈 주는 사람)

    미국 민주주의 정치가 잘 발달했다고 해서 제도나 법규가 공명 선거를 보장해 주는 것은 아니다. 특별히 자본주의 국가에서 많은 것들을 돈이 조종하는 현실을 볼 수 있다.
    정치인들은 선거 구민들에게 지지를 호소하는 편지와 함께 10달러, 20달러라도 헌금을 해달라고 호소한다. 미국 정치에서 정치자금 모금을 중시하는 이유는 개인적으로 한 후보에게 1,000달러(물론 주마다 다른 법을 가지고 있으니까 차이가 있을 수 있지만) 이상 헌금할 수 없기 때문이다. 그렇기 때문에 10달러 헌금한 사람들을 상대로 50달러, 100달러를 헌금해 달라고 요구한다. 물론 그에 상당한 대우를 해준다. 대형 연회에는 10달러짜리 헌금 티켓이 있으면 참가할 수 있지만 함께 식사를 하기 위해서는 100달러짜리 티켓이 필요하다. 그리고 자기 당의 유명인사나 유력한 후원자를 초청해서 후원 행사를 할 때는 500달러, 1,000달러를 내야 그들과 함께 사진도 찍고 식사를 할 수 있다. 미국 대통령들이 선거 때 지원 유세를 다니는 것이 바로 이런 후원행사에 참석해서 후원금을 모아 주기 위해서이다.
    사실인지 잘 모르지만 재미있는 이야기가 있다. 후보자 개인에게 하는 헌금은 제한이 있지만 정당에 하는 소프트머니라고 하는 헌금에는 제한이 없어서, 민주당 대통령인 클린턴이 민주당 헌금을 모금하면서 금액에 따라서 메뉴를 작성해서 서비스를 했다고 한다. 백악관에 초청해서 하룻밤 재워 주는 것은 이미 잘 알려진 일이고, 주말에 헌금자의 집에 가서 손자들 목마도 태워 주고 함께 놀아 주는 일까지 했다고 사진을 찍어 자랑하는 사람이 있다.

매케인 상원의원이 오랫동안 정치 개혁을 하면서 바로 이 소프트머니를 규제하자고 주장해 왔다. 일부 한국 기업이나 한인 사업가 중에서도 이 소프트머니 헌금으로 구설수에 오른 경우가 있다.

사람들이 살아가는 곳에는 별의별 일들이 많고, 특별히 신세대에서 모금을 위해 기발한 아이디어들을 낸다. 그러나 전통적으로 10달러, 20달러 내는 사람들의 돈을 모아서 얼마만큼의 후원금을 모았다면(물론 미국에서는 정기적으로 모든 후원금 모금 상황과 후원자를 공개하게 되어 있다) 그냥 표를 찍어 줄 사람도 있지만 10달러든 20달러든 돈까지 준 사람이 그 사람을 안 찍겠는가? 그래서 정치헌금 모금액을 가지고 당선 가능성을 점치는 것이다. 물론 그 돈으로 TV광고를 하고 선거 캠페인을 왕성하게 벌일 수 있다는 이유도 포함될 것이다.

달리 말하면 미국에서도 여느 나라와 마찬가지로 돈이 있으면 정치가들과 친분을 쌓고 교류하기가 퍽 용이하다. 그래서 정치인들에게 선거 때 10만 달러의 정치헌금을 모아주면 당선되고, 국민세금이나 공공사업을 집행할 때 10배, 100배로 100만 달러, 1천만 달러짜리 이권을 따낼 수 있다는 얘기들을 공공연하게 하는 것이다. 물론 교묘히 법망을 피해가면서 말이다.

이런 선거헌금과 예산 집행 시 이권의 결탁을 막기 위해서 언론이나 시민단체가 활동을 게을리하지 않고 있다.

내가 경험한 미국(9)
# 경제적 불평등-시작부터 달라

    자본주의 사회에서 경제적인 불평등은 태생적인 문제라고 볼 수 있다.
    수정자본주의는 세금제도를 통해서 빈부의 격차를 다소나마 줄여 보려는 노력이지만, 부익부 빈익빈은 어찌해 볼 도리가 없을 것이다.
    인간은 본성적으로 자기 것을 소유하려는 동기가 부여되어야 일을 열심히 한다. 이성적으로 이상향을 만들어서 공산주의 사회를 만들어 보자는 노력은 다 함께 가난해지는 결과를 낳았다. 결국 자본주의가 공산주의에 완승을 거두었다고 볼 수 있다.
    태어날 때부터 부모의 경제적인 능력이 자녀들의 성장에 심대한 영향을 미치기 때문에 평생을 살아가면서 그 격차는 점점 더 벌어지게 되어 있다.
    교육받은 부자 부모에게서 태어난 아이가 건강하게 잘 양육되고, 또 비싼 돈을 주고 좋은 교육을 받는다면 보다 나은 미래를 약속받을 수 있다고 생각할 수 있다. 더군다나 출발점부터 맨손으로 출발하거나 빚을 지고 출발하는 사람과, 쌈짓돈이든지 경제적인 기반을 어느 정도 부모로부터 받아 출발하는 사람은 그 격차가 시간이 갈수록 크게 벌어질 것이라는 것도 어려운 추측이 아니다.

　소득이 많은 사람으로부터 세금을 거두어서 교육을 받지 못했거나 일할 능력이 부족한 사람들에게 인간으로서 최소한의 품위를 유지하면서 살아갈 수 있도록 하는 복지제도는 다른 면으로는 현대판 계급사회를 유지하기 위한 방편이라는 주장도 곰곰이 생각해 볼 일이다.

　제도의 본질을 이해하기보다는 겉치레에 치중하는 행정에 대한 반감이 아닌가 생각해 본다.

　연전에 볼티모어 시장이 메릴랜드 주지사를 상대로 볼티모어 시에 거주하는 학생들에 대한 교육 투자가 다른 부자 카운티에 비해 적어서 평등한 기회를 제공하고 있지 못하다면서 법원에 고소한 사건이 있었다.

　한국식으로 말한다면 시장이 도지사에게 자기 시에 도 예산에서 지원금을 더 달라고 고소를 한 셈이다. 물론 시 출신 주하원 의원과 상원의원들을 동원해서 정치적인 타협이 이루어지긴 했어도, 지방자치가 정착되고 지방정부와 주정부 간 문제를 법적인 소송을 통해서 법원의 판결로 해결하겠다는 미국인들의 사고방식을 이해하기가 쉽지는 않을 것이다.

내가 경험한 미국(10)
# 파산선고(bankruptcy)

  법이나 제도를 제정 목적에 합당하게 사용하는 사람이 있는가 하면 반드시 악용하는 사람이 있어서 인간 사회의 어려움을 가중시킨다.
  쉽게 표현하면 밥을 해먹기 위해서 식칼을 만들어 놓았더니 강도 짓을 하는 데 써먹는다는 얘기다.
  파산선고 제도는 돈이 많은 사람들에게는 자기의 재산을 보호하기 위한 수단으로 쓰인다. 새로운 사업을 시작할 때 별도의 법인을 만들어서 독립 운영을 하면 만약에 그 사업이 망하게 되어도 자기의 개인 재산은 영향을 받지 않고 그 사업만 파산시켜서 그곳에 투자한 돈만 손해를 보는 것으로 끝낼 수 있기 때문이다.
  반면에 사업에 실패하고 재생의 가능성이 없어서 자살이라는 극단적인 길을 생각하는 가난한 사람에게는 새로운 삶을 살아갈 수 있도록 기회를 주는 제도다.
  사람이 살아가다 보면 실패를 할 때도 있다. 실패도 고생을 하며 극복해 나갈 수 있는 것이 있고, 경우에 따라서는 평생을 고생하면서 갚아도 갚을 수 없는 경우도 있다. 그런 경우에 가족들까지도 아주 극심한 고통을 겪게 된다. 인간은 누구나 행복한 생활을 할 권리를 가지는데, 부모나 배우자의 실패로 인하여 가족 모두가 고생을 하고, 나아가 어린 자녀가 사회에 적응하는 데 어려움을 겪는다면 나중에 사회가 책임져야 할 일들이 너무 크기에 이와 같은 제도의 경제성이나 효용성이 강조된다.

물론 전부 다 털어 버리고 새로 시작하는 경우도 있고, 빚을 갚기는 갚되 형편이 나아질 때까지 연기해 두었다가 형편이 나아진 후에 갚도록 빚에 치여서 사업이나 가계 운영이 불가능해지는 것을 막아 주는 것도 있다. 채권자의 경우에서는 억울한 면이 있지만 사실상 그들은 빚을 갚지 못해서 어려움을 겪는 채무자보다는 형편이 낫다고 보며, 세금혜택을 받든지 손실 보전을 할 기회를 얻게 된다.

문제는 형편이 어려운 사람, 교육을 많이 받지 못한 사람들이 이런 제도를 이용할 줄 모르거나, 법적인 전문 지식을 가진 사람의 서비스를 받을 기회를 놓치기 쉽다는 것이다. 반면에 형편이 나은 사람은 이런 제도를 이용해서 실패한 경우에도 당당하게 살아가고 있다.

비영리기관으로 이런 사람들을 위하여 시민단체들이 각종 서비스를 제공하고 있는데, 문화적인 차이나 혹시라도 다른 불이익을 당할 것이 두려워 이용할 꿈도 꾸지 못하고 혼자 어려움을 극복하려다 평생 고생하는 사람도 있다.

내가 경험한 미국(11)
# 빚쟁이들의 독촉

 지난주 미국 공영방송(NPR)에서 미국의 젊은이들이 수백만 달러의 수익을 올리는 사업에 성공한 과정을 소개하는 것을 들었다.
 법과대학에 재학 중인 학생들이 착안한 사업인데, 빚을 못 받은 회사를 대신해서 빚을 받아 주는 회사, 즉 컬렉션에이전시를 설립해 몇 년 사이에 수백만 달러의 수익을 올리는 회사를 만들었다는 것이다.
 그들이 하는 사업은 신용카드회사 등에서 수금 불능에 빠진 계좌를 전체 금액의 6% 정도에 구입을 해서 받아들이는 금액에서 구입가격을 뺀 금액이 수입이 되는 것이다. 좀 쉽게 설명을 하면, 어떤 채무자가 100달러 빚진 것을 못 갚고 있다면 카드회사가 6달러에 컬렉션에이전시에 팔아넘기고, 그 에이전시가 6달러 이상을 수금하게 되면 수입이 생기는 것이다. 그래서 그들은 50%만 내면 다 낸 것으로 해준다는 편지를 보내는 것과 전화를 통해서 25%만 내도 해결해 주겠다고 협상을 해서 엄청난 수익을 올렸다는 것이다.
 요즘 한국에서도 문제가 되고 있는 청소년들의 카드 사용과 유사하게 미국 대학생들에게도 무분별하게 카드를 발급해서 많은 대학생들이 돈을 써놓고는 졸업 후 직장을 잡지 못해 신용불량자로 낙인이 찍힌다. 사실상 몇 년이 지나면 직장을 잡고 안정된 생활을 해나가는데, 집을 산다든지 차를 사기 위해서 신용조사를 해보면 옛날에 갚지 못한 빚들 때문에 신용 문제에 곤란을 겪게 된다. 결국 그때 가서는 갚을 능력이 생겼으니 갚게 된다는 그들의 현실을 잘 파악하고 거기서 사업의 아이디어를 얻어서 성공한(?) 기업으로 키웠다는 것이다.

물론 미국에서는 빚쟁이가 독촉을 할 때 지켜야 할 규정이 있다. 주에 따라 약간의 차이가 있지만 대부분 Attorney General(법무총장 또는 검찰총장)이라고 하는 직책 아래 소비자보호국을 두고 규제를 하고 있다. 예를 들면 밤 9시 넘어서는 전화로 빚 독촉을 할 수 없고, 각종 우편물에도 빚을 받기 위한 공갈, 협박을 할 수 없고, 반드시 편지 내용에 빚을 받기 위한 우편물이라는 것을 명시하도록 되어 있다. 또 사실상 본인의 책임여부를 확인하기 위해서 빚 독촉 편지를 받으면 증거 자료들을 요구할 수 있고, 또 그에 응하도록 되어 있다.

앞에서 '파산선고'를 통해서 새로 삶을 꾸려 나가는 방법이 있다고 소개했는데, 막상 파산선고까지는 가지 않더라도 각종 빚 때문에 과도한 부담으로 허덕이는 사람들을 위해서 역시 비영리 기관으로 각종 빚들을 한데 묶어서 월지출을 줄여 주는 시민기관들이 있다.

그들 역시 채무자의 현재 상황을 채권자 전체에게 설명하고 협상하여 일정 부분 감면을 해주거나 지불을 연장해 줘서 채무자가 자립해서 살아갈 수 있도록 도움을 주는 것이다. 어차피 파산선고를 해서 한 푼도 못 받게 되는 경우가 생기게 되기 때문에 'Better than Nothing' 하는 미국인들의 협상과 실용주의적인 정신이 반영되는 것이다.

정말로 없어서 "배째라!!" 하는 데는 어쩔 도리가 없다. 하지만 있으면서도 감춰 두고 남의 것을 안 갚으려고 나쁜 마음을 먹는 사람들한테는 법적으로 철저히 제재를 가할 수 있도록 차압이나 경매 등 법적 조치를 취할 수 있도록 되어 있다.

그러나 중요한 것은 착하게 열심히 살아가는 사람도 실패할 수 있고 재난이 발생하기 때문에, 어려움을 당한 사람에게 재기의 기회를 제공해야 한다는 것이다. 그렇게 하지 않으면 나중에 사회적으로나 국가적으로 책임을 져야 할 일들이 더 많아질 수 있기 때문이다.

신체적인 폭력이 전혀 용납되지 않는 미국사회와 비교되는 한국사회의 빚 독촉 문화는 깊이 생각해 봐야 할 문제다. 근래 한국에서도 이에 대한 법이 제정되어 채무자의 기본권을 보장하고 있는 것은 다행스런 일이다.

그러나 특별히 한국의 폭력문화는 조폭을 미화하는 데서 끝나지 않고, TV 드라마 같은 곳에서 부모가 자녀에게, 부부간에, 또는 친구 간에는 물론이려니와 빚을 받기 위해서 폭력배를 동원한다든지 개인적인 린치를 가하는 장면들이 너무 많다. 어려서부터 부모도 자녀를 때리지 못하도록 하고 남과의 신체접촉이나 간단한 폭력도 용납하지 않는 미국의 문화가 한국에서도 조속히 자리 잡았으면 좋겠다.

내가 경험한 미국(12)

# 가난한 흑인들 1

미국에서 흑인이 살아가는 모습을 처음 본 것은 대학원의 같은 과 학생에게 차편을 제공하면서였다.

볼티모어 시 남쪽에 체리힐이라는 지역이 있는데, 지금은 많이 변화가 되었지만 당시에는 아주 살벌한 지역으로, 낮에도 그 지역에 사는 사람이 아니고는 잘 들어가지 않는 곳이라고 했다.

그 지역을 가보고 또 경험하면서 서울 근교에 있는 ○○시를 떠올렸다. ○○시가 지금은 아주 훌륭한 도시로 변화되어 있지만 초기에는 불모지에 사람들을 강제로 이주시켜서 폭동이 일어났던 기억을 가지고 있다.

흑인 밀집지역은 생활환경이 열악하고 집단 거주지이지만, 관리가 제대로 되지 않아서 황폐한 곳이 많고, 주위에 불량한 사람들이 서성대고 마약 밀매가 횡행하고 있으니 범죄의 소굴이 될 수밖에 없다.

흑인 주거지들이 지금은 많이 좋아졌다고 하지만 그 옛날의 아픈 상처들이 아직도 많이 남아 있다. 빈곤의 악순환이라고, 부모가 교육을 받지 못했기 때문에 자녀들을 교육시키기 위해서 노력을 하지 않는다.

한 흑인운동가의 얘기가 어쩌면 그들의 생활의 일면을 보여주는 좋은 예가 될 것이다. "미국의 번영은 우리 조상들의 무임금노동(노예노동)에 기인하고 있으니 우리들은 앞으로 몇 대 동안 더 일하지 않고 정부의 보조금으로 살면서 놀고먹을 권리가 있다."

미국의 복지는 수입 없는 사람이 먹고 살도록 인디펜던트 카드(Indipendent card)를 통해서 매달 일정액의 식품을 살 수 있게 한다.

또 수입이 없는 사람들에게 잘 곳을 마련해 주기 위해서 정부가 수입에 비례해서 아파트비를 내도록 염가에 임대를 해주거나 또는 개인이 운영하는 아파트에도 보조금을 대주는 제도가 있어서 인간이 살아가는 데 기본이 되는 의식주 문제를 해결하도록 제도적으로 보장하고 있다.

물론 옷은 교회나 비영리단체 등에서 운영하는 중고품시장에서 아주 염가에 제공하기 때문에(불과 10달러 정도면 구두에서 셔츠, 양복, 모자, 잘하면 외투까지 사입을 수가 있다) 정부에서 직접 옷을 나눠 주는 일은 별로 없는 것 같다.

어쨌든 정부가 아무리 좋은 제도를 가지고 있다고 해도 수혜자가 무지하여 주는 것을 받아먹을 줄 모른다면 아무 소용이 없다. 그래서 미국에도 여전히 홈리스(집 없는 거지)나 길거리에서 구걸하는 사람들이 성업(?)을 하고 있다.

내가 경험한 미국(13)
# 가난한 흑인들 2

　미국의 역사가 서부개척사로 대변되는 것처럼 도시의 발전도 도심에서 근교로 뻗어 나가는 교외로의 개발과 팽창이 일반적이다.
　자연히 도심 주변에 가난한 사람들이 모여 사는 슬럼가가 생겨나게 되고, 청소년 문제와 범죄로 인한 도시 기피현상이 일어나고, 도심과 교외의 불균형한 발달로 인한 문제점들 때문에 많은 사회문제가 발생했다.
　볼티모어가 옛날의 전성시대를 보내고 신흥도시들에게 밀려나고 있을 때, 대서양 물이 도심까지 들어오는 것을 이용해서 '이너 하버'라는 해변도시를 개발해서 미국의 도시 재개발에 성공적인 모델을 제시한 사람이 윌리엄 도널드 쉐퍼 씨다. 그는 볼티모어 시장으로 성공적으로 도시재개발을 해서 후에 메릴랜드 주지사를 거쳐 지금은 주회계담당관(comptroller)으로 재직 중이다.
　주회계담당관 역시 주민이 직접선거로 뽑는다. 각종 주 세금을 거둬들여서 정부를 운영하게 하는 직책으로 주지사, 주법무총장과 함께 주정부의 가장 중요한 직책 중 하나다.
　공직생활을 즐기고 있는 그는 주지사를 마치고 볼티모어 시장에 다시 출마할 것인지 고민을 했는데, 보통은 주지사를 마치면 연방정부 상원의원으로 가는 것이 일반적인 경향인데, 현직으로 있는 두 명의 상원의원이 워낙 견고한 바탕을 이루고 있기 때문에 쉽게 도전하지 못한 것 같다. 대신에 현재의 주회계담당관을 무려 40여 년이나 연임해 온 골드스타인이란 분이 노환으로 숨지자 그 자리를 선거에 의해 차지하게 된 것이다.

쉐퍼 시장이 주지사 선거에서 승리해서 주지사로 옮겨가자 당시 시의회 의장이던 크리어런스 두번 씨가 시장직을 승계해서 볼티모어 최초의 흑인 시장이 되었다.

고등학교 관리원 출신으로 시의회의원을 거쳐 시의회의장이 된 두번 씨는, 커트 쉬머크라는 볼티모어 공립학교 풋볼 선수 출신이며 예일 법대를 나오고 영국에 로이드 장학금으로 유학을 갔다 올 정도의 수재와 경합을 벌여 패배했다. 그래서 두번 씨는 볼티모어 최초의 흑인 시장으로, 쉬머크는 볼티모어 최초의 흑인 민선시장으로 타이틀을 나눠 가졌다.

흑인들이 도시에 몰려 살게 되면서 그 도시에 흑인 시장들이 선출되게 되었다. 당연히 흑인들의 고위공직 진출이 늘어나고, 흑인 사회의 권익신장이 두드러졌지만, 한국 속담에 "가난 구제는 나라 상감님도 못한다"는 말처럼, 미국처럼 풍요롭고 부자 나라에서도 대를 이어온 가난을 떨쳐내는 것은 쉽지 않은 것 같다. 지도자의 비전에 따라 참모들이나 함께 일하는 사람들이 헌신적으로 일해도 부족할 터인데, 함께 일하는 사람들이 자기 욕심을 채우기에 급급해서 해야 할 일들을 제대로 하지 못한다면 역사에 큰 죄를 짓는 것이라고 본다.

많은 흑인들이 소수민족으로서 우대를 받고 교육을 받고 또 공직이나 기업을 했으면서도 자기만이, 자기 가족만이 잘 먹고 잘 살겠다고 해서 사회적으로 여러 문제가 발생했다.

이런 문제들은 비단 흑인사회뿐만이 아니라 한국이나 미주 한인사회에서도 경제성장을 통해 자본 축적을 한 후 분배 문제를 소홀히 함으로 여러 가지 사회적인 문제가 생겨나는 것과 별반 다를 것이 없다는 생각도 해본다.

대도시 빈곤 문제는 미국사회가 해결해야 할 큰 숙제이다.

내가 경험한 미국(14)

# 가난한 흑인들 3(의료제도)

몇 년 전의 일이다. 미국의 대형 보험회사인 프루덴셜(Prudential)의 건강보험 분야에서 일한 적이 있다. 메릴랜드 주가 저소득층에게 주는 의료혜택을 HMO(Health Management Organization)로 바꾸는 작업을 시도했는데, 그 작업의 일환으로 흑인단체나 교회, 또는 개인 가정을 방문해 예방의학의 장점을 홍보하고 교육하는 일이었다.

이해를 돕기 위해서 말하자면, 미국 정부가 운영하는 메디케어는 은퇴자들에게 부여하는 건강보험 혜택인데, 신체가 불구가 된 사람들에게도 혜택을 준다. 위에서 얘기한 저소득층을 위한 건강보험은 메디케이드인데, 일정 수준 이하의 극빈자들을 위한 보조 프로그램으로 수입이 없는 사람들이나 극빈자는 물론 일시적으로 병원비가 많아져서 자기 수입으로 감당할 수 없을 때는 누구라도 신청해서 이용할 수 있는 복지제도다. 대부분 가난한 사람들이 인디펜던트 카드와 함께 기본적으로 누리는(?) 혜택이다.

문제는 한국 속담에 "호미로 막을 것을 가래로 막는다"라는 말처럼 미리미리 예방접종도 하고 건강관리를 하면 적은 돈으로 좋은 서비스를 할 수 있는데, 평소에 제대로 관리를 하지 않고 나중에 병을 키워서 응급실로 뛰어가면 비용이 엄청나게 나온다. 그래서 미국에서 개인 지정 의사를 활용해서 건강관리도 하고 의료비를 통제하겠다는 것이 HMO인데, 미국 사람들은 생리적으로 자기 선택권을 빼앗기는 것을 싫어하고 어느 특정 의사에게 구속받는 것을 싫어해서 그런지 제도적으로 정착하는 데 어려움을 겪었다.

또한 미국에서는 법적으로 응급실에 오는 환자는 신분이나 돈이 있든 없든 관계없이 무조건 치료를 해줘야만 하는데, 자기의 건강관리나 병력에 대한 기록이 없이 오는 환자를 치료하려면 각종 검사들을 해야 하고, 또 나중에라도 의료사고에 의한 법적 책임을 면하려면 필요한 절차나 수속이 복잡하고 결국 많은 비용을 수반하게 된다.

흑인들의 가정을 방문해 보면, 심한 경우 한 가족이 살도록 설계되어 있는 집에서 서너 가정이 함께 살고 있는 경우를 흔히 본다. 부엌이 딸린 식당에서 한 가정, 패밀리룸에 담요로 커튼을 치고 한 가정, 이층 침실에 한 가정……이런 식이다. 어찌 보면 옛날 한국에서 단칸방에 온 식구가 옹기종기 함께 살던 모습을 연상시키기도 한다.

내가 경험한 미국(15)
# 흑인 지도자들 1(쉬머크 시장)

커트 쉬머크(Kurt Schmoke) 씨를 알게 된 것은 이 지역 한인실업인협회의 사무총장을 맡고 있던 시절 한 아가씨의 전화를 받고서였다. 그분은 당시 법과대학을 다니면서 법원에서 인턴십을 하고 있는 중이었는데, 볼티모어 시 검찰총장으로 차기 시장이 되기 위해서 열심히 뛰고 있는 쉬머크 씨가 한인 상인들의 냉대로 화가 나 있다는 것이다. 그는 아주 유능한 흑인 정치인으로 앞으로 큰일을 많이 할 사람인데, 한인들에 대한 이미지가 나쁘니 좀 도와주면 좋겠다는 전화였다.

그래서 선거포스터를 300장 가져오면 한인 상점들에 부착하도록 해주겠다는 약속을 했다. 다음 날 쉬머크 씨와 그의 선거 캠페인 매니저 래리 깁슨(법대 교수)이란 분이 실업인협회 사무실로 포스터를 가지고 직접 찾아왔다. 얘기를 들어보니 시내 곳곳에 있는 한인 상점들에 포스터를 붙이러 갔는데, 한인들이 누군지 잘 모르니까 귀찮아서 포스터도 못 붙이게 하고 내쫓더라는 것이었다.

앞에서 언급을 했지만, 당시는 윌리엄 도널드 쉐퍼라는 분이 시장으로 전국적으로 명성을 날리며 주지사 선거에 나가기 위해 준비하고 있어서, 당시 시의회의장이던 크리어런스 두번이란 분이 시장직을 인계받아서 두번과 쉬머크의 한판 승부가 예정되어 있었다. 물론 학력이나 경력 면에서는 쉬머크가 볼티모어 시내의 유명한 공립학교 풋볼 선수 출신에다 예일 대학을 나오고 영국 유학까지 했으니 흑인사회 엘리트 중의 엘리트였다. 하지만 두번은 고등학교 선생님도 아니고 잡역부 출신으로 시의회 의원과 시의장을 거쳐 성공한, 그야말로 밑바닥부터 올라온 입지전적인 인물이었다. 과연 흑인사회에서 어떤 사람을 택할 것인가?

물론 쉬머크 시장의 압승으로 끝이 났다.

쉬머크 시장은 약속대로 한인사회에 많은 관심을 갖고 좋은 관계를 유지하기 위해서 노력했다. 재임 12년 동안 많은 우여곡절이 있었지만 기대만큼 좋은 업적을 남기지는 못한 것 같다.

쉬머크 시장이 한인사회가 자기의 선거에 필요한 투표권을 많이 갖지 못했다는 것과, 선거자금 모금에도 한계가 있고 실질적으로 선거운동에 나서서 도와줄 사람도 많지 않다는 것을 알면서도 한인사회에 끊임없이 애정을 갖고 있었던 것은, 처음 시작부터 도와준 한인사회에 대한 보은과 실질적으로 시내 구석구석에 산재해 있는 한인 가게들이 여론 형성과 시의 발전에 좋은 역할을 할 수 있을 것이라고 기대했기 때문이라고 나름대로 분석을 해본다.

내가 경험한 미국(16)
# 흑인 지도자들 2(스튜어드 심스)

심스 씨는 먼저 언급된 쉬머크 씨와 함께 흑인 엘리트 출신이다. 쉬머크 씨가 시검찰총장을 사임하고 시장 선거에 나가서 시장으로 옮겨가자 시검찰총장직을 물려받은 사람이다.

그 후에 심스 씨는 검찰총장직 재선에 출마하지 않고 주정부의 청소년 문제 담당 장관으로 자리를 옮겨 8년간 재직했다. 이번 공화당으로 정권이 교체되면서 그만두었을 텐데 그 후의 소식은 알지 못한다.

심스 씨 얘기를 하는 것은 그가 막 검찰총장에 취임하고 난 후에 만나서 대화를 한 것이 필자에게 크게 영향을 미쳤기 때문이다. 한인사회에 특별한 열정을 갖고 나름대로 노력을 하고 있던 필자로서는 그의 한마디에 머리를 세차게 맞는 느낌이었다.

"한인사회는 누가 10년, 20년의 장기계획을 세우고 있습니까?"

한인사회의 가장 큰 문제점이 장기계획을 세우고 실천해 나갈 주체가 없다는 것이다. 물론 한인회가 한인 대표기관으로 역할을 해왔지만 영속성을 가지고 일을 해오는 데 어려움이 있었다고 본다. 이 지역에 있는 한인회도 30여 년의 역사를 자랑하고 있지만 장기적인 계획을 세워서 일할 수 있는 여건이 안 되어 있고, 그것이 발전의 장애요인이라고 본다.

　금년은 한인 미주 이민 100주년을 기념하여 여러 행사들을 하고 있다. 인간은 이렇게 의미를 부여하고 의미를 찾아서 노력을 하는 특징이 있다고 본다. 어제나 오늘이나 똑같은 24시간의 같은 날이지만 그것을 새해, 새로운 달, 10주년, 100주년 등 특별한 기념일로 의미를 부여해서 새로운 계기로 삼거나 의미를 새롭게 새기는 날로 지킨다.

　그렇기 때문에 이민 100주년 행사를 하는 것도 필요하고 중요한 일이지만, 필자는 개인적으로 그런 상징적인 행사보다는 시급한 현실적인 문제가 있다고 생각한다.

　한인들의 미주 이민 역사에서 본격적으로 많은 사람들이 오게 된 것은 1970년대 후반으로, 이제 이민 1세대에서 2세대로 넘어가는 중요한 시기라고 본다. 물론 아직도 새로 오시는 분들이 있으니 이민 1세가 계속해서 이어지고 있지만, 이민 1세들의 삶과 그 후손들의 삶은 아주 큰 차이가 있기 때문이다.

　이제 25년 한 세대를 보내고 이민 1세대들이 은퇴를 하게 되고 그들의 희생 위에서 자녀들이 미국의 주류사회 속에 뛰어들어가 사회생활을 시작했다. 우수하고 성공적인 2세들이 있는 반면에, 사회에서 적응하지 못하고 낙오되어 불우한 삶을 살아가고 있는 사람들도 많이 있다.

　이와 같이 상위 그룹과 바닥에서 헤매는 사람들 사이에 있는 평범한 사람들, 그들이 미국사회에서 우수한 한인들의 위상을 높여 갈 수 있도록 여러가지 도움을 제공하고 구체적으로 실행해 나가는 노력이 필요하다.

　심스 씨의 한마디가 평생교육원의 다음과 같은 원칙을 세우는

데 도움이 되었다.

*평생교육원은 한인사회의 어제와 오늘, 그리고 100년 후를 생각하면서,
1. 동포 사회의 미래를 위해 기도하며 계획한다.
2. 발전을 위해 할 일들을 누군가 할 수 있도록 제안한다.
3. 그 일들을 아무도 하지 않으면 앞장서서 한다.
4. 누군가를 찾아서 그 일을 하겠다면 넘겨주고 지원한다.
5. 그 일들이 계속적으로 운영될 수 있도록 최선을 다한다.

내가 경험한 미국(17)

# 흑인 지도자들 3(평범한 지도자)

　흑인사회의 지도자들 중에는 목사님들이 많다.
　미국사회의 특징 중 하나가 동네교회다.
　미국에 오기 전에 세계에서 가장 크다는 교회를 방문해 볼 기회가 있었다. 서울에서 천안까지 버스를 내려보내서 사람들을 오게 해 지하실에서 TV 화면을 통해 예배드리는 모습을 보고 대형교회에 대한 부정적인 이미지를 오랫동안 지우지 못했다. 물론 오랜 시간이 지난 후 시카고 근교에 있는 윌로우크릭 커뮤니티 교회에서 하는 세미나에 참석할 기회가 있었는데, 그제야 비로소 하나님이 여러 가지 방법을 사용해서 하나님의 일을 해나가시기 때문에 그런 대형교회도 필요하겠구나 하는 생각을 하게 되었다.
　어쨌든 미국 흑인사회의 특징 중 하나는 직업을 갖고 생활을 하면서 동네 교회를 운영하는 목사님들이 많다는 것이다. 소위 자비량 선교라고 하는데, 목사님이 교인들이 내는 헌금에 의존하지 않고 자신의 직업을 가지고 생활하면서 교회 헌금을 지역사회와 선교에 사용한다.
　물론 흑인교회 중에도 대형교회가 있고, 또 그런 교회들은 성장하면서 교회 건물도 짓고 전임목회자들을 두고 있지만, 그런 소수의 대형교회를 제외하고는 많은 교회들이 동네 어귀에 세워져 생활의 중심을 이루어가고 있다는 것이다.

흑인사회의 정치인, 사업가, 공무원을 만나서 얘기를 하다 보면 목회자로 또는 장로로 교회를 운영하고 있는 분들을 많이 만나게 된다. 더러는 엉터리 같은 사람도 있어서 흑인사회의 수적인 우위를 이용해서 자신의 정치적인 욕망이나 이익을 취하려는 사람들도 있다. 그러나 흑인사회에서 활동하는 사람들 중에서 교회와 관련되어 있지 않은 사람들을 만나 보기가 힘들었다. 아니, 한 명도 못 보았다고 해도 과언이 아닐 것이다.

몇 가지 깊이 생각해 볼 필요가 있는 흥미 있는 이야기를 소개해 보면 그들은 이런 생각들을 한다.

** 흑인들의 무임금노동(노예노동)으로 미국의 경제발전을 이룩해 놓았기 때문에 흑인들은 앞으로 몇 세대를 더 놀고먹을 권리가 있다.
** 미국 민주주의에서 권익을 옹호하기 위해서는 숫자가 필요하기 때문에, 웰페어(welfare, 복지수당)를 타면서 생활하더라도 애들을 무조건 많이 낳아서 인구를 늘려야 한다. free sex에 의한 미혼모 출산이라도 막을 필요가 없다.
** (노예로서) 내일이 없는 민족으로 살아왔다. 이제 내일을 설계하는 민족으로 자신의 안녕과 쾌락만을 위해서 살던 사람을 가족과 아들, 딸, 민족의 내일을 생각하는 사람으로 바꾸는 것이 제일 큰 과제다.
** 백인들은 흑인들의 생활이 개선되기를 바라지 않기 때문에, 웰페어를 주면서 놀고먹게 만들어 교육을 안 받게 만든다.
** 마약이 성행해도 단속을 하지 않는다. 외국에서 이민자들

을 받아들여서 흑인들을 견제하고 있다.

근거 없는 루머라고 치부해 버리기에는 – 그들의 생활이 오랫동안 개선되지 않고 있다는 사실 때문에 – 혹시나 하는 의심을 하게 된다.

과연 인류의 공동 번영과 자기 민족의 발전을 위해서 무엇이 옳은 것이고, 어떻게 하는 것이 최선인지 혼란스러울 때가 종종 있다.

어느 사회나 사회가 투명하지 않고, 기득권층이 자기들의 권익만을 유지하려고 노력하고, 기회를 잃은 자, 소망이 없는 자, 가난을 대대로 이어받을 수밖에 없는 사람들이 있는 사회는 불안정하고 혁명의 씨앗을 잉태하게 된다.

# 보험료 때문에

　벌써 20여 년 전 일이다. 막내아들을 받아 준 동포의사 한 분이 내년도 의료사고 보험료가 3만 6천 달러 정도 될 것이기 때문에 이젠 더 이상 아이를 받지 않겠다고 했다. 당시 대학을 졸업해도 그 정도 연봉을 받기가 쉽지 않았다고 생각되는데, 의사의 의료사고를 커버하기 위한 보험료만 그렇게 내야 한다고 하며, 또한 갈수록 의사들에 대한 소송이 심해져서 아이를 받으면 평생 마음을 놓을 수가 없으니 차라리 아이를 받지 않는 것이 낫겠다고 판단했다는 것이다.

　메릴랜드의 주 수도인 아나폴리스에서는 이런 의사의 의료사고 보험료를 줄여 주기 위해서 주지사와 주 상원 및 하원의장 및 간부들 간의 줄다리기가 한창이다.

　지난 가을 의사들이 주의회와 주청사가 있는 애나폴리스에 몰려가 의료사고 보험료 때문에 의사를 못하겠다면서 대책을 세워 주지 않으면 심각한 진료 제한 문제가 생길 것이라면서 데모를 했다.

　주의회와 주지사가 더 이상 끌었다간 주민들이 의사를 못 보게 되는 심각한 상황이 발생할 수 있다는 긴박성에 동의를 하면서도, 공화당 행정부와 민주당 우세의 의회가 쉽게 합의점을 도출

해내지 못하고 있다.

　세금 인상을 반대하고 있는 주지사와 HMO에 면제해 주고 있는 세금을 해제해서 거둬들이는 세금으로 의사들의 보험료를 줄여 주자는 민주당의 주장이 팽팽하게 맞서고 있는 것이다.

　지난 1990년대 초의 경제불황 때문에 1992년도에 임시회를 소집한 이래 여간해서는 정기국회 이외에 임시국회를 소집하지 않는 주의회에 정기회의 개회를 불과 2주 정도 남겨 놓고 임시회를 소집해서 의사들의 보험문제를 해결해야 한다고 주장하는 주지사에게 정치적인 의도가 있다고 비난하면서도 국민들의 비난을 무서워해서 전전긍긍하고 있다.

　주의회의 다수를 장악하고 있는 민주당에서는 주지사가 임시명령을 통해서 최대의 의료보험회사인 Medical Mutual Liability Insurance Society of Maryland가 내년에 33%의 의료보험료 인상을 하지 못하도록 저지하면 – 내년 보험료 납입기간은 12월 1일이고 보험료 미납으로 커버가 중지되는 것은 내년 1월 1일이다 – 시간을 벌 수 있다면서 주지사가 위험부담을 떠안기를 바라고 있다. 하지만 주지사는 내년도 정기국회에 예산을 제출하기 전에 이 문제를 주의회에서 해결해 주도록 요구하고 있다.

　지난 2년 동안 새로운 세금의 창출을 위해서 카지노 설치를 허용하자는 안을 내놓고 그 결과를 기다리고 있는 주지사가, 이번에도 결국 의회가 법안처리를 못해서 일이 진행이 안 된다고 의회에 책임을 떠넘기기 위한 것이라면서, 민주당 지도부에서 양당 간에 합의가 이뤄지지 않은 상황에서 임시회를 요구하는 것은 결국 책임을 회피하기 위한 정치적 의도라고 비난한다.

　의료사고로 사망한 환자에게 최고 보상금을 65만 달러로 제한

하자는 안을 내놓고 있지만 변호사들의 반발이 심하고, 그동안 터무니없는 보상금을 요구하는 변호사들과 피해자에게 지나치게 동정적이어서 엄청난 금액을 피해보상금으로 주도록 평결하는 배심원들 때문에 배심원 수를 늘려서 평결을 어렵게 하자는 주장과 변호사들도 규제를 해야 한다는 움직임이 있지만 쉽게 결론이 날 것 같지는 않다.

# 배심원 홍보주간

볼티모어 시에서는 시장을 비롯한 사법 관계기관의 대표자들이 모여서 제1회 배심원홍보주간(Juror awareness week)을 선포하고 앞으로 매년 1월 마지막 주에 배심원 참여 독려 캠페인을 벌이기로 했다.

배심원재판제도는 1215년 영국의 존 왕 시절에 왕권 견제를 위해 민간인들의 사법제도 참여를 유도한 것이 발전되어 마그나카르타라는 권리대장전에 기록이 되면서 성문법으로 자리 잡아 미국의 배심원 재판제도의 뿌리를 이룬 것이다.

그 사회를 살아가는 사람들의 생활을 규제하는 법이 국민의 감정이나 생활에 맞게 해석되고 적용되어야 한다는 정신이 그 기저를 이루고 있다.

현대사회의 국민 의무 중에서 세금을 내는 것만 강조가 되어 세금을 안 내면 무덤까지도 따라간다고 무서워하지만 기타 의무들은 해도 그만, 안 해도 그만인 것 같은 인식이다. 물론 지역에 따라서는 자녀들의 교육 의무를 부모가 안 지키면 – 즉 의무교육인 고등학교까지 자녀들을 학교에 보내지 않으면 – 처벌을 받는 곳도 있기는 하지만 처벌이 그렇게 강조되지는 않는 것 같다. 물론 국방의 의무도 모병제도를 택하고 있기 때문에 강제성은 없고 다만 대학교육 지원을 받거나, 자발적으로 비상시를 대비한 징병 대상자 등록제도만 권장되고 있다.

가장 중요한 시민의 의무 중 하나가 바로 배심원으로 참여하는 것이다. 볼티모어 시의 경우에는 대개 2~3년에 한 번 정도 기회가 오는 것으로 알려졌는데, 최근 들어 참여율이 점점 낮아지고 인구도 줄어서, 이번에 배심원의 중요성을 홍보하면서 참여를 독려하기 위한 캠페인을 시작한 것이다.

시민권자로서 투표권등록명부, 자동차 운전면허, 주정부 발행 신분증 발급자 등을 대상으로 소환을 해서 배심원으로 봉사하게 하는데, 요즘은 250명의 배심원을 확보하기 위해서 900명에게 소환장을 발부하는 것으로 알려졌다.

배심원은 대배심(Grand Jury)과 일반배심(Petit Jury)으로 구분되는데, 보통 대배심원은 23명으로 구성되어 4개월간 봉사하거나 특별한 사건에 대해서 그 사건이 끝날 때까지 배심원으로 참여하는 경우가 있다. 일반적으로는 하루 동안 법원에 나와서 그날 이뤄지는 재판에 참여하거나 아니면 대기하다가 하루를 보내고 배심원 의무를 마치는 경우도 많다.

물론 70세 이상의 고령이 되면 면제를 요청할 수 있고, 영어가 부족하거나 건강, 기타 특별한 사정이 있으면 배심원 담당부서에 연락을 해서 연기하거나 면제를 받을 수도 있다. 무단 결석을 하게 되면 100불의 벌금을 물거나 3일 이내의 구류를 받을 수도 있지만 실제로 엄격하게 처벌을 받는 경우는 별로 없는 것 같다. 그러다 보니 참여율이 저조하다.

참고로 대배심원들은 실제로 검사와 별도로 독립적인 수사를 할 수 있으며, 피고인이 충분한 혐의가 있어서 형사상 소추를 받을 것인지 여부를 결정하기도 한다. 반면에 일반배심원들은 법정에서 검사와 변호사의 주장을 듣고 유죄냐 무죄냐를 판결한다. 판사는 법률전문가로서 배심원들에게 법률적인 문제를 조언하고 배심원의 결정에 따라서 유죄의 경우 형량을 선고한다.

배심원의 선정과정에서 검사 측이나 변호사 측에서 배심원이 어떤 편견을 갖고 있어서 판결에 영향을 미칠 우려가 있다고 생각되면 제외시킬 수가 있다. 배심원은 이름, 나이, 직업, 교육 정도, 결혼 여부, 배우자의 직업 등을 공개해야 한다.

형사사건의 경우 지방법원에서 피의자가 배심원재판을 요구하면 순회재판소로 이송되어 재판을 하게 된다. 배심원들은 검찰 측이 수사과정에서 조그만 불법 행위나 피의자 권리를 위반한 경우 대부분 불법한 수사를 인정할 수 없다면서 무죄를 평결한다. 그렇기 때문에 초동수사부터 피고인에게 미란다 원칙(묵비권이 있고, 진술내용이 재판에 불리하게 작용할 수 있으며, 변호인의 도움을 받을 권리가 있음을 알려 줘야 하는 원칙)을 제대로 지켰는지, 불법적인 체포, 수색등이 있었는지 등을 자세히 감시하기 때문에 수사 과정에서 피의자의 인권이 유린될 가능성은 거의 없다. 하지만 사람 사는 곳에는 어디나 편견이 있고 불합리한 일처리가 있을 수 있어서 억울하게 옥살이를 하는 사람도 있다.

# 곤경에 처한 부시 대통령

　자유경제체제와 테러와의 전쟁에서 우방국들을 특별히 챙겨온 부시 대통령에게 뜻하지 않은 사건이 생겼다. 곤란한 상황을 어떻게 헤쳐 나갈지 주목되고 있다.
　문제의 발단은 볼티모어를 포함한 미국의 6개 도시의 항구를 운영하는 영국계 회사인 British firm Peninsular & Oriental Steam Navigation Co.가 항구 운영을 맡은 2001년에는 누구도 문제를 제기하는 사람이 없었다. 그런데 이 회사가 아랍에미리트 국영회사인 Dubai Ports World에게 68억 달러에 넘어간다는 계약설이 나오면서 미국의 출입구인 항구가 중동국가가 운영하는 회사에 넘어가는 것이 테러 및 안보에 큰 우려가 된다고 일제히 반대하고 나서게 된 것이다.
　워싱턴에서는 연방정부 차원에서, 각 주 정부에서는 주 정부 차원에서 청문회를 열고 대책마련에 나섰다.
　그동안 시장경제를 꾸준하게 추구해 온 미국의 입장과 특별히 테러와의 전쟁에서 미국의 입장을 지지한 아랍에미리트가 비록 중동국가라 할지라도 동맹국을 의심해서 반대하는 조치를 취할 수 없는 부시 대통령은 안보 불안과 동맹국과의 신뢰 손상이라는 문제를 놓고 고민을 하고 있다. 표면적으로는 안보에 아무런 문제가 없다고 강변하면서 의회에서 거래를 중지시키거나 항구 운영 계약을 파기할 수 있는 법안을 마련하더라도 거부권을 행사하겠다고 엄포를 놓고 있지만 논란이 쉽게 가라앉지 않고 있다.

부시 대통령과 같은 공화당 주지사인 밥 얼릭 메릴랜드 주지사도 거래과정에 대해서 적절한 정보가 주어지지 않았다고 강력히 반발했으나, 연방정부의 처토프 국토안보부 장관을 통해 깊이 있는 내용을 설명 받고 반대를 완화했다. 하지만 여전히 연방정부가 일처리를 하면서 주정부에 제대로 사실을 알려 주지 않은 것이 잘못되었다고 비난했다.

항만 관련업계의 전문가로 통하는 헬렌 벤추리(전 연방하원의원, 공화당 후보로 메릴랜드 주지사에 출마하면서 지역구를 밥 얼릭 주지사에 물려준 여성 정치인) 여사는 연방정부 차원에서 해결하도록 내버려둬야지, 볼티모어 항구를 가지고 메릴랜드가 앞장서서 계약해지를 하면 계약상 불이익을 받을 것이라고 경고했다.

메릴랜드 출신의 연방 상원의원인 바바라 미콜스키 의원(민주당)은 부시 행정부가 법을 위반하고 안보를 위해 적절한 조치를 취하지 않은 것이 분명하다면서, 우리의 안전을 외국 정부 관할 회사에 맡길 수 없다고 주장하고 계약을 저지하기 위한 법을 제안하겠다고 한다. 또한 연방의회에서 대통령이 거부권을 행사하면 그것을 무력화시켜야 한다고 주장하고 있다.

한편 볼티모어 항구에서는 2007년까지 되어 있는 계약을 조기에 종결시키거나 다른 회사에 운영을 맡길 수 있는지 연구하고 있는 것으로 알려졌고, 뉴욕에서도 기존 회사가 리스를 다른 회사에 넘기면서 주인에게 제대로 알리지 않은 것은 리스 계약을 취소할 수 있는 사유가 된다면서 항구 운영을 위한 리스 계약을 취소하고 다른 회사에 맡기는 것을 모색하고 있다고 한다.

밥 얼릭 메릴랜드 주지사가 지적한 것처럼 어떤 사람은 내용을 제대로 보려고 하지도 않고 무시해 버린 경우가 있고, 다른 경우는 적절한 정보들이 나눠지지 않아서 불필요한 오해를 불러일으킨 면이 있다고 하면서, 자신은 보다 많은 정보내용을 설명 받고 안전문제에 대해서는 걱정을 하지 않게 되었다면서 부시 대통령의 편을 들어주면서도 일을 처리하면서 제대로 브리핑을 하지 않은 것은 시정되어야 한다고, 이전의 비난 강도를 약화시키면서 민주당의 적극적인 비난에 방어막을 치고 있다.

부시 대통령은 테러와의 전쟁이 임기 초부터 지탱해 온 중요한 문제인데 안보문제를 들고 나오는 그것을 쉽게 취급할 수도 없고, 또한 중동 국가 중 동맹국인 아랍에미리트를 서운하게 할 수도 없는 입장이라서 어떻게 해결을 할지 귀추가 주목되고 있다.

# 9·11에 국방성을 공격한 것은 미사일

　미국의 역사를 바꿔 놓은 9·11 테러 사건은 그 사건이 갖는 의미만큼이나 각종 의혹들을 만들어 내고 있다.
　최근 영국의 한 인터넷사이트에서 미 국방성(펜타곤)에 떨어진 것은 보잉 757기가 아니고 전투기에서 발사된 미사일이라는 주장이 급속히 확산되고 있다.
　그런 주장의 근거는 펜타곤이 아닌 실제로 주변에 설치된 몇 개의 카메라의 내용이 공개되지 않고 있다는 것, 즉 주변의 메리어트호텔의 옥상, 주유소의 감시 카메라, 주변 버지니아 고속도로상의 카메라 등등 당시 상황을 녹화했을 것으로 보이는 테이프들이 FBI에 압수되고 전혀 공개되지 않았다는 것, 또한 당시 국방성의 벽에 큰 구멍이 뚫렸는데 그것은 비행기가 부딪쳐서 생길 수가 없는 것이고 미사일에 의한 것이라는 주장, 그리고 당시 비행관제탑에서도 전투기가 있었다는 내용 등이었다.
　비행기가 부딪치면 지상에 많은 잔해들이 남고 또 땅에 많은 흔적이 남는데 펜타곤에는 그런 흔적들이 없다는 것이다.
　많은 의혹들이 어떤 진실을 감추고 있다는 추측을 가능하게 한다.

1. 미군 전투기가 비행기를 격추시키기 위해서 미사일을 발사했으나 잘못해서 국방성에 맞았다.
2. 비행기가 국방성에 충돌하면 그곳에 있는 비밀 서류들이 드러날 것을 두려워하는 세력들이 그것들을 없애기 위해서 미사일을 발사해 없앴다(링컨의 암살, 케네디 암살, 마틴 루터 킹 목사 암살 등 미국의 많은 사건들에 대해서 각종 음모설이 있는데 그런 배후 세력을 지칭?).
3. 9·11 테러 사건을 더 극대화시키기 위해서 공사 중인 펜타곤 일부에 미사일을 발사해서 사건을 더 확대시켰다.

믿거나 말거나 식의 각종 루머들이 나도는 이유는 위에 열거한 대로 진실이 밝혀지지 않고 무엇인가 숨기는 것이 있다는 의심을 받고 있기 때문이다. 그러나 역사는 세월이 지나면 밝혀지게 되어 있다.(http://www.pentagonstrike.co.uk/)

# 10만 원 내지 않아 16억짜리 집 빼앗긴 사람들

　미국에는 옛날 왕족에게 하사되었던 땅들이 개인 땅으로 불하되면서 그라운드 렌트(ground rent) 제도가 생겨나게 되었는데, 그 제도가 본격적으로 일반화되기 시작한 것은 19세기에 들어와서, 특별히 제2차 세계대전이 끝나고 돌아온 참전용사들이 집을 마련하면서 땅을 살 돈까지는 없는 상황에서 건물을 사면서 땅은 99년씩 장기 렌트를 하는 그라운드 렌트라는 제도를 만들어 놓았다.

　그런데 문제는 최근 부동산 광풍이 불면서 일부 투기사업자(?)들이 케케묵어 사용되지도 않던 옛날 법을 이용해서 사회적인 약자들의 집을 빼앗는 사례가 발생하고, 이 내용을 최근에 〈볼티모어 선〉 신문이 시리즈로 고발 기사를 써서 커다란 사회적인 문제가 되었다.

　연립주택 같은 볼티모어 시내의 집들은 보통 일 년에 적게는 25달러에서 많아 봐야 250달러 정도의 그라운드 렌트를 내는데, 법적으로는 집주인이 3~4천 달러 정도면 그라운드 렌트를 사들여서 없애 버릴 수 있는 제도가 있다.

　그러나 몇 가지 문제점들이 복합적으로 작용을 해서 그동안 거의 사용하지 않던 법을 이용해서 돈을 버는 사람들이 생겨나게 되었다.

　많은 사람들이 부모나 조부모로부터 집을 상속받아서 살고 있는데, 그라운드 렌트에 대해서 모르고 있고 또 알아도 소홀히 취급을 하게 된다. 그러다 그라운드 렌트의 소유주가 법원에 고소를 하고 소송을 통해서 집을 경매에 부쳐서 몇십 년씩 살고 있던 사람들이 하루아침에 집을 빼앗기고 거리로 내몰리게 되는 경우가 생기게 되었다.

　소송을 취급하는 변호사는 아무도 렌트를 내지 않아서 고소를 했고, 법에 의해서 법원은 집 문서를 쥐고 있는 렌트 소유주가 경매처분할 수 있도록 허가를 하는 것이다. 이 법의 맹점이 집 소유주의 상속인이 사망확인서상에 나와 있어도 법적으로 그들에게 연락할 의무가 없다는 것이다. 집에 통고문을 부치거나 아니면 법원의 게시판에 부쳐 놓고 응답이 없다는 내용으로 소송을 진행시켜서 승소 판결을 받아내서 집을 경매처분하고 각종 수수료를 붙여서 몇 배, 몇백 배의 금액을 챙기고 집을 넘겨 버린다.

　혹시 이런 내용을 알고 소송을 중단시킨다고 해도 변호사비, 소송비, 수속비 등의 명목으로 법정 최고금액을 부과시켜서 100달러 정도의 렌트비가 5~6천 달러, 부동산세까지 합치면 2~3만 달러가 되어 결국 그런 돈을 마련하지 못하고 쉽게 집을 팔아서 해결하지 못하면 결국 경매를 통해서 집을 빼앗기고 쫓겨나고 만다.

　〈선〉신문의 보도가 나가자 속속 피해자들의 증언이 나오고 있으며, 정치인들은 정치인대로, 또 법원서기는 변호사의 소송절차에 문제가 있다며 변호사징계위원회에 변호사 자격정지를 요구하고 나서기도 했다.

　그동안 종교재단이나 자선사업기관들이 렌트를 관리해 오면서 어려운 사람들에게는 면제도 해주고 법적인 조치를 하는 경우는 거의 없었다. 그러나 점점 관리가 어려워지자 그라운드 렌트를 팔아넘기는 기관이나 단체가 늘어나고, 이런 법적인 맹점을 이용하려는 투자가들이 변호사를 통해서 렌트비에 이자, 수속비, 소송경비, 변호사비 등등 해서 10만 원 내외(100달러)의 그라운트 렌트비가 2~3천 달러로, 그리고 시간이 흐르면서 부동산세를 대신 납부한 대가로 이자까지 합쳐서 2~3만 달러로 갚아야 할 돈이 많아지면 가난한 서민은 그것을 갚을 능력이 없어 포기하고 경매로 넘어가게 된다.

물론 이런 경우에 도와주는 기관이 있음에도 불구하고 해당자들이 교육을 제대로 받지 못했거나, 그런 제도에 대해서 알지 못하기 때문에 속수무책으로 당하는 사람들이 많다는 것이다.

미국에서 권위 있는 신문들은 자체적으로 이런 조사 전문 기자들을 두고 사회의 구조적인 비리나 어두운 면들을 파헤쳐서 사회를 정화해 나가는 역할을 수행하고 있고, 또 퓰리처 상 같은 제도를 마련해서 그런 일들을 해낸 기자와 신문사를 격려하고 선의의 경쟁을 유발하기도 한다.

왜 미국이 강대국인가(1)
# 기회의 나라

　미국에서 태어난 사람뿐만이 아니라 전 세계에서 보다 나은 삶을 찾아서 미국에 온 사람들에게까지 미국은 기회의 나라다.
　교육을 받을 기회가 있고, 취업을 해서 직장생활을 할 기회가 있으며, 어떤 상황에서든지 인간으로서 기본적인 욕구들을 충족시키면서 살아갈 수 있는 기회가 있다. 노년이 되면 노후를 안정적으로 살아갈 수 있는 사회제도가 잘 마련되어 있다.
　주어진 기회를 본인이 얼마나 노력을 해서 잡는가에 따라서 자기의 인생이 결정된다고 보기 때문에 크게 욕심을 부리지 않고 자기의 분수에 맞춰서 살아가면 된다. 그렇기 때문에 불만이 없다. 자기가 할 수 있는데 하지 않았거나, 할 기회가 주어졌는데 하지를 않아서 현재의 생활이 그렇다면 불평을 할 수 없다.
　물론 인간은 욕심이 있고, 또 자신이 책임을 지기보다는 남에게 책임을 전가하고 비난하는 습성이 있다. 그래서 부모를 탓하고, 불합리한 사회를 탓하고, 시대 상황을 탓하게 된다.
　미국사회에서도 부모의 교육정도가 자녀교육과 양육에 미치는 영향이 크다. 부모가 노력만 하면 자녀에게 좋은 학군에서 좋은 시설, 좋은 교육을 받게 할 수가 있다.
　그리고 학교는 능력을 개발하고 자신이 흥미 있고 관심 있는 일들을 할 수 있도록 도와주는 것을 목적으로 하고 있다.

공부를 잘해서 좋은 대학 진학을 희망하는 학생들은 우수반을 편성해서 도와주고, 공부에 취미가 없거나 능력이 부족한 학생들은 최소한의 사회생활에 필요한 것들을 교육시켜서 준비시켜 준다.

실력이 있는 학생은 경제적인 걱정 없이 아이비리그라고 불리는 전통 있는 명문대학을 갈 수 있고, 주립대학 또는 동네에 있는 초급대학까지 자기의 능력이나 형편에 맞는 대학을 갈 수가 있다. 공립학교뿐만이 아니라 명문 사립 중·고등학교에도 돈 없는 학생들을 받아들이는 제도들이 대부분 마련되어 있어서 본인의 열의와 능력만 있으면 무엇이든 가능한 곳이다.

의무교육인 고등학교만 졸업을 하면 공무원을 비롯해서 특별히 자격증을 필요로 하지 않는 직종이면 취업이 가능하다. 또 일하는 데 필요한 최소한의 기술이나 능력이 있으면 신체적인 장애나 부족함이 있어도 차별받지 않는다.

미국법은 취업이나 공공시설 이용 등에 있어서 성별, 종교, 출신 국가, 연령, 피부색깔, 신체적 장애 등을 이유로 차별을 금지하고 있다.

일하기 싫고 게으른 사람들은 정부 보조금을 타서 정부보조 아파트에 살면서 굶어죽지 않도록 먹을 것을 타 먹을 수 있고, 그것도 못하는 사람들은 사회사업기관이나 종교기관에서 하는 무료급식소에서 끼니를 해결하며 살아갈 수도 있다.

반면에 능력이 있고 열심히 일하는 사람들에게는 무한대로 자기의 능력을 발휘해서 일할 수 있는 기회가 주어진다.

미국사회에 있는 수많은 억만장자들은 대부분 자신의 능력을 발휘해 자수성가한 사람들이다. 정치, 경제, 사회, 예술, 문화,

체육 모든 부문에서 자신의 능력을 발휘하고 그에 대한 상당한 대가를 받을 수 있는 사회, 민주적이고 공정한 사회, 그래서 미국은 강대국이 된 것이다.

왜 미국이 강대국인가(2)
# 더불어 함께 사는 나라

　미국 대학 중에서 특별히 명문대학이라고 하는 대학이 신입생들을 선발할 때 가장 중요시하는 것 중에 하나가 에세이(수필)이다.
　문장을 잘 쓰는 것을 말하는 것이 아니라 학교에 다니면서 어떻게 시간을 보냈는지, 특별히 어떤 봉사를 했는지를 본다. 즉 대학을 졸업하고 사회의 지도자로 성장했을 때 가난하고 소외된 사람들, 도움이 필요한 사람들의 생활을 이해하고 그들과 함께 살아갈 준비를 해왔는지를 보는 것이다.
　수능시험과 같은 학력고사를 통해서 어느 정도 수준에 이른 사람은 자기가 소속한 학교에서 얼마만큼 노력했는지 알 수 있다. 물론 한국의 내신성적과 같은 것을 보지만 그것은 그 사람이 어느 학교에서든 그만큼 열심히 했으면 기본 소양이 갖춰졌다고 보고, 학생 시절에 얼마만큼 리더십을 기르고 또 지역사회에서 봉사하면서 살아왔는지 근본적인 인성교육을 중요시한다는 말이다.
　학업성적이 우수하거나 특별한 재능이 있는 사람을 뽑는 곳도 있지만 일반적으로 골고루 지역 안배를 하면서 선발을 한다. 또한 그동안 어퍼머티브 액션(affirmative action)이란 제도를 통해서 입학생의 일정 비율을 소수계나 어렵고 가난한 사람들을 선발해서 - 좋은 조건에서 성장한 사람들과 자유경쟁해서는 입학이 안 될 사람들도 선발해서 - 소수계나 장애인들, 사회적인 약자들의 지도자로 키우는 일들을 앞장서서 한다.

정부나 대기업의 입찰이나 공사에서도 어퍼머티브 액션이란 제도를 도입해서 공사의 일부를 소수계나 여성 또는 사회적 약자인 사람들이 운영하는 기업이나 업자에게 일할 기회를 준다.

특별히 장애인들이나 사회적 약자들에 대한 사회제도적 장치는 일반적인 사람들이 부러워할 만큼 잘되어 있다.

도시를 건설하거나 계획하면서도 부자와 가난한 자들이 공존할 수 있도록 단독주택, 연립주택, 아파트 등을 배치하면서 한동네에서 소득 수준이 다른 사람들이 자기 형편에 맞게 살아갈 수 있도록 배려한다.

물론 그런 것들이 사회를 이끌어가기 위해서 필요한 인력들, 고급인력과 함께 막노동이나 저임금노동자들을 이용하기 위한 방편이라고 볼 수도 있지만, 어쨌든 한 사회에서 각계 각층의 사람들이 더불어 살아가기 위한 노력들이 끊임없이 이어지고 있다. 이처럼 누구든지 자기의 분수에 맞게 노력하고 그 노력의 결과를 가지고 안정된 생활을 할 수 있기 때문에 미국이 강대국이 된 것이라고 생각한다.

정치인들, 행정부·입법부·사법부를 망라해서 사회의 지도자가 되려는 사람들이 똑똑하고 교육을 잘 받은 것은 기본이다. 그러나 그들이 행동으로 사회적인 약자와 어려움에 처해 있는 사람들을 어떻게 돕고 이해하고 있는지가 시민단체나 지역사회에서 그 사람을 평가하는 중요한 자료가 되고 있다.

왜 미국이 강대국인가(3)
# 인간의 기본권이 보장되는 사회

　인간이 살아가면서 기본적으로 필요한 것들은 무엇인가? 가장 기본적으로 필요한 것이 의식주다.
　정부가 관장하는 것은 아니지만 많은 종교단체나 자선기관이 필요한 옷과 신발 등을 아주 저렴한 값에 나눠 주고 있다. 또한 집이 없는 사람에게는 주택보조비를 준다. 정부 아파트나 개인 아파트라도 정부보조를 통해서 살아갈 수 있도록 해준다.
　한인 동포들이 미국에 정착할 때 많은 도움이 되었던 인디펜던트 카드 프로그램은[전에는 돈처럼 쓸 수 있는 쿠폰을 나눠 줘 푸드스탬프(Food stamp)라고 불렀다] 개인이 한 달 동안 먹고 살 수 있도록 기본적인 식료비를 돈 대신 종이 쿠폰을 만들어서 돈처럼 사용할 수 있도록 했으나 지금은 현금카드처럼 카드화해서 지급하고 있다.
　그럼에도 불구하고 길거리에는 거지와 홈리스들이 많이 있다는 것은 이해하기 힘든 일이다. 그들이 미국의 사회복지제도를 몰라서 그런 것인지, 아니면 알면서도 게으르고 귀찮아서 그런 것인지 알 수가 없다.
　육신적인 필요뿐만이 아니라 정신적인 면에서도 미국 역사에서 권리장전이라고 불리는 것들은 인간의 기본적인 욕구들을 충족시켜 주는 것이라고 본다.

대표적인 것이 언론과 출판 등 표현의 자유, 집회 결사의 자유이다.

인간에게는 표현 욕구가 있다. 아무리 무시무시한 권력을 가진 임금님이 명령을 내려도 자기가 알고 있는 것 말하고 싶은 것은 해야만 하는 것이 인간의 본성이라는 말이다. 그것이 거짓이거나 근거 없는 것으로 남에게 피해가 가는 것이 아니면, 무제한의 언론의 자유 또한 출판의 자유가 보장되는 곳이 미국이다. 특별히 공직자들에게는 일부 근거 없는 억측이나 소문까지도 감수해야 한다고 요구할 정도다.

그러나 이 권리를 남용하거나 오용하려고 하다가는 큰코다치는 곳이 또한 미국사회다. 왜냐하면 개인 소송을 통해서 잘못한 부분에 대해서는 그것이 개인이든 대형신문사나 방송국이든 엄청난 손해배상을 해야 하기 때문에 어설프게 표현했다가는 패가망신할 수가 있다.

또한 깃털이 같은 새가 함께 모인다는 것처럼 같은 민족, 같은 문화, 같은 사상이나 배경을 가진 사람들이 단체를 만들고 함께 모이는 집회와 단체를 만드는 자유도 인간의 가장 기본적인 욕구다.

물론 이런 집회와 결사를 통해서 자기들의 의사를 표현하고, 정치인들이나 정부 당국 또는 회사들에게 의사를 표현하는 자유가 보장되어 있다.

사회의 공공질서에 방해가 되지 않는다면 얼마든지 데모를 하고 의사 표시를 할 수 있다.

끝으로 종교의 자유가 있고, 종교적인 차별을 받지 않도록 법적으로 보장되어 있는 미국사회는 인간이 기본적으로 살아가는

데 필요한 모든 것들이 보장되는 사회다.

특별히 국가나 지방정부의 공권력으로부터 간섭받지 않을 자유, 범법 행위가 없으면 어떠한 경우든 검문을 받거나 심문 체포 간섭을 받지 않을 자유가 있다.

※ 이것은 9·11 테러가 발생하기 전에 쓴 글이다. 9·11이 미국의 역사와 문화, 사회를 바꿔 놓은 사건이 된 것은 더 이상 먼저 믿어 주고 문제가 생기면 나중에 해결할 수 있는 사회가 아니고, 한 명의 테러리스트가 무수한 사람을 죽일 수 있기에, 사전 검문검색을 하지 않을 수 없는 사회가 되었다.

왜 미국이 강대국인가(4)
# 예측 가능한 안정된 사회

　인간에게 있어서 가장 중요한 것 중 하나가 바로 자신의 설 자리를 아는 것과 자기의 분수를 지켜서 멈춰 설 줄 아는 것이라고 했다.
　사서삼경이라고 하는 고전 중 하나인 《대학》의 내용을 한마디로 요약하자면 아마 바로 위의 말인 것 같다. '지어지선'(知於止善), 곧 자기가 머물러야 할 자리를 아는 것이란 말이다. 좁은 땅덩어리에 똑똑한 사람은 넘쳐나니 무한경쟁을 하지 않으면 도태되고 살아남기가 어려워 평생 끝없이 경쟁을 하고, 살아남기 위해서 안간힘을 써야 하는 것이 아닌가 하는 생각에 참으로 안타깝다.
　현대 인간사회의 특징은 그 시대를 살아가는 사람들의 공통적인 관심과 이해, 그리고 생각들을 중시하는 것이다. 그래서 여론의 향배를 중요시하고, 정기적으로 선거라는 제도를 통해서 시민들의 의견에 따라서 사회와 국가를 운영하는 지표로 삼는 것이다.
　정확한 통계를 근거로 정책을 계획하고 실행하는 것도 결국은 현재 그 사회가 처한 현실이 어떠하며, 그런 현실을 토대로 미래가 어떠할 것인지를 예측할 수가 있기 때문이다.
　서론이 길어졌지만, 미국이 강대국이라고 하는 이유 중에 하나가 이런 통계가 잘 수집되고 분석되어 작게는 개인의 생활에서부터 크게는 국가경영까지 투명하게 운영되어 갈 수 있는 근거가 된다는 데 있다.

맥도널드 햄버거 체인점을 하나 내기 위해서는 그 지역에 어떤 사람들이 살며, 그들의 연령층은 어떻고, 연간 수입 정도는 얼마이고, 아동들의 연령 분포와 앞으로의 인구 변화 추이까지도 센서스 자료를 가지고 산출해내며, 그런 기초자료를 근거로 그 지역의 통행량, 학교의 학생 수 동향, 새로운 주택개발 가능성 등 가능한 모든 자료를 수집해서 검토한 후에 시작하기 때문에 망하는 경우가 거의 없다는 얘기를 들은 적이 있다.

개인에게 있어서도 자기의 능력에 맞춰서 공부를 할 수 있고, 공부를 안 하고 자기가 하고 싶은 일을 하면서도 자기 분수에 맞춰서 살면 살아가는 데 별다른 문제가 없다. 자기의 노력의 결과로 분수에 맞는 직업을 택해서 하루하루 열심히 일하면서 살아가면 자신의 인생을 즐기면서 살아갈 수 있다는 것이다.

나쁘게 표현을 한다면, 부모가 어떤 환경에서 자녀를 교육시키느냐에 따라서 평생이 결정된다고 볼 수 있다. 도시의 빈민층에서는 의무고육인 고등학교를 졸업하지 못하고 나이가 들어서 사회에 진출하게 되면 그 수준에 맞는 일밖에는 할 수가 없다. 자기의 형편이 그러니 더 이상 욕심을 부리거나 모험을 해볼 꿈도 꿔볼 수가 없다.

고등학교를 졸업하고 원하면 거의 모든 사람들이 대학을 갈 수가 있다. 실력이 부족해서 초급대학에 가면 거의 돈을 내지 않고 학교를 다닐 수가 있고, 어떤 경우에는 오히려 돈을 받아가면서 공부를 할 수도 있다. 특별히 소수민족으로서 정부의 지원을 받는 대학에 진학을 하면 더 많은 혜택을 받을 수가 있다. 부족한 소수계의 선생님을 육성하기 위해서, 또는 앞으로 군인으로 복무를 하겠다는 지원을 하면 대학교육은 거의 자기 돈이 없이도 할 수 있고 오히려 용돈까지 받아가면서 할 수도 있다.

머리가 좋고 똑똑한 학생은 명문 사립대학에 진학을 할 수 있지만, 졸업을 하고 난 후에 월급쟁이 생활을 하며 평생 연방정부에서 보증을 해준 학자금 융자금을 갚아가면서 살아가야 하는 곳이 미국이기도 하다.

물론 경우에 따라서는 아주 특출한 사람들이 새로운 발명을 하거나 특별히 큰돈을 벌어서 부자가 되는 경우도 있지만, 대부분의 사람은 자기 월급 수준에 맞는 생활을 하면서 살아가는 것이 미국사회이다.

돈을 적게 벌면 적게 쓰고, 또 많이 벌면 버는 만큼 씀씀이가 커지는 곳이다. 아파트를 넓히거나 집을 장만하고, 차를 좀 더 고급차로 바꾸고, 휴가를 좀 더 비싼 곳으로 가고, 돈을 버는 만큼 쓰면서 살아가는 곳이다.

벼락을 맞을 확률보다도 확률이 적다는 복권에 당첨되기 전에는 자기 인생이 크게 달라질 수가 없다. 그러니 아예 처음부터 자기의 분수를 알고 그에 걸맞게 살아가도록 교육되고, 그 현실에 순응하며 살아가기 때문에 사회가 안정되었다고 생각하는 것인지도 모른다.

왜 미국이 강대국인가(5)
# 사람을 믿어 주는 신용사회

　9·11 테러 사건이 미국의 역사에 어떤 영향을 끼쳤는지 몇 번 말할 기회가 있었지만 아직 미국인들도 그 의미를 잘 실감하지 못하고 있다. 이는 미국의 근본과 역사를 송두리째 바꿔 놓은 엄청난 사건이었다.

　미국이 테러와의 전쟁을 선포하고 소리 없는 전쟁을 치르면서 차츰차츰 일반 시민들의 생활에 변화가 나타나면서 비로소 9·11 테러의 의미들을 더욱 새롭게 느끼고 있다.

　결론을 먼저 내리자면, 지금까지는 대부분 사람들을 믿어 주고 일단 신용으로 모든 일들을 처리하고 나중에 문제가 생기면 그에 대한 혹독한 대가를 치르게 함으로써 사회를 유지해 왔다고 볼 수 있다. 그러나 9·11 테러 이후에는 먼저 믿어 주고 그로 인해 일을 당하고 난 다음에 뒤처리를 할 수 없는 세상으로 변했다는 것이다.

　지금까지 대부분의 시민들은 아무런 간섭 없이 자유롭게 살아가고 신용을 어기거나 말썽을 부리는 소수의 사람들은 나중에 제재를 해서라도 사회를 유지해 나갈 수가 있었다. 그런데 한 번 테러로 몇천 명이 죽는 것을 목격하고 나서는 이제는 미리 예방하지 않으면 안 되겠다는 것이다. 그러다 보니 그동안 아무런 불편

없이 지내던 일반시민들도 몹시 불편을 겪게 되었다.

예를 들어 보자. 100명이 평화롭게 사는 마을에 한두 명의 도둑이 생겼다고 하자. 지금까지는 모두 문을 열어 두고 밤이나 낮이나 신경쓰지 않고 평화롭게 살아갔는데 어느 날인가 도둑이 생겨서 한 집, 두 집 털리는 일이 생겼다. 그러면 더 이상 그 마을은 마음놓고 살 수 있는 곳이 아니다. 언제 또 누가 당할지 모르니 서로를 의심하고 문단속을 하지 않으면 안 되는 마을로 변해버린 것이다. 그 도둑을 잡아서 다시 모두가 마음놓고 살 수 있는 세상을 꿈꾸는 것은 당연할 것이다.

옛날에는 국내선 비행기는 신분증 없이도 타고 다녔다. 심지어 가족이나 친구들의 비행기표를 가지고 여행을 해도 별로 문제가 없었다. 신분 확인을 하지 않으니까 비행기 표만 있으면 그것이 남의 것이라도 타고 다니는 데 문제가 되지 않았다. 그때는 비행기 이륙 시간이 다 되어 출발 안내 방송을 하고 난 후에 허겁지겁 가방을 들고 뛰어오는 승객들도 종종 볼 수 있었다.

지금은 어떤가? 검색 때문에 2시간 미리 나가서 샅샅이 검색을 받아야 비행기를 탈 수 있다. 여자들 화장용 가위나 면도칼도 가지고 탈 수가 없다. 심지어 여자들 속옷 속도 검사를 하고, 신발을 벗기고 머리끝에서 발끝까지, 때로는 수치심을 느낄 정도로 검색을 하니 불평이 이만저만이 아니다. 종종 검색원과 승객 사이에 시비가 일어나지만 테러 예방이라는 명분 앞에 각종 불합리한 처사도 감수해야만 한다. 미국인들이 가장 견디기 힘들어하는 부분이다.

모두를 의심하고, 믿어 주지 않고 의심부터 하며 확인을 한다는 것이다. 얼마나 불편하고 기분 나쁜 일인가?

대부분의 서류들이 자기가 제공한 정보에 확인하는 서명만 하면 믿어 준다. 가짜가 있거나 과장이나 잘못된 부분이 있으면 그것은 나중에 밝혀질 수 있고, 그러면 그때 가서 불이익이나 제재를 받게 된다.

그래도 사회가 발전하는 데 문제가 없다고 보는 것은, 선량한 대다수의 사람들이 불편 없이 열심히 일하도록 도와주는 것이 소수의 가짜나 엉터리가 만들어내는 문제들과 비교해 볼 때 부정적인 것은 무시해도 좋을 만큼 사회가 안정되어 있고, 규정과 도덕을 지켜가는 사회라는 자신감이 있기 때문이다.

인간은 본성적으로 자기를 믿어 주고 기회를 주면 열심히 일하게 되어 있다. 주어진 기회를 악용해서 일시적인 이익이나 만족을 얻으려고 하는 사람들이 없는 것은 아니지만, 그들 때문에 사회 전체가 불신사회가 된다는 것은 참으로 불행한 일이다.

미국은 신용을 기본으로 형성되어 온 사회이다. 열심히 일해서 갚을 것이라는 전제하에 좋은 아파트에 월세를 내고 살도록 해주고, 또 집을 사서 살면서 평생 갚아나가도록 해준다. 자기가 원하는 차를 사서 타고 생활하면서 갚아나간다. 필요한 옷이나 여행이나 휴가나 무엇이든지 원하는 것을 먼저 할 기회를 주고, 그것을 갚기 위해서라도 열심히 일하도록 만드는 사회다.

어찌 보면 성인이 시작되는 대학생부터 학자금을 융자해 주고 공부를 하고 난 다음에 평생 갚아나가도록 하는 제도가 열심히 일하게 만드는 첫 관문인지도 모르겠다.

사람에게 자기의 능력을 개발할 기회를 주고, 또 일할 기회를 주어 자기에게 알맞은 일들을 하면서 행복하게 살아갈 수 있는 사회, 이것이 미국을 강하게 만드는 근본적인 힘이라고 믿는다.

왜 미국이 강대국인가(6)

# 돈으로 사회를 운영하는 자본주의

민주주의와 공산주의의 대결에서 민주주의가 승리할 수 있었던 것은 공산주의가 인간의 주의나 주장, 이상을 추구했던 데 반해서 민주주의는 인간의 본성을 – 동물적인 보다 근본적인 성향을 – 무시하지 않았기 때문이라고 본다.

쉽게 표현한다면, 공산주의는 다 함께 열심히 일해서 다 같이 함께 잘살기를 바랐지만, 그렇게 주의나 주장만으로 움직일 수 있는 사람이 소수에 불과하다는 것을 몰랐던 것이다. 반대로 민주주의는 인간의 본성, 어쩌면 동물적인 본성을 그대로 인정을 해서 누구든지 열심히 일하면 일한 만큼 벌 수 있다고 했기 때문에 더 많은 사람이 열심히 일하게 만들었다.

그리고 수정자본주의를 통해서 많이 벌어들인 사람들이 혼자 먹지 않고 부족한 자, 기회가 적었던 자, 심지어는 게을러서 일하지 않은 자까지도 최소한의 생활을 할 수 있도록 세금제도를 통해서 나누는 사회를 만들어 결과적으로 오늘과 같은 번영을 이루고 공산주의와의 대결에서 승리할 수 있었다.

미국은 자본주의의 원칙에 충실한 나라다. 사회를 움직여가는 메커니즘이 '돈'이다.

자본주의 사회에서 돈의 위력은 절대적인 것으로 보인다. 그러나 인간의 생활에서 돈이 똑같은 위치를 차지하는 것은 아니다. 쉬운 예가 돈으로는 행복을 살 수 없다는 것이다.

돈으로 행복을 살 수 있다면 부자들은 모두 행복해야 하는데 그렇지 못하다는 것으로 설명할 수 있다. 돈으로 친구들은 많이 만들 수 있으나 진정한 우정은 살 수 없고, 돈으로 육신의 편안한 삶은 누릴 수 있지만 마음의 평안은 살 수 없는 것은 돈으로 인간의 욕심을 채울 수 없기 때문이다.

그러면 미국은 어떻게 돈으로 사회를 통제해 나가고 있는가?

누구나 먹고 싶은 것을 먹고 사고 싶은 것을 살 수 있는 사회지만 돈이 많으면 더 고급스럽고, 더 신선하고, 더 맛있는 것을 먹을 수 있는 특권이 있다.

누구나 차를 타고 다닐 수 있지만 돈이 있으면 좀 더 고급 차, 새 차, 안전한 차를 탈 수 있다. 운전을 함부로 하거나 주차를 아무 데나 하면 벌금을 물어야 하기 때문에 그만큼 돈으로 대가를 치러야 한다. 사고를 내면 보험료를 더 물어야 하기 때문에 3년간이나 보험료 때문에 다른 생활비를 절약해야 한다. 주차비도 25센트짜리 요금기계에 돈을 제대로 안 넣으면 25달러짜리 벌금을 내야 하고, 5달러짜리 주차장에 넣지 않고 불법주차를 하면 25달러, 50달러 벌금을 내거나 또는 견인을 당해서 150달러를 내야 하는 경우가 있다.

돈이 있는 사람은 좀 더 좋은 지역, 좋은 집, 좋은 학군에서 살 수 있고, 좋은 학교에서 교육을 받고 음악, 미술, 체육, 사회활동 등 활발하게 생활할 수 있는 기회가 더 많다. 물론 명문 사립학교를 다닐 수도 있고, 훌륭한 선생님을 가정교사로 초빙해 집에서 교육받을 수도 있다.

학교를 졸업하고 사회생활을 하면서도 돈이 있으면 보다 좋은 조건에서 사회생활을 시작할 수 있다. 사회생활을 하면서 실수를 하는 경우에도 특별한 경우를 제외하고는 Bail Bond 시스템을 통해서 돈이 있으면 재판이 끝나고 유죄 판결을 받기까지 자유롭게 살 수도 있다.

미국사회의 Bail System은 이런 것이다.

범법행위가 있어서 경찰이 체포해서 경찰 조서를 만들면 District court commisioner라는 사람에게 가는데, 그 사람이 Bail의 금액을 결정한다. 물론 직업이 확실하고 도주의 우려가 없는 사람에게는 베일 없이 그냥 나중에 재판을 받으러 오라고 석방하기도 한다. 대체로 죄의 경중과 도주의 가능성을 통해서 베일 금액이 결정되면 보험회사의 에이전트와도 같은 Bail Bondman에게 가서 보험 불입금처럼 일정 금액을 내고, 해당 베일 금액만큼의 본드를 사오면 석방을 한다. 물론 해당 재판날에 안 나오면 보증회사가 베일 금액을 배상해야 하기 때문에 도망자들을 잡으러 다니는 사람들이 있고, 그들을 Bunny Hunter라고 부른다. 다른 방법으로는 본드를 사는 대신 부동산을 담보로 잡는 방법도 있다. 그럴 돈이 없으면 별수 없이 감옥에 갇혀 있는 상태로 재판을 기다릴 수밖에 없다.

미국 정치에서 정치자금 모금을 중요시하는 것은 개인의 기부 금액이 한도가 있고, 또 일반인들은 기부금액이 20~30달러 또는 100달러 미만이기 때문에, 실제로 투명하게 이루어지는 정치자금 모금에서 금액이 많은 사람은 그만큼 많은 사람으로부터 모금을 했기 때문에 당선가능성이 높은 것으로 본다. 그냥 지지하는 것도 아니고 자기가 적은 금액이라도 자발적인 성금을 내고 지지한 후보자라면 당연히 그 사람에게 투표할 것이기 때문이다.

돈 있는 사람이 대접을 받고, 보다 편안하고 안락한 생활을 보장받는다. 그래서 많은 사람들이 돈을 벌기 위해서, 지금보다 조금이라도 더 돈을 벌어서 보다 나은 생활을 하기 위해서 열심히 일한다.

어떠한 처지에 있든지, 돈을 많이 벌든지 적게 벌든지 조금이라도 더 벌면 그만큼 나은 생활을 할 수 있다는 사실 때문에 모두 돈을 더 벌기 위해서 열심히 노력을 한다. 그리고 잘못하면 돈으로 벌칙을 줌으로써 그것이 가져올 생활의 불편과 제약 때문에 조심하게 되는 사회가 미국이다.

미국사회는 돈으로 사회를 컨트롤해 나가는 자본주의 사회의 표본이다.

미국의 문제점은 무엇인가(1)

# 인종차별

미국이 세계의 축소판 같다는 말을 한다.

전 세계에 있는 거의 모든 것들이 미국에 있다는 말이다.

미국만큼 다양한 인종이 함께 거주하는 나라는 없을 것 같다. 그렇게 다양한 인종, 그리고 그들이 가져온 문화와 종교, 언어가 다양하다. 늘 눈이 덮여 있는 알래스카와 언제나 여름인 마이애미, 자연과 기후, 시간대만도 동부와 서부는 3시간, 하와이와 동부는 6시간의 시간 차가 있다. 50개의 주가 서로 다른 입법, 사법, 행정부를 갖춘 독립국가이면서 연방정부를 구성해서 서로 함께 살아가는 나라이다.

옛날에는 미국 문화를 멜팅 팟이라고 불렀다. 각자가 가져온 문화들이 동화되어 새로운 미국 문화로 통합되는 것이다.

요즘은 미국 문화를 샐러드 문화라고 부른다. 각자가 고유의 문화들을 그대로 유지, 보존하면서 그것들을 모두 묶어서 새로운 다양하고 독특한 문화를 창조해 간다는 것이다.

볼티모어 시의 경우 'Showcase of Nations'라는 이름으로 매년 각 민족별로 날을 정해서 축제를 벌인다. 물론 한인들도 추석을 전후해서 코리언페스티벌을 열어 한국의 문화를 지역사회에 알리고 서로의 이해를 넓히는 행사를 개최하고 있다.

인간은 동물적인 본능이 있어서 언어가 같고 문화가 같은 사람들끼리 모이는 것이 편하고 또 이해가 빠르기 때문에 - "깃털이 같은 새들이 함께 모인다"라는 말처럼 - 다른 인종이나 민족들에게 배타적이 되기 쉽다.

인간의 그런 본능적인 배타성을 극복하는 첫 번째 요소는 교육이다. 이 세상은 서로 다른 사람들이 함께 살아가야 하는 사회라는 것을 배우고 이해하면서 서로 다른 것을 받아들이도록 교육시켜야 한다는 것이다.

미국의 차별방지법은 인종, 성별, 출신국가, 종교, 나이, 신체장애 등을 이유로 취업이나 공공기관 및 공공 서비스 이용(예를 들면 각종 정부기관의 서비스, 공공 교통수단 이용, 식당, 호텔, 아파트, 학교 등)에 차별을 받지 않도록 법으로 규제한다.

반대로 말하면, 법이 없다면 그만큼 차별이 많이 있다는 얘기다. 법으로 규제를 하지 않으면 안 될 만큼 차별이 심하게 있어 왔다는 말이다.

법으로 규제를 해도 아직도 사회 곳곳에서 이런 차별들이 엄연히 존재하고 있고, 그것이 사회의 불안을 야기하고, 함께 더불어 사는 사회를 만들어 가는 데 큰 장애요인이 되고 있다.

보다 나은 삶을 누리기 위해서 미국에 온 다양한 인종들이 미국에 정착해서 몇 세대를 살아가면서, 서로 차별하지 않고 화합하면서 살 수 있는 사회를 만드는 것은 불가능한 일인지도 모른다. 그렇기에 미국의 영원한 숙제는 어떻게 인종 간에 반목과 차별 없이 화합하면서 살아가는 사회를 만들어 가느냐 하는 것이다.

이것은 미국만의 문제가 아니고 21세기 지구촌화된 세상에서 전 세계 인류가 해결해야 할 가장 큰 문제 중 하나일 것이다.

미국의 문제점은 무엇인가(2)
# 경제적 계급사회

　1985년경 형님이 미국에서 박사학위를 받고 귀국하는 길에 한 말씀을 오랫동안, 아니 평생을 잊을 수가 없다.
　미국은 눈에 보이지 않는 계급사회이며 그 계급을 뛰어넘기가 어렵게 만들어 놓았다는 말이었다. 그러나 기회가 없는 것은 아니다. 한인 동포들이 미국에 정착하면서 많은 어려움을 겪는 것은 바로 그 계급을 뛰어넘는 과정이다.
　부의 세습과 가난의 대물림, 바로 자본주의의 특징이자 문제점이다.
　2000년에 들어서면서 떠들썩하게 새로운 밀레니엄을 맞이했다. 그때 인간이 직면한 문제들 중에 크게 주목을 받은 것이 먼저 언급한 인간의 차별문제, 종족 간에 국가 간에 종교 간에 서로 화목하지 못하고 반목하고 시기하면서 차별하는 것이 제일 큰 문제요, 두 번째로는 자원의 배분 문제였다. 전 세계 인구 중에 굶어 죽는 사람이 많이 있는 것은 음식이 모자라서가 아니고 배분이 제대로 이루어지지 않는 사회구조 때문이라는 것이다. 선진국에서 음식물 쓰레기로 버려지는 것들이 버려지지 않고 나눠 먹을 수만 있다면 굶주려 죽는 수많은 사람들을 구해낼 수 있을 것이다.
　미국이 전 세계의 축소판 같다는 말을 한 것은 경제적인 계급

사회라는 것도 예외가 아니다. 가장 부자들이 많이 사는 곳도 미국이지만 여전히 집이 없이 길거리에서 구걸을 하면서 생활하는 홈리스, 그리고 산간의 움막 같은 곳에서 생활하는 사람들, 인디언 보호구역의 원주민들이 있다. 지금은 얼마나 변했는지 모르지만 미국대륙을 횡단하면서 남부 뉴멕시코와 캘리포니아 남부 지역 산간마을에 옛날 고향 동네의 초막집 같은 것들이 있는 것을 보고 '미국에도 이런 곳이 있구나. 이렇게 살고 있는 사람들도 있구나' 하고 놀랐던 기억이 아직도 생생하다.

대도시 내에서도 마찬가지다. 교외로 나갈수록 넓은 정원의 저택에서 호화롭게 사는 사람들이 있는가 하면, 도심에는 홈리스 센터에서 머물지 못하고 그대로 빌딩 숲 사이에서, 공공건물이나 따뜻한 김이 나는 맨홀 부근에서 담요를 두르고 자는 사람들도 볼 수 있다.

교육을 받은 사람들은 이해할 수가 없다. 도대체 미국에서 어떻게 하면 저런 생활을 할 수가 있는가? 신청만 하면 정부에서 주택보조를 통해 정부 아파트에서 무료로 살 수가 있고, 인디펜던트 카드 등을 통해서 음식을 해먹든 사먹든 할 수가 있고, 옷도 얻어입을 곳이 많은데 얼마나 게으르면 저렇게밖에 살 수가 없는 것인가 이해할 수 없다고 말한다.

그들에게도 나름대로 사정이 있고 이유가 있을 것이라고 생각한다.

하지만 보다 근본적인 문제는, 부를 가지고 자녀들을 좋은 환경 속에서 좋은 교육을 받게 해서 부와 사회적인 지위를 유지할 수 있는 사람들과, 가난하고 부모가 교육을 받지 못해서, 사회적인 책임의식이 없어서, 자식을 낳고도 돌보지 않아서 교육을 받지 못하고 하루 벌어 하루 먹고 살아가는 생활을 할 수밖에 없는 사람들, 그래서 가난의 굴레를 벗어나지 못하는 사람들, 자신들의 인생을 희생해서 다음 세대에 보다 나은 생활을 물려주려는 마음이 없는 개인주의적 생각에 매여 있는 사람들이 있는 것이 미국사회다.

물론 그런 가운데서도 혼자 공부를 열심히 하고 일을 열심히 해서 성공하는 사람들이 있지만 대부분의 사람들에게는 불가능에 가깝다.

한인들이 미국에 정착하면서 성공한 요인들은 다름 아닌 교육열과 부모들의 희생이다. 내가 내 인생을 즐기면서 살아야지 자식을 위해서 내 인생을 허비할 수 없다는 사람들과는 달리, 비록 영어를 못해서 어렵게 살지만 내 자식만은 좋은 대학을 나와서 돈을 많이 벌어서 미국의 주류사회에 들어가 사는 것을 보고 싶다는 것을 목표로 살아온 한인들이 대다수일 거라고 생각한다.

미국사회는 자기 분수에 맞게 살도록 고안된(?) 사회다.

고등학교까지 의무교육이지만 고등학교를 졸업하거나 중퇴하거나 그 수준에서 살아가는 사람들은 평생 시간당 5~6달러, 아니면 좀 더 안정적인 직장생활을 열심히 한다 해도 그저 10~20달러 내외의 직업을 가질 수밖에 없다. 그들은 아파트에서 살며 차를 사서 생활하면 여윳돈이 없기 때문에 그들이 돈을 모아서 상황을 뛰어넘는 생활을 한다는 것은 불가능하다.

대학을 나와도 고등학교 졸업자와 사정은 별로 다르지 않다. 한 단계 높은 생활을 할 수 있을지 모르지만 그 수준에 맞는 생활을 하게 되어 있다. 열심히 일해서 학비를 갚고(당연히 부모가 학비를 다 대준 부자를 제외하고는 돈을 빌려야 대학 학비를 마련할 수 있다), 남는 돈으로 연립주택 같은 조그만 집을 하나 사고 집값과 자동차 값을 갚으면서 생활에 안정을 이루면, 자녀들을 키우면서 노후를 준비해야 한다. 그래서 평생 돈을 모아서 호화 유람선을 한 번 타는 것이 생의 목표라고 하는 사람들도 있다.

미국 문화를 얘기하면서 음식을 먹고는 각자 돈을 내는 문화라고 하는데, 이는 돈에 여유가 없기 때문에 누구에게 부담을 지우기도 싫고 또 여러 사람의 밥값을 내줄 이유도 없기 때문에 생긴 문화 같다.

여름 휴가 때가 되어도 사정은 별반 다르지 않다. 휴가를 받아도 아파트나 집값, 자동차 값 등 고정 비용이 매달 나가야 하니 실제로 휴가비로 지출할 돈이 없다. 미리미리 일 년 내내 저축을 해두지 않으면 변변한 휴가조차 다녀올 수가 없는 것이 샐러리맨의 현실이다.

그러니 미국 사람들은 모든 것을 정확한 계산에 의해서 결정한다. 집을 사더라도 수입과 지출의 몇 년간 통계를 보면 이 사람이 최고 얼마까지 융자를 받아서 얼마짜리 집을 살 수 있다는 것이 공식처럼 나온다. 자동차도 한 급수가 올라가는 데 약 3,000달러 내외다. 자기 분수를 모르고 한두 단계 뛰어올라서 자동차를 사면 그만큼 다른 것은 누리지 못한다.

자본주의 사회에서 벌금으로 사회를 움직인다는 것이 그런 의미이다. 잘못한 것을 벌금으로 그 금액에 상당한 기간 동안 생활에 불편을 주고, 그것을 통해서 다시는 그런 잘못을 반복하지 못하게 하는 것이다.

최근 미국에서 파산법을 새로 정리하고 있다. 자기의 분수를 모르고 한두 단계 높여 지출을 하다가 지쳐서 생을 포기하려고 하는 사람들을 구제하기 위한 제도라고 생각을 한다. 그렇지만 실제로 돈 많은 부자가 사업을 하다가 망하면 그 사업만 망하고 자기의 다른 재산은 축내지 않는 방법으로 부자를 보호하는 데 더 적합한 제도라는 말도 있다.

제일 많은 혜택을 받는 사람은 대학 시절부터 신용카드를 남발해서 카드 빚에 쪼들려 생활이 어려운 사람, 그리고 갑자기 병원에 가는 바람에 천문학적인 숫자의 병원비를 감당할 수 없는 사람, 그리고 실직되어 실직수당으로 밥은 먹고 살지만 평소 수입을 생각해서 집 사고 차 사고, 이렇게 저렇게 지출계획을 잡아 놓고 빠듯하게 살아왔던 사람들에게 파산선고를 통해서 집을 보존하게 하고 모든 빚을 탕감해 주거나 일정 기간 유예기간을 두어 시간을 벌어 새로운 출발을 하게 하는 제도다.

물론 미국에서 새로 시작하는 사업의 70~80%가 2년 이내에 망한다는 통계가 있다. 새로 사업을 시작하면서 무리한 계획을 세웠든지, 아니면 계획보다 사업의 진척이 이뤄지지 않아서 운영자금이 고갈이 되면 파산을 하게 되는 경우가 많다고 한다. 사실상 파산을 하고 나면 가정과 자녀들에게 미치는 영향이 크고, 어쩌면 최악의 선택을 하는 사람들의 뒤치다꺼리를 사회가 해야 하는데, 그 비용이 훨씬 더 많이 들기 때문에 파산제도를 만들었다고도 볼 수 있다.

한인들은 미국에 이민 와서 가장 망하지 않는 사업부터 시작했다. 물론 위험한 지역에 뛰어들어 희생당한 동포들도 있지만 한국에서 배운 지식, 기술, 능력, 모든 것을 접어두고 하루에 14~16시간을 일하면서 돈을 모아 자녀들의 교육을 위해 투자했다. 돈을 쓸 시간이 없어서 돈을 모았다는 말들을 할 정도였다.

그만큼 일 년 365일 쉬지 않고 일했다는 말이다. 그래서 동네 사람들에게 '워킹애니멀'이냐는 비아냥거리는 소리도 듣고, 왜 휴가도 안 가고 일만 하는지, 일밖에는 할 일이 없는지 하는 오해와 동정과 비난을 들었지만 차츰 시간이 흐르면서 그 보람이 나타나기 시작했다. 많은 자녀들이 그런 부모의 희생을 바탕으로 미국의 주류사회에 진출하기 시작했다.

한인들이 그렇게 일만 하는 민족인 줄 알았다가 한 세대 만에 미국의 주류사회 진출이 두드러지자 최근에는 반감과 시기로 경계심을 보이는 사람들이 많아지는 것 같다. 위에 있는 사람들은 위협으로, 아래 있는 사람들은 자기들은 몇 세대를 살면서도 진출하지 못하는 것을 한인들은 어떻게 한 세대만에 진출하는가 하는 의혹과 시기심으로 경계한다.

미주 한인사회의 성장과 발전은 이런 이민 1세들의 희생과 노력의 결정체이다. 바닥생활에서 시작해서 단숨에 주류사회를 넘보고 자녀들을 주류사회 속에 밀어넣고 있는 한인들은, 자기 세대를 희생의 세대로 보고 자녀들이, 아니 앞으로 자자손손이 이 땅에서 자랑스러운 한민족으로 뻗어가기를 바라면서 자기를 희생한 결과라는 것을 알아주었으면 좋겠다.

눈에 보이지 않는 미국의 계급사회에서 그 경계선을 뛰어넘어 성장하고 있는 한인들은 자긍심을 가져도 좋다. 똑똑하고 성실하며 열심히 일하는 그것을 바탕으로 우리만, 우리 자녀만 잘되는 것이 아니라 나아가 지역사회와 인류의 공동번영에 이바지할 수 있는 훌륭한 민족이라는 것을 전 세계와 인류의 역사 속에 보여주어야 할 책임도 있다고 본다.

미국의 문제점은 무엇인가(3)

# 의료보험

　인간의 삶의 질을 결정하는 데 건강은 매우 중요한 척도다.
　건강보험은 병이 나서 치료를 받는 것뿐만이 아니라 인간이 일상생활에서 건강에 대한 걱정을 하지 않고 살아갈 수 있는 여건을 조성하는 것이 중요한 목표가 되어야 한다고 생각한다.
　미국은 의료 기술, 장비, 인력, 제약회사 등 거의 모든 부문이 세계에서 가장 우수한 편이다. 그럼에도 불구하고 건강보험이 문제가 되는 것은 사회적인 의료 시스템이 제대로 갖춰지지 못했기 때문이다. 다음에 다룰 예정이지만 법적인 책임 문제라고 한다. 의사들이 보험료가 비싸서 의사를 못해먹겠다고 데모를 할 지경까지 이르게 된 것도 의료사고 피해자에 대한 보상문제로 엄청난 보험료를 물어야 하기 때문이라고 한다.
　미국의 식품의약청에서는, 건강을 유지하기 위해서 하루에 섭취할 음식의 표준을 일률적인 피라밋 형태에서 변경하여 종류별로 음식을 섭취하는 것과, 운동을 해서 자기의 건강상태에 맞는 생활을 할 수 있도록 도와주는 개인맞춤형 건강관리 시스템을 최근에 개발 보급하기 시작했다.
　미국에서는 법적으로 병원에 온 환자는 돈이 있든 없든, 보험이 있든 없든, 신분이 불법체류자든 시민권자든 치료를 해줘야 할 책임이 있다. 물론 치료를 받고 돈은 나중에 보험회사에 청구하든가, 개인이 내든지 개인이 낼 능력이 없으면 사회사업가를 통해서 정부의 의료보조 플랜을 이용해서 내면 된다. 적어도 법적으로나 이론상으로는 그렇다는 말이다.

은퇴한 노인이나 장애인들을 위해서는 연방정부에서 운영하는 메디케어라는 플랜이 있고, 극빈자층에게는 메디케이드라는 플랜이 있다. 그외에도 각 주 정부마다 여러 가지 프로그램을 만들어서 운영하고 있다. 연방정부 차원에서 캐나다와 같은 국민 전체를 커버해 줄 수 있도록 클린턴 대통령의 임기 초기에 의료개혁을 시도했으나 실패했다. 최근 메릴랜드에서는 고용원 1만 명 이상인 사업자는 종업원 예산의 8%를 의료비로 지출해야 한다는 법안을 의회에서 만들었으나 – 소위 대상 기업이 월마트뿐일 것이라고 해서 월마트법이라고도 불린다 – 주지사가 거부권을 행사했다.

한인 이민자들도 대부분 열심히 일하고 있으나 건강보험료가 너무 비싸서 보험을 못 드는 분들이 대다수를 차지하고 있는 형편이다.

형편이 이러니 보험이 없다는 이유로 건강 체크를 미루거나, 웬만큼 아파서는 의사를 찾아가지 않고 버티는 경우를 종종 본다.

많은 사람들은 미국의 이러한 형편을 병원협회나 의사협회가 정치권에 로비를 해서 자기들이 편리한 대로 법을 만들도록, 그리고 운영하도록 조직적인 노력을 하고 있기 때문이라고 본다.

돈 많은 사람들이나 보험 혜택을 잘 받는 사람들은 걱정 없이 살지만 보험이 없는 소상인, 보통 근로자들은 최고로 발달한 의료 국가에서 그 혜택을 못 받고 사는 불쌍한 사람들이다.

이후에 '오바마케어'라는 보험이 등장하게 되었다.

# 여성 참정권 허용 (1920년부터)

　미국에서 여성에게 참정권이 부여된 것은 제19차 헌법수정안이 통과된 1920년 8월 26일 이후다.
　70여 년간의 투쟁 끝에 얻어진 수정헌법 19조는 다음과 같은 2개 조항이다.
　"미국 연방 시민의 투표권은 연방이나 어느 주에서도 성별을 이유로 빼앗거나 거부할 수 없다."
　"연방의회는 적절한 입법을 통해 이 조항을 수행할 권한을 가진다."
　1848년 7월 뉴욕 주 세네카 휠스라는 곳에서 엘리자베스 케이디 스탠턴과 루크레샤 모트의 주도하에 여성 참정권 획득을 주장하는 사람들 200명이 모여서 교육과 취업에서 여성들의 권리 증진을 촉구하는 선언문을 채택했다. 그 후 1850년에 열린 여성 권익을 위한 전국대회 이후 매년 전국총회를 열면서 여성의 참정권 획득을 위해서 노력해 왔다.
　그러나 연방의회는 제15차 수정헌법에서 흑인 남성에게 투표권을 부여하면서도 여성에게는 투표권을 주지 않았다.
　1869년 수잔 앤서니와 엘리자베스 케이디 스탠턴이 여성 참정권 획득을 위한 연합회를 창립하고 연방헌법 개정 투쟁을 벌였다.

1890년에는 루시 스톤이 주도하는 여성 참정권 운동 단체와 여성 참정권 획득을 위한 연합회, 두 단체가 합병해 투쟁했고, 그 해에 처음으로 와이오밍 주에서 여성에게 투표권을 부여했다. 20세기에 들어서면서 여성의 역할이 증대되어 일하는 여자들이 많아지고 교육을 더 많이 받고 아이는 적게 낳으면서 여성의 지위가 변화되기 시작했다. 콜로라도 주, 유타 주, 그리고 아이다호 주에서 여성에게 투표권을 주기 시작했다.

　헌법 수정의 결정적인 계기가 된 것은 세계 제1차 대전이었다. 1917년 미국이 전쟁에 참여하게 되자 여성들의 역할은 더욱 확대되었고 반대하던 명분들을 깨뜨려 나갔다. 1918년에 15개 주에서 여성에게 투표권을 주었고, 민주당과 공화당에서 공개적으로 여성의 투표권을 지지하게 되었다. 1918년 1월 여성 참정권이 연방 하원에서 2/3 이상의 찬성으로 통과되었고, 1919년 6월에는 연방 상원에서 통과되어 각 주의 비준을 받도록 보내졌다.

　1920년 8월 18일 테네시 주가 36번째 주로 수정안을 비준해 2/3주 이상의 비준을 받아 수정안이 확정되었다. 테네시 주 의회의 비준서류는 기차로 워싱턴으로 보내졌고, 8월 26일 아침 8시 국무장관 바인브릿지 콜비가 서명함으로써 법안이 확정되었다. 그러나 그 법안은 국무장관의 집에서 아무런 기념식도 없이 서명이 이뤄졌다. 여성 참정권 투쟁자들을 초청하지도 않았고, 기념 사진이나 서명식도 없었다. 다만 그날 오후 우드로 윌슨 대통령과 부인 에디스가 백악관에서 전국여성참정권연합회의 카리 채프만 카트 회장을 접견한 것이 전부였다(출전: 미국 히스토리 채널의 오늘의 역사).

평생교육

# 교육의 본질–
# 아버지학을 만들자

교육학 개론을 얘기하자는 것은 아니다.

하지만 교육이란 것이 무엇인가? 결국은 인간들이 많은 경험을 통해서 가장 좋고 효과적이라고 생각한 방법들을 체계적으로 정리해 남에게 전해 주는 것이 아닌가? 자기들의 언어를 통해서 사상과 문화, 그리고 역사 등을 전달해 주는 것이 국어이다. 가장 기본이 되는 교육이 언어와 표현력, 기록 등이다. 다음으로 인간의 두뇌를 조직적으로 체계적으로 정리시켜 주는 것이 수학이다. 사회나 과학, 그리고 예능 교육을 통해 어려서부터 일평생 살아가기 위한 기술과 지식을 길러 주는 것이 우리의 교육제도가 아닌가? 좀 더 전문화된 교육을 통해 다음 세대 교육을 위한 교육방법이라든지 아니면 사회에 나가서 사회의 일원으로서 살아가기 위해서 아니면 인류 발전과 번영에 기여하기 위해서 필요한 지식과 능력을 가르치는 것이 교육이다.

기업을 경영한 사람들의 경험을 집적해서 기업경영을 잘할 수 있도록 가르치는 것이 경영학이라면 정치·경제·사회·문화 등 인간이 살아가면서 필요한 모든 분야, 모든 관련된 사실과 지식을 전수하고 계승 발전시켜 가면서 인간은 사회생활을 영위해 나간다.

그런데 가장 중요한 교육 하나가 빠져 있다.

인간이 성장해서 결혼을 하고 자식을 키우면서 가장 중요한 일이 부모의 역할인데 부모 역할을, 특별히 아버지의 역할을 어떻게 잘할 수 있는지 가르치는 아버지학이나 부모학이 없다. 엄마들은 가정시간에 육아법, 요리, 옷 수선이나 양재 등 의식주에 관련된 기본적인 것들을 배우지만 남자들은 학교에서 인간의 기본 생활에 관련되어 의식주는 물론이고, 어떻게 자녀들에게 아버지 역할을 잘할 수 있는가에 대해서 배운 적이 없다. 그저 자기의 아버지나 친구 아버지, 또는 단편적으로 흘러들어오는 아버지의 역할에 대한 정보를 가지고 인생에 가장 중대한 아버지 역할을 해야 한다는 것은 대단한 모순이다.

많은 사람들이 자기가 아버지 역할을 제대로 하지 못했기에 할아버지 역할을 통해 그동안 시행착오로 못다한 아버지 역할에 대한 보상과 보람을 느끼려고 한다. 물론 좋은 의미에서 상당히 긍정적인 측면이 있는 것도 사실이지만, 사실상 아버지 역할을 할아버지가 대신하는 데는 한계가 있다.

그렇다면 인생에서 정말 중요한 아버지 역할에 대한 학문이 필요하지 않을까?

아버지학이든 부모학이든, 아니면 결혼학에서 이 문제를 다루든, 어쨌든 인생에서 가장 중요하면서도 소홀히 해왔던 이 문제에 대해서 반성과 새로운 시도가 있어야 하리라고 본다.

문화가 다르지만 미국에서 느끼는 가장 부러운 것 중에 하나가 미국인 가정에서 이루어지는 아이들에 대한 배려 부분이다. 많은 한인 가정들이 이민생활의 정착을 위해 생업에 매달려 자녀들에게 많은 시간을 할애해 주지 못하고 있는 현실을 안타깝게 바라보면서, 미국인 – 중류층이나 상류층으로 갈수록 더욱 두드러지게 나타나는 현상이다 – 부모들이 자녀들에게 쏟아붓는 정성은 정말 대단하게 느껴진다. 자기들이 부모로부터 받았기 때문에 자연스럽게 그것이 가능한 것 같다. 우선순위가 자녀들에게 있는 지극한 정성과 노력이 부럽다는 것이다.

자녀들은 부모들이 받쳐 주는 만큼 딛고 올라가는 것이다.

물론 더러 예외는 있지만, 인간은 자기의 삶만으로 만족하지 않고 자손을 통해서 영원히 살고자 하는 종족 보존의 본능과 인간의 영원성을 추구해 왔다. 형태는 다르지만 동서양을 막론하고 인간의 본성은 크게 다를 바 없는 것 같다.

# 교육의 시작-인생의 시작

인생은 공평한 것인가?

어찌 보면 불공평하기 그지없는 인생을 공평하다고 볼 수 있는 근거는 무엇인가?

인간 수명이 최고로 길다는 경제대국 일본에서 태어나 물질적인 풍요 속에서 살다 간 사람과, 인간의 수명이 불과 그 절반에도 못 미치는 아프리카 대륙에서 태어나 굶어 죽는 인생을 어찌 공평한 인생이라고 볼 수 있는가?

신실한 기독교 가정에서 축복 속에 결혼한 부부가 하나님께 기도해서 신의 은총으로 받았다고 생각하며 낳은 아이와, 결혼도 제대로 하지 못하고 그냥 그렇게 살다가 어쩌다 보니 실수로 생명을 잉태하게 되었기 때문에 출생하게 되었다는 아이의 삶이 어떻게 같은가? 그들이 성장 과정에서 받는 부모와 가족, 그리고 주변 사람들로부터의 대우가 어떻게 공평하다고 볼 수 있는가?

부잣집에서 태어나 좋은 환경 속에서 좋은 교육을 받고 수준 높은 생활을 해왔다고 자부하는 사람들과, 어려운 환경 속에서 교육도 제대로 받지 못하고 사회의 바닥에서 그럭저럭 살아가는 사람에게 어찌 인생이 공평하다고 말할 수 있는가?

출발점이 다르고, 출발 조건이 다르고 환경이 달라서 불공평하기 짝이 없는 것으로 보이는 인생을 어떻게 공평한 인생이라고 말할 수 있는가?

인생에는 눈앞의 현실만 가지고는 도저히 설명할 수 없는 일들이 너무나 많다. 그렇기 때문에 우리는 현실뿐만이 아니라 그 너머에 있는 진실을, 본질을 볼 수 있어야 한다.

마치 동쪽에서 떠서 서산에 지는 해는 날이 맑든 흐리든, 비가 오든 눈이 오든 언제나 그 자리에 있다. 그 주위를 맴돌고 있는 지구의 주위가 변화될 뿐이다. 그런 사실을 배워서 인식하지 않는 한 언제나 불규칙한 자연의 변화를 탓할 수밖에 없다. 그러나 그 속에 질서가 있고 원칙이 있고 변하지 않는 진실이 있다는 것을 깨닫게 해주는 것이 교육이다.

인간은 고작해야 100년을 살지 못한다. 30년을 살든 80년을 살든 어찌 보면 오십 보 백 보의 차이다. 문명이 최고로 발달한 나라에서 태어나도 1~2년을 살지 못하고 가는 사람들이 많이 있다.

결국 이 세상은 영원한 세상, 영원한 역사의 한 점에 불과한 것이라는 것, 그리고 어차피 거쳐가는 세상이기에 그것이 몇 년이 되었든, 그리고 어떤 삶을 살았든 자기에게 주어진 삶이 자기의 능력과 처지에 꼭 맞는 것이라는 확신만 있다면 이 세상은 아주 공평한 세상이 될 수 있다. 인생은 자기에게 주어진 삶을 얼마나 긍정적으로 받아들이고 성실하게 살아가느냐에 따라서 얼마든지 달라질 수 있다.

그 인생의 시작은 태어나서부터 시작된 것일 수도 있지만, 지금 깨달음이 있어 나이나 형편이나 처지에 관계없이 새로운 인생을 시작할 수 있다는 점에서 언제나 새로 시작할 수 있다.

지금 이 글을 읽는 독자도 지금부터 맘을 고쳐먹고 새로운 삶을 시작한다면 새로운 인생을 살아갈 수 있다.

　나이와 처지와 환경에 구애받지 않고 새로운 인생에 도전하고 새로운 삶을 살아가는 것, 이것이 평생교육이 시작되는 출발점이 아닐까? 결국 의미를 부여하고 도전하는 사람만이 새로운 인생을 살아갈 수 있다.

# 문제 아동—문제부모

인간의 기본적인 교육이 가정에서 이루어지는 것이며, 그 중요한 역할이 어머니에게 있다고 본다면 그 어머니와 함께 공동 책임을 져야 할 사람은 아버지다.

문제 아동 뒤에는 반드시 문제 부모가 있다는 것을 부정할 수 없다. 그것이 의도적이었든 부모의 무지에서 오는 것이든, 비인간적인 품성에서 오는 것이든, 이유 여하를 막론하고 자녀들의 문제에 대한 일차적인 책임은 부모가 질 수밖에 없다.

요즘은 DNA 유전인자 지도가 만들어져서 인간이 조상적부터 내려온 유전인자의 범위를 벗어나지 못한다는 것을 깨닫게 되었다. 그전에는 그저 막연하게 그럴 것이다 했지만 이제는 인간의 유전자 지도를 통해서 인간의 기본구조가 어떻고, 또 그 기본구조가 어떻게 자손들에게 전해 내려와서 인간의 기본 골격을 이루고 있는지를 분명하게 알게 되었다.

인간의 구성이 아버지에게서 엄마에게 넘어간 그 수억 개의 세포 중에서 한 세포가 생명으로 잉태되는데 ‒ 적어도 인간으로 태어난 사람은 억대의 경쟁을 뚫고 승리한 자다 ‒ 그 한 세포의 2/3가 기본 골격에 대한 정보를 담고 있다는 것이다. 머리카락이 검을지 금발일지 백발일지, 눈이 푸를지 노랄지, 키가 클 것인지

작을 것인지, 인종이 한국인인지 아프리카 토인인지……. 물론 이런 기본 요인들이 합쳐지는 세포와 환경의 영향을 받아서 변화가 되고 혼합이 되게 되지만, 변할 수 없는 요소들이 있기 때문에 수백 년의 세월이 지나고도 DNA 검사를 통해서 많은 정보들을 캐내고 확인할 수가 있는 것이다.

어려서의 교육이 주로 부모로부터 타고난 성품이나 자질을 개발하는 것이 목적이라면, 만 18세가 지나서 즉 성인이 되고 난 후에 이뤄지는 것들은 전적으로 자기가 책임을 져야 할 부분들이다.

물론 그것이 어려서 쌓아 온 바탕 위에 이루어진다는 점에서 혼자 책임을 지라는 데 억울함을 느끼는 사람이 있겠지만, 출발점이 다르듯이 그것도 어쩔 수 없는 우리들의 현실이다. 그러기에 인간은 나이 마흔이 넘으면 그때부터는 자기 얼굴에 대해서 책임을 져야 한다고 했다. 늘 웃음을 잃지 않는 사람은 미소 띤 얼굴을 할 것이요, 늘 찌든 얼굴로 찡그리고 살아온 사람은 울상인 얼굴을 하고 살아갈 것이다.

자녀들은 부모의 말을 따라 하는 것이 아니고 행동을 따라 한다고 했다. 찡그리며 사는 부모의 자녀가 밝게 자라날 수가 없다. 엄마와 아빠가 화목하게 지내지 못하는데 건전한 감성을 지닌 자녀로 자라 주기를 바라는 것은 도대체 앞뒤가 맞지 않는 이야기다.

행복한 부부생활, 화목한 가정, 형제간에 우애가 교육을 위한 첫 번째 사회적인 요건이라는 데 이의가 없다. 물론 어려운 환경 속에서도 꿋꿋하게 자라나서 훌륭하게 성장한 사람들이 많이 있다는 것을 안다. 참으로 기특하고 감사한 일이다. 그러기에 더욱 빛나는 것인지 모른다. 그러나 그들의 그늘에는 성공하지 못한 99명, 0.1%의 성공 뒤에 있는 99.9%를 볼 수 있어야 한다.

과연 나는 문제 부모인가?

자신을 인식할 수 있으면 이미 변화는 시작된 것이다.

마음만 고쳐먹는다면 당장 지금 이 순간부터 우리의 인생은 달라질 수 있다.

내가 변하기 시작하면 내 주위가 변한다.

비극적인 것은 자신이 어떠한 처지에 있는지 인식하지 못하는 것이다. 자신이 인식하지 못하면 그 누구도 도와줄 수가 없다. 전지전능하신 하나님도 마음의 문을 굳게 닫고 거부하는 사람은 어쩔 수가 없다고 했다. 깨달을 때까지 시련과 고난을 통해서 메시지를 주어도 받아들이지 않는 사람, 인식하지 못하는 사람에게는 방법이 없다는 것이다.

변화의 필요성을 인식하고 깨닫는 것, 그것이 교육의 시작이다. 변화의 시작이고, 보다 나은 삶을 향한 출발이다.

대학 진학(1)
# 명문대 입학 5요소

　미국의 대부분의 중·고등학교(공립학교)들은 일반반(Standard), 우수반(Honor), 수재반(AP)으로 나눠서 능력별 반 편성을 한다. 미국에는 커뮤니티칼리지라고 불리는 2년제 초급대학과 4년제 대학, 6년제 전문대학(대학원), 특수학교 등 많은 교육기관들이 있다. 지역에 따라서는 중·고등학교도 마그네틱스쿨이라고 불리는 특수학교를 설치해서 우수 학생들을 모아 영재교육을 시키는 곳도 있다.
　물론 특수 사립학교들이나 이런 마그네틱스쿨을 제외하고는 한 고등학교에서 명문대학에 진학하는 학생은 대개 한두 명에 불과하다. 즉 거꾸로 명문대학에서는 한 고등학교에서 한두 명 정도밖에 받아주지 않는다. 사실은 명문대학에 1명의 학생도 진학하지 못하는 고등학교가 수두룩하다. 그만큼 미국에서도 명문대학에 진학하기 위해서는 무진한 노력이 필요하다. 본인의 노력도 중요하지만 부모님의 노력과 지원도 빼놓을 수 없는 요소다.
　많은 미국 부모들은 자녀가 8학년 중학교를 마치고 9학년에 진학하게 되면 대학 진학준비를 시작하게 된다. 다음의 다섯 가지 요소가 입학지원자의 당락을 결정하는 데 중요한 역할을 한다.

　첫째는, 학교 성적이다.

GPA로 불리는 학교 성적은 학교에 따라서, 선생님에 따라서 천차만별이지만 적어도 한 학생이 자기가 속한 학교에서 두각을 나타내고 선생님으로부터 인정을 받으면 그만큼 수학 능력이 있다고 인정을 받는다.

성적은 9학년부터 실제로 입학사정이 이루어지는 11학년까지를 보지만, 나중에 필요한 경우에는 12학년 성적까지 참고를 한다. 물론 졸업을 해야 된다는 조건도 첨부되어 있다. 고루 잘했으면 좋지만 만약 기복이 있다면 좋았다가 떨어지는 것보다는 점차적으로 향상되고 있는 것을 바란다.

둘째는, SAT 점수다.

앞서 말한 것처럼 학교 성적은 학교에 따라서 다르게 평가하므로 성적의 우열을 가릴 수 없다. 그래서 표준화된 시험으로 실력을 가늠다. 학교 성적이 학습태도나 숙제, 교실에서의 참여도 등을 종합적으로 평가해서 매겨진 것이라면 SAT는 영어와 수학을 가지고 실력을 측정하는 것이다. 하지만 영어는 단순한 영어만이 아니고 시사, 역사, 과학, 예술 등 모든 분야를 다루기 때문에 전 과목을 다 커버한다고 봐야 한다. 그렇기 때문에 고등학생이 되면 일간신문과 잡지 등을 보면서 시사와 새로운 기술진보나 발달, 어휘, 세계 정세들에 관심을 갖고 꾸준히 공부를 계속해 나가야 한다.

셋째는, 소속 학교나 단체들에 대한 봉사정신이다.

자기의 개인적인 발전이나 성취에 국한하지 않고 자기가 소속한 집단에서 주변 사람들을 위해 얼마나 봉사하고 기여했는가를 중요시한다. 그러면서 지도자로서의 리더십을 키워 가는 것을 본다. 고등학교에서 학생회 활동이나 학교의 신문, 방송, 앨범(Year-book), 각종 클럽 활동 등을 통해서 자기 소속 집단에 대한 봉사와 주변 사회와의 연결 역할을 하는 것이다.

넷째는, 자기가 속한 학교나 클럽뿐만이 아니라 지역사회에서의 활동, 특별히 어렵고 힘든 사람들에 대한 봉사활동을 중요시한다.

명문대학들은 장래 이 사회의 지도자들을 길러낸다는 자부심을 갖고 있기 때문에, 이들이 대학에서 공부를 마치고 사회에 진출해서 사회의 지도자가 되었을 때 얼마나 사회의 소외되고 어려운 사람들을 생각하며 돌봐 줄 수 있는지를 보고 싶어한다.

메릴랜드 주에서는 고등학교를 졸업하기 전까지 75시간의 지역사회 봉사를 의무적으로 하도록 졸업 요건으로 규정하고 있다. 하지만 명문대학에 진학하는 학생들은 300~400시간씩 비영리기관, 사회사업기관, 복지기관 등에 가서 봉사를 한다. 그것도 8학년이 끝나면 9학년 시작하기 전부터 방학 동안에는 장애인 캠프나 섬머스쿨, 도서관, 병원 등에서 학기 중에도 주중과 주말에 부지런히 봉사하여 본인 개발과 주변 사회에 기여할 수 있는 인재가 되도록 노력하고 있다.

다섯째는, 에세이다.

위와 같은 여러 가지 활동을 통해 본인이 스스로 경험하고 느낀 것들을 표현하는 것이다. 여행기, 일터에서 경험한 것, 봉사활동 모든 영역에서, 즉 어떻게 고등학교 4년을 보냈는지 전체적인 것들을 종합적으로 검토해서 입학사정에 반영한다는 것이다. 결국 고등학교 때 이미 전인교육을 통해서 단순한 지식 습득만이 아니라 앞으로 이 사회의 지도자로서 길러질 수 있는 기본틀을 마련하고 있다.

실제로 학교 성적은 좋지만 SAT 점수가 나빠서, 또는 GPA와 SAT 두 가지 기본요건은 충족을 했지만 다른 봉사활동이나 지역사회 활동이 미미해서 다른 경쟁자들에게 밀려나 명문대학에 진학하지 못하는 경우를 종종 볼 수 있다.

한인 학생들은 부모님들이 미국의 교육제도나 사회제도를 잘 몰라서 도움을 주지 못하니 결국 혼자서 이런 내용을 알고 찾아가야 하기 때문에 더 어려움을 당하는 경우가 많이 있다. 이것 역시도 이민 1세, 2세들이 겪어야 할 시련이다. 부모에게 이런 것을 알려 주려 해도 정착에 여념이 없는 사람들에게 어려움을 가중시키는 것 같아 안타깝다.

하지만 그래도 무엇이 더 중요한지를 생각해서 해야 할 일은 해야 한다.

대학 진학(2)
# 변하는 것들

　자녀가 성장해서 대학에 가게 되면 본인이나 부모에게나 많은 변화가 오게 된다. 참으로 인생에 중요한 변화들이 한꺼번에 몰려오는 것이다.

　첫 번째 변화는, 독립해서 생활하게 된다는 것이다.
　많은 학생들이 처음에는 무조건 집에서 먼 곳으로 가려고 한다. 가까운 대학에 가도 대부분 대학들이 1학년 때는 기숙사 생활을 요구하기 때문에 어차피 떨어져야 한다. 매일매일 부모와 함께하다가 이제는 혼자 지내면서 많은 것들을 혼자 결정하고 살아가야 한다.

　두 번째는, 아이덴티티, 즉 코리안 아메리칸으로서 자신을 자각하기 시작하는 기간이다.
　고등학교까지는 매일매일 학교생활을 같이하는 많은 친구들이 있고, 사실상 한국인이라는 것을 두드러지게 느끼거나 생각하지 못하다가 막상 대학에 가면 끼리끼리 어울리고 성장한 후에 장래까지도 생각하게 되면, 그리고 이젠 자아의식에 대한 깊은 생각이 들기 시작하고 더구나 졸업 후의 진로까지를 생각하게 되면 자신이 코리안이란 것을 인정하게 된다.

그때부터는 어려서 부모의 성화에도 불구하고 한글을 배우지 못한 것을 후회하고 늦게 배우기 시작하는 경우도 많다.

세 번째는, 체력이 달려서 공부를 따라가기 어렵다는 얘기들을 많이 한다.

대학 진학(3)
# 부모의 변화 1

　자녀들이 대학에 진학하고 나면 부모에게도 많은 생활의 변화가 오게 된다.
　임신을 허서부터 몇 단계를 거쳐서 자녀를 교육시키게 된다.
　태교도 포함을 해야겠지만 출산해서 한 살까지는 엄마와 떨어지기 어려운 환경이다. 사실상 이 기간에 어린아이의 성격 형성의 80% 이상이 이루어진다고 하니, 이때의 엄마의 사랑과 가정환경이 얼마나 중요한지 알 것이다.
　그다음에 "세 살 버릇 여든까지 간다"는 속담이 있듯이, 첫돌이 지나고 걷기 시작해서 천방지축으로 다니는 시기가 있다. 사실상 세 살 정도만 되어도 웬만한 것은 다 기억에 남을 만한 나이가 된 것이다. 네 살이나 다섯 살이 되면 공식적인 학교공부가 시작되는데, 열세 살이 될 때까지는 법적으로 혼자 놔두지 못하고 반드시 보호자가 있어야 한다. 바로 써–틴이 되는 틴에이저다. 부부가 음악회를 가려 해도 베이비시터를 구해두고 가야지 그렇지 않으면 동네사람이라도 신고하면 경찰이 와서 데려다 사회봉사기관에 맡겨 양부모에게 보내진다. 법원에 가서 약식재판에 넘겨질 수도 있고, 반복되면 양육권을 빼앗길 수도 있다.
　하나님이 성년이 될 때까지 맡아 키우라고 준 자녀인데 부모가 제대로 키우지 못하면 정부에서 데려다가 키우겠다는 것이다. 마찬가지로 자녀들을 양육하면서 매를 때리지 못하게 하는 것도 그렇다. 매를 때리면 선생님이나 의사나 누구든지 아동학대로 보고할 의무가 있고, 보고하면 역시 데려다가 양부모에게 보낸다. 성년이 될 때까지 보호자가 필요하지만 부모가 보호자 노릇을 제대로 못하면 국가가 책임지고 하겠다는 것이다.

어쨌든 미국은 개인주의가 발달해서 부모도 자녀의 권리를 침해하지 못한다. 우리 속담에 '품안의 자식'이란 말이 있듯이 일단 18세까지가 부모의 책임이다. 그 이후에는 자녀가 원하지 않으면 아무런 권한도 행사할 수 없다.

만 15세가 넘으면 운전할 준비를 해서 16세가 되면 운전을 시작한다. 물론 주에 따라 약간 차이가 있을 수 있지만 사실상 운전을 시작하면 그나마 여기저기 운전수가 필요해서 부모를 필요로 하던 시기가 지나서 반 독립이 시작된다. 그때까지는 부모가 각종 학교활동 – 방과 후 체육활동, 음악교육과 발표회, 클럽 활동, 보이스카웃, 교회활동 등 – 때문에 그야말로 애들 따라다니는 것이 보통 일이 아니다.

자기가 운전을 하고 다니기 시작하면 부모는 그런 데서 해방되게 된다. 대학에 진학하면서 집을 떠나면 이젠 슬하를 떠나는 자식이 된다. 방학이 되어 돌아와도 손님 같고, 더구나 졸업하고 나면 직장을 잡아서 독립하게 되니까 더 이상 한집에서 한솥밥을 먹고 살 기회가 영영 없어질 수 있다.

그래서 부부간에도 자녀들이 성장해서 대학에 진학하면 한 아이면 18년, 두 아이면 20여 년을 그렇게 보내다가 새로운 둘만의 인생이 시작되어 2nd Honey-moon, 즉 제2의 신혼기를 맞게 된다.

많은 사람들이 준비되어 있지 못하면, 특히 엄마들이 아이들에게 쏟던 정성들이 남편에게 향하게 되어 불필요한 간섭과 과잉보호와 친절로 문제를 야기하기도 하지만 준비된 사람들에게는 정말 제2의 신혼이 되어 행복한 생활이 된다. 반대로 여러 가지 어려움으로 이혼을 생각했던 부부들이 자녀들의 결혼까지 기다리지 못하고 대학진학을 기회로 이혼을 결행하는 시기가 되기도 한다. 지금까지는 자녀 때문에 함께 살 수밖에 없었지만 자녀가 독립해서 나간 기회에 부부도 따로 살기로 해서 제2의 신혼이 아니라 제2의 인생이 시작되기도 한다.

대학 진학(4)
# 부모의 변화 2

　미국에서도 자녀들이 대학에 가는 과정은 비슷하다.
　고등학교에 들어가 대학 진학을 생각하는 초기 과정에는 대부분의 자녀들이 무조건 집에서 먼 곳으로 가려고 계획한다. 부모로부터 멀리 떨어져 자유로운 생활을 하겠다는 생각인 것이다. 그러나 캠퍼스투어를 통해 대학생활에 대해 어느정도 구체적으로 알기 시작하면서 무조건 멀리 가겠다는 생각은 없어지고, 집에서 적당히 멀어서 부모의 간섭을 받지 않으면 좋겠다는 생각, 그리고 실제로 대학에 가면 기숙사 생활을 해야 하고 부모가 자주 찾아올 수도 없다는 것을 알기 때문에 자기 대학생활을 충실하게 할 수 있는 곳으로 점점 초점을 맞춰가게 된다.
　사실상 자녀가 집에서 멀리 떨어지지 않은 학교에 있다는 것은 부모에게 큰 짐을 덜어 주는 셈이다. 적어도 일년에 4~5회 이상 왕복을 해야 하고, 학기가 끝나면 짐을 싸들고 왔다갔다 해야 하기 때문이다.
　보통 9월 노동절 후에 새학기가 시작을 하지만, 추수감사절 연휴, 성탄절, 그러면 가을학기가 끝나고 겨울방학, 봄학기에는 부활절, 봄방학 등이 있고, 여름방학이 되면 대학생활의 일 년이 끝나는 것이다. 가까운 곳, 그러니까 보통 운전으로 하루 이상이 걸리지 않으면, 즉 집에서 약 500마일 이내 거리라면 운전을 하기가 용이하지만 그 이상이 되면 중간에 호텔 신세를 져야 하니 시간적으로나 경제적으로나 쉬운 일이 아니다. 물론 시간에 여유가 있고 즐길 만한 여유가 있으면 문제가 다르겠지만 대부분의 한인 부모들이 이민 비즈니스라고 불리는, 시간을 몸으로 때워야 하는 사업을 하기 때문에 시간 내기도 쉬운 일이 아니다.

그래도 어찌 보면 자녀들에게 해줄 수 있는 마지막 봉사(?)라는 면에서 즐거움으로 감당할 수 있는 일들이다.

# 세 가지 직업 – 사회 첫발을 어떻게?

 자녀가 대학에 진학해서 공부를 마치면 사회에 진출하게 된다. 중요한 것은 어떤 직장을 잡느냐 하는 것이다.
 "콩 심은 데 콩 나고 팥 심은 데 팥 난다"라는 속담이 있듯이 우리가 열심히 노력한 대가를 여러 가지 다른 형태로 되돌려 받는다는 말이다. 다른 의미에서는 농사를 짓는 농부만이 아니라 우리 모두가 햇볕과 비, 공기, 토양 등을 필요로 하듯이, 자신의 노력만 가지고 인생을 살아갈 수 없음을 말해 주기도 한다.
 어쨌든 인간은 자기가 경험한 세계를 쉽게 벗어날 수가 없기 때문에 첫 직장이 중요하다. 자기가 갈 수 있는 세계를 들여다본 첫 직장에서 얼마의 시간이 흐르든, 자기가 본 세계를 포기하고 새로운 세계로 새로 들어간다는 것은 쉽지 않은 일이다.
 다른 의미에서 선생님 집안에는 선생님이 많고, 변호사 집안에는 변호사가 많은 이유가 인간은 아직도 어디든 자기가 속한 사회에서 보여지는 건실하고 착실하고 능력 있는 사람을 배우자나 사윗감, 며느릿감으로 점찍어 놓고 결혼을 하거나 시키게 되기 때문이다.

세 가지 직업이 있는데, 첫 번째는 죽어도 하기가 싫지만 어쩔 수 없이 해야 하는 직업이다.

다른 대안이 없고, 가장으로서 또는 재벌가의 아들로서 하고 싶은 것이 따로 있지만 아니면 죽어도 하기 싫지만 다른 살아갈 방법이 없으니까 해야만 하는, 돈만을 위한 직업, 참 어떻게 보면 불쌍한 인생이다. 이민 와서 생활하는 많은 동포들이 영어를 못해서 한국에서 배운 고학력을 다 썩히고 이민 비즈니스라고 하는 몸으로 때워서 벌어야 하는 사업을 하는 것도 이 범주라고 본다.

두 번째는, 자기가 좋아서 하는 직업이다.

인생이 자기가 좋아하는 것을 하면서 생활을 유지할 수 있다는 것은 큰 축복이다. 무엇이든지 자기가 전공한 것을 살려서 취미를 가지고, 아니면 흥미를 가지고 즐기면서 할 수 있는 직업을 가졌다는 것은 참 복된 일이다. 예술가가 그렇고 운동선수도, 연예인도 그럴 수가 있겠다.

세 번째는, 소명의식에 의한 직업 선택이다.

무엇이든 그것을 천직으로 알고 할 수 있다면 그것이 목회자든 교사든 대통령이든 공무원이든 자기가 주어진 일에 충실할 수 있을 것이다. 가장 복된 직업임에 틀림이 없다.

그러나 실은 이 세 가지 직업이 다른 것이 아니라 어떤 직업이든지 자기의 태도에 따라서 Money Oriented Job이 될 수도 있고, 취미 삼아 하는 직업, 또는 소명의식에 의한 직업이 될 수 있다. 결국은 지금 내가 하고 있는 일을 천직으로 알고 최선을 다하는 사람이 행복한 사람이다.

　대학을 졸업하는 자녀들에게 인생을 어떻게 설계하고 어떻게 직장을 잡을지 얘기할 수 있다는 것은 참으로 복이다. 요즘처럼 실업자가 수두룩해서 직장잡기가 하늘의 별따기만큼 힘든데, 어디 입맛대로 골라갈 직장이 있는가? 참 어렵게 살아가는 인생이다.

# 직업을 바꿔야 하는 경우

　인생을 살다 보면 직업을 바꿔야 하는 경우가 있다.
　자의든 타의든 자기가 지금까지 해오던 일을 포기하고 새로운 직업을 택해야 한다는 것은 아주 어려운 일이다.

　첫 번째 직업은 대부분 고등학교를 졸업하고 대학진학을 안 하거나 못한 경우 갖게 되는데, 사실상 자기의 취미분야나 전문분야를 택해서 진로를 결정하기가 쉽지 않다. 반면에 전문성이 없는 경우에는 쉽게 직업을 옮겨다닐 수도 있다.
　대학을 졸업하거나 아니면 다니면서 전공분야가 적성에 맞지 않아서 고민하는 경우도 많다. 특별히 한국에서 치열한 입시경쟁 때문에 우선 들어가고 보자는 경우로, 또 다른 면에서는 졸업 후에도 전공에 크게 좌우되지 않고 취업을 하는 경우가 있기 때문에 더욱 그런 경향을 부채질하게 되는데, 교육정상화를 위해서 빨리 시정되어야 할 불행한 일이다.
　미국의 경우에는 대학을 결정할 때 대부분 전공을 위주로 결정하는 것이 특징이다. 한국 부모들이 자신의 허영심(?) 때문에 자녀들에게 명문대학 중에서도 한국에 잘 알려진 곳들을 고집해서 자녀들과 갈등을 겪는 경우가 종종 있지만, 대부분 대학 선정의 가장 중요한 기준은 자기의 전공 분야를 과연 그 대학에서 어느 정도 공부할 수 있는 학교인가 하는 것이 중요한 선택 요인이다.

그럼에도 불구하고 공부를 하다 보면 들어갈 때 생각과는 달라서 새로운 전공으로 바꿀 수 있는 기회가 많이 주어지고 있다. 실제로 2~3학년에 올라가면서 전공 바꾸기를 할 수 있고, 더구나 졸업을 한 후에도 대학원에서는 학문 간의 상호의존도 때문에 오히려 다른 전공자들을 환영하는 경향이 있다. 그 대표적인 예 중의 하나가 바로 MBA 과정이다. 어느 분야든 최고경영자를 향해 나아가는 사람에게 그럴 수 있는 기회를 제공한다는 의미다. 국어학자도 국어학을 심도 있게 연구하고 분석하려면 컴퓨터가 필요하고, 수학분야에서도 수학을 잘 알면서 경영학이나 정치학을 한 대표자가 필요한 것이다. 마찬가지로 어느 분야든 서로 연관성을 갖고 있어서 자기를 잘 알고 상대해야 하는 분야도 잘 알 수 있는 이중전공자가 필요하다는 얘기다.

이와 같이 고급인력들의 학문 간 교류를 위한 전업이라면 참 다행한 일이다. 그러나 요즘처럼 경제가 어려워져서 타의적으로 직장에서 쫓겨나 직업을 바꾸어야 하는 경우가 가정적으로나 사회적으로 문제가 된다.

평생직장으로 생각하고 다니던 직장이 경영악화든 직장폐쇄 또는 기업 간의 합병 등 여러 가지 이유로 종업원들을 내쫓게 되면 그동안 가정을 꾸리고 생활해 왔던 사람들은 막막하게 된다.

미국처럼 사회보장제도가 잘 갖춰져 있다고 하는 나라에서도 직장을 잃고 생활이 비참해져서 결국에는 자살까지 이르는 경우가 있다.

그러므로 대기업에서는 감원 조치를 하기 전에 대상자들을 상대로 각종 서비스를 제공한다. 정부 관계자들을 초청해서 실업보험을 신청해서 얼마 동안 직업 없이도 살아갈 수 있는 방안을 안내하고, 새로운 직장을 얻기 위한 각종 훈련과 이력서 작성법과 실제 작성까지 안내하기도 한다. 물론 필요한 경우 정신과 의사의 도움을 받을 수 있도록 조치를 취하는 것도 잊지 않고 안내를 한다.

중세의 기계파괴운동과 마찬가지로 컴퓨터 파괴운동이 일어날지도 모른다. 단순노동자들이 컴퓨터 때문에 자기가 직업을 잃게 되었다는 피해의식이 생기면서 일어날 수 있는 가상 스토리다.

다른 한편에서는 인간의 평균수명이 늘어나면서 정년퇴직 후에 새로운 직업을 갖게 되는 경우도 많다. 군인, 공무원, 교사 등 정년이 되어 직장을 그만두게 되었지만 아직도 일할 수 있는 연령이기 때문에, 또는 일을 더 해서 부양해야 할 자녀가 있기 때문에 새로운 직업에 도전하게 된다. 퇴직금을 가지고 새로운 사업을 시작하거나 새로운 직업을 추구하다가 사기꾼에게 당하거나 새로운 사업에 망해서 말년을 불행하게 보내는 경우도 종종 본다.

직업을 바꾼다는 것은 참으로 어려운 일이다.

젊은이의 새로운 도전이든 정년퇴직 후의 새로운 인생의 도전이든, 적어도 한 가정을 경제적으로 부양해야 하는 사람이 미래에 대한 불확실성을 가지고 지금까지 해오던 일에서 다른 일로 옮겨간다는 것 자체가 스트레스를 받기에 충분하다.

하지만 어찌 보면 인생 자체가 불확실성의 연속이요 사고의 연속인데, 오히려 주어진 위기를 인생의 새출발을 위한 기회로 알고 도전하는 사람만이 남은 인생을 행복하게 살 수 있다고 생각한다.

  조금 늦었지만 지금부터라도 욕심 부리지 않고, 서두르지 않고 - 정말 중요한 것은 이 두 가지라고 생각한다 - 노력하면 경험 많고 지혜가 많은데 못할 것이 무엇인가?

  그런 의미에서 평생에 한 가지 직업에 충실하면서 살아올 수 있었다면 그것 또한 큰 복임에 틀림이 없다.

# 무엇을 교육할 것인가? - 육신, 정신, 영적 교육

　인간이 세상에 태어나면 평생을 살아가는 동안에 무엇을 교육 받아야 할 것인가? 어려서는 엄마로부터 가족으로부터 사랑을 배운다. 그것은 그냥 몸으로 체득하면서 배우는 것이지 말과 글로 배우는 것이 아니다. 물론 인간이 성선설과 성악설을 가지고 본성적으로 착한데 살아남기 위해서 악해지는 것이냐, 아니면 본성적으로 악한데 교육을 통해서 인간답게 살아가도록 훈련되는 것이냐 하는 논쟁이 끝없이 이어지지만 필자는 중간 입장이다.

　성경은 인간이 죄성을 갖고 태어난다고 해서 성악설을 얘기한다. 인간이 본래 창조되기는 하나님의 성품으로 창조되었지만 타락해서 그 타락된 혈통을 타고나서 인간은 죄를 지을 수밖에 없는, 그리고 죄에 아주 취약한 존재라고 보는 것이다.

　하지만 인간이 끊임없이 하나님을 닮아가려는, 완전해지려는 욕구를 갖고 있는 이상, 전체를 흑백논리로 따져서 악하다, 선하다 이렇게 규정 지을 것이 아니라고 본다. 본래 선하게 창조된 창조물인데, 그 속에 죄성을 갖고 있어서 죄에 빠지기 쉬운 연약한 존재, 하지만 교육을 통해서 온전해지기를 추구하는 존재. 이것이 필자가 인간을 보는 관점이다.

그렇다면 인간은 무슨 교육을 받아야 하는가?

역시 보는 관점에 따라서 많은 이론이 있을 수 있겠지만 첫째, 육신을 보존하고 재생산하는 교육 둘째, 정신 교육, 즉 말과 글을 통해서 역사와 문화와 지식을 가르치는 것, 남의 경험을 통해서 인생을 풍요롭고 더 깊고 넓게 살게 하기 위해서 본인이 직접 경험할 수 없는 부분들을 시간(역사)과 공간(문화)을 초월해서 경험하고 배워서 발전시키는 것 셋째, 영적 교육, 즉 인간이 자기의 본성을 찾아가는 것이다. 절대자, 그리고 인간이라면 누구나 언젠가는 한번쯤 갖게 되는 근본적인 물음들, '과연 나는 누구인가? 나는 어디서 왔다가 어디로 가는가? 내가 이 세상에 존재하는 목적은 무엇인가? 과연 죽음 이후의 세계가 있는가?' 이와 같은 인간의 존재에 관한 근본적인 물음에 답하는 것이 신앙이요, 인간이 인간답게 살아갈 수 있도록 하고, 또 인간의 삶에 진정한 의미와 가치를 부여하는 것이 영적인 교육이라고 본다.

그런 면에서 인간에게 중요한, 그리고 기초적인 육신의 교육이 발달되지 못한 것 같다. 물론 학교에서 생물시간이나 성교육시간에 얼마나 인체의 구조와 역할, 구성을 가르치는지 모르겠지만, 내 기억으로는 그런 것을 체계적으로 가르치는 교과목이 없는 것 같다. 내가 학교 다닐 때 졸아서 잘 못 배운 것이 아닌가 하는 걱정이 있지만 말이다.

엄마는 아기가 태어나면 제일 먼저 하는 것이 손가락과 발가락이 다섯 개인가 확인하는 것이라고 한다. 우선 외양상으로 이상이 있는가 확인하는 것이 첫 번째 일이다. 그리고는 자신을 닮거나 자기의 사랑하는 남편을 닮은 생명체가 탄생했다는 사실을 경이롭게 받아들이는 것이다.

사람이 살아가면서도 마찬가지 경우를 많이 겪게 된다. 실제로 우리가 인체에 대한 지식이 부족하기 때문에 과연 내 신체가 정상인지 이상인지, 내 건강에 이상이 있는 것인지, 그냥 잠시 넘어가는 현상인지 모르기 때문에 어려움을 겪는다.

필자도 이런 경험이 있다. 군대에서 탈장수술을 받은 적이 있다. 증상이 심하지 않아서 과연 이것이 정상인지 비정상인지 알지를 못했다. 우연한 기회에 정기검진 나온 군의관에게 상담을 통해서 심한 증상은 아니지만 비정상이라는 것을 알고 수술을 받은 경험이 있다. 그런데 한국의 문화에서는 다른 사람의 외양을 눈여겨본다고 해서 정상, 비정상을 가릴 수가 없는 것이다. 여자들의 경우에는 외모에 보다 많은 신경을 쓰기 때문에 어느 부분이 크다든가 작다든가 하는 것이 신경 쓰여 고민하거나 상담하는 경우가 많이 있지만 남자의 경우는 그렇지 못하다.

인간을 구성하고 있는 요소로 본다면 중앙사령부에 속하는 뇌와 그 안에 정보의 출입을 담당하는 눈, 코, 귀, 입 등 감각기관과 집행기관인 손, 발들이 있고, 몸 전체에 걸쳐 골격이 있고, 근육이 있고, 근육에 붙은 살이 있다. 그 안에는 혈관과 신경계통이 전신에 거미줄같이 퍼져 있어서 몸을 통제하고 있다. 각종 음식물을 통해서 건강을 유지하기 위한 영양소를 공급받는다. 공급받은 영양소를 장기를 통해서 소화를 하면 혈관을 통해 신체 구석구석까지 공급된다. 물론 거기에는 신체 세포가 살아가기 위한 영양분과 함께 신선한 공기도 필요하다. 결국은 인체의 구성분자인 세포들이 살아서 활발하게 움직임으로 말미암아 우리가 살아있다. 인간이 성장을 마치고 점점 노화가 시작되면 결국은 몸 구석구석에 죽은 세포들이 많아진다는 의미다. 그래서 기관들이 제

기능을 못하고 서서히 죽어가는 것이다.

이렇듯 인간은 태어나서 성장하다가 쇠퇴기가 되면 서서히 죽어가서 결국 죽음에 이르기 때문에 살아간다는 것보다 죽어가는 것이란 표현을 하기도 한다.

미국에서 건강보험료가 올라가는 가장 큰 요인 중 하나가 응급실 사용의 남용이다. 일단 응급실에 들어가면 처치를 해야 하는데 나중에 법적인 문제가 생길 수 있으니 각종 검사를 해야 하고, 그러자니 비용이 엄청나게 들게 된다. 그래서 생겨난 제도 중에 하나가 HMO라고 하는 지정의사제도다. 하지만 미국인들은 생리적으로 자기가 선택할 수 있는 권리를 포기하지 않는다. 그래서 비록 의학적으로 자신의 건강정보를 갖고 있는 의사가 있다는 것(가정의, 주치의)이 자신의 건강을 관리하는 데 도움이 된다고 해도 그것을 제도적으로 정착을 못 시키고 있다. 물론 일차적으로 실시된 것이 교육을 받지 못했거나 훈련이 잘 안 된 저소득층, 정부에서 의료지원(Medical Aid-Medicaid)을 받는 사람들이 대상이 된 경우 거의 실패에 가까운 현실이다.

건강을 유지하기 위해서 해야 할 일들도 뼈를 튼튼하게 해주기 위한 것, 근육을 발달시키고 튼튼하게 해주는 것, 신선한 공기를 섭취하는 것, 혈관을 깨끗이 하고 깨끗한 피가 전신에 영양소와 신선한 공기를 전달할 수 있도록 해주는 것, 전신을 싸고 있는 피부를 깨끗하게 유지하고 보호해 주는 것 등 참으로 많은 노력이 필요하다. 이렇게 중요하고 절실한 일들을 체계적으로 가르쳐 주고 훈련시켜 주는 제도가 부족하다는 것은 인간 사회의 교육체계를 근본적으로 다시 한 번 생각하게 한다.

육신의 교육(1)
# 결혼 전 건강진단서

　지금까지 한평생을 살아오면서 자신에 대해서 모르는 게 너무 많다.
　왜 머리카락이 빠지는지, 언제부터 빠지는지, 그리고 언제부터 희어지고 검어지는지 알지 못한다. 왜 사람들 귀와 눈이 서로 다른 크기를 갖고 있는지 알지 못한다. 물론 그것이 그렇게 중요하지 않아서 모르고 살아도 그만이니까 그냥 지나왔을 수도 있다.
　하지만 언젠가는 '내가 왜 사는가? 어디서 왔는가? 어디로 가는가? 나의 존재 목적이 무엇인가? 과연 나는 어떤 인생을 살고 마감할 것인가? 내가 죽은 후에는 어떻게 될 것인가?' 이런 물음들을 할 날이 온다.
　마찬가지로 '왜 눈이 짝짝이인가? 왜 시력이 나빠져서 돋보기가 없으면 볼 수 없는가? 왜 필요없는 '사랑니'란 것이 있어서 사랑 대신에 아픔을 주는가?' 궁금해진다.
　온몸의 지체 중에서 이 한 개만 아파도 전신이 꼼짝을 못하고 아무것도 할 수 없는 상태가 되기도 한다. 때로는 그 이를 신경치료하는 데 한 주일 내내, 때로는 한 달 내내 일한 것을 다 털어 넣어야만 가능한 경우도 있으니 만약 온몸에 고장이 생긴다면 개인의 힘으로는 감당할 능력이 없다. 물론 그런 이유로 건강보험이란 것을 들어 두지만 치과는 보험도 별도로 취급을 해서 따로 들든지, 아니면 건강보험에 추가해서 들어야만 한다.

　인간에게는 유전인자가 있어서 의사들은 가족들의 병에 대한 이력을 자세히 물어본다. 같은 유전인자를 갖고 있는 사람들은 같은 장기나 신체의 부분이 약해지고 병들기 쉽다는 것이다. 그런데도 우리는 가족 간에 그런 정보에 대해서 교육하고 전수하는 일이 별로 없다. 그저 누가 무슨 병으로 죽었다거나 누가 무슨 병으로 고생을 했었다는 정도의 정보밖에는 없다.

　심각한 병은 아니지만 필자가 불편을 겪고 있는 사소한 병으로 내 아버지도 고생을 하셨고, 또 지금 아들도 고생하고 있다는 사실을 깨닫게 된 것이 최근의 일이다. 아버지에게 미리 교육을 받았다면 훨씬 덜 고생을 했을 텐데 말이다. 역시 아들에게도 우리 집안에 있는 사소한 병력을 어떻게 대처하면 덜 고생하고 극복할 수 있는지 가르쳐 줘도 아직 나이가 어린 탓인지 잘 이해를 못한다. 공식적으로 교육이란 체계를 갖추지 않고 하는 것이니 아마 믿기가 어려운 것인지도 모른다.

　옛 선조들이 결혼을 당사자만의 문제로 보지 않고 가정 내력을 본 것은 참 현명한 일이다.

　현대도 결혼 전에 서로 가족의 병력을 교환하고 본인의 건강진단서를 첨부하는 것은 서로의 부족이나 어려움을 알고 서로 도와주기 위해서 꼭 필요한 일이다. 병력이 있다고 결혼을 못할까 봐 걱정할 필요는 없다. 왜냐하면 이 세상에 완전한 사람은 하나도 없기 때문이다. 자신이 완전하지 못하면서 완전한 상대를 찾다가는 결국 결혼하지 못하고 말 것이기 때문에 적당한 선에서 타협하는 것이 좋다.

서로 모르고 결혼을 했다가 나중에 발견되어 심각한 후유증을 겪는 것보다는 훨씬 나은 방법이 될 것이다. 그래야 자녀들을 낳고 기르는 데 있어서도 교육받은 사람답게 미리 예방차원에서 준비할 수 있을 것이다.

육신의 교육(2)
# 덧붙일 이야기들

　인간이 육신적으로 얼마나 약한지는 새삼 말할 필요가 없지만 한번 짚고 넘어가고 싶다.
　인간은 몇십 초만 숨을 멈추어도 살 수가 없다. 그래서 늘 신선한 공기를 마시기 위해서 노력한다. 환경단체나 건강을 위한 단체들의 노력 중에 인간이 숨쉬기 자유로운 환경을 만드는 것이 중요한 과제 중 하나다. 물론 담배를 피우는 사람보다 간접 흡연으로 옆에 있는 사람이 더 위험할지 모른다는 연구결과가 나온 것은 사람들을 경악시키기에 충분했다.
　혈액은 생명이라고 본다. 혈액이 부족하면 생명에 위협을 받는다. 그러므로 작은 사고를 당하더라도 피를 흘린 경우에는 생명에 위협을 느끼고 긴박해진다. 다른 한편으로는 인간의 신체 어느 부분을 통해서도 피에 불순물이 있거나 혹은 병균이 침입을 하면 치명적일 수 있다. 그러므로 아무리 작은 상처라도 즉시 병균을 살균하기 위한 조치가 필요하다.
　잠시만 한눈을 팔아도 위험에 처할 수 있고, 귀로 못 들어도 위험에 처할 수 있다. 입에 독성이 잘못 들어가도 건강에 큰 위협이 될 수 있고, 너무 뜨겁거나 차가운 곳에 손만 대어도 데거나 동상이 걸려서 고생을 하고, 못이나 바늘에 잘못 찔려도 고생을 하는 경우가 많다.

　나이가 먹어감에 따라서 몸의 여기저기가 고장을 일으키게 되고 아픈 곳이 생기지만, 그렇게 서서히 몸의 여러 부분이 죽어 가고 있는 것을 느끼면서도 어쩔 도리가 없이 살아가는 것이 인생이기도 하다.

　자기가 자신의 몸을 잘 관리하는 것이 일반적이지만 생에 의욕을 잃은 사람이 자신의 몸을 학대하고 결국에는 생명까지도 위협하는 것을 보면서 조상들은 이렇게 가르쳤다.

　"육신과 머리털 하나라도 부모로부터 받은 것이니 상하지 않게 잘 유지하고 보존하는 것이 효도의 시작이다."

　육신을 건강하게 유지하기 위하여 해야 할 일들이다.

\*\* 골고루 잘 먹어야 한다.
- 영양분을 공급해서 몸 세포를 살려야 하기 때문이다.
- 골다공증에도 안 걸리고 뼈대를 튼튼하게 해주고,
- 에너지를 만들어서 활동하는 데 필요하기도 하고,
- 신체 각 기관이 제 기능을 하는 데도 중요하다.

　그러므로 이가 튼튼한 것이 오복 중 하나에 들어가는 것도 당연한 일이다. 먹는 일들을 이뤄내는 첫 관문이 치아니까 말이다.

\*\* 잘 씻어서 병균의 침입으로부터 몸을 보호해야 한다.
- 목욕을 하는 것은 온몸을 깨끗하게 할 뿐만 아니라 혈액 순환을 촉진시켜서 섭취한 영양분을 몸 구석구석으로 잘 전달

하는 역할을 수행하는 데 큰 도움이 된다.

** 운동을 통해서 근육을 훈련하고 발달시켜야 한다.

** 먹는 것만큼 중요한 것이 잘 배출하는 것이다.
- 큰 것이나 작은 것이나 정기적으로 잘 배출하는 것은 매우 중요해서, 특별히 아침이나 밤에 잘 해결하는 습관을 들이는 것도 중요하다.

이런 것들은 대부분 어려서부터 엄마와 아빠에게 배워야 하는 것들이다. 가정교육이 중요한 것은, 인간의 가장 기본적인 교육들이 모두 가정에서 이루어져야 한다는 것이다. 어린 시절 교육을 잘 받은 사람일수록 '왜 이런 시시한 이야기를 하는가? 너무나 당연한 이야기들을……'이라고 생각하지만, 이런 교육을 부모로부터 제대로 받지 못해 고생하는 사람이 많다.

육신의 교육(3)
# 천성은 훈련으로 고쳐진다

　아직도 하고 싶은 얘기가 남아서 육신을 위한 교육을 끝내지 못했다. 앞으로 정신교육, 그리고 영적인 교육을 다룰 예정이지만 사실은 모두가 따로 나누어 생각할 수 없는 것들이다. 그래도 인간이 인간답다고 하는 것은 육신적인 것을 지배하는 것이 정신적인 것이고, 그래서 동물보다 낫다고 하는 자만심이 생길 수도 있지만, 정신적인 것보다는 영적인 것이 더 우위에 있다고 생각하기 때문에 인간을 만물의 영장이라고 부르는 것이다.
　물론 정신적인 것으로 생각할 수도 있지만, 우리 몸에 있는 생체 리듬에 관한 이야기이다. 그것이 천성적인 것이든 아니면 후천적으로 형성이 된 것이든, 초저녁이면 졸려서 못 견디고 아침에 일찍 일어나는 모닝 퍼슨(Morning Person 내지는 Early Bird) 타입이 있고, 밤늦게까지 일하고 아침에 일찍 일어나지 못하는 올빼미형의 나이트 퍼슨(Night Person)이 있다.
　한국과 미국에 살면서 한국이 낮이면 미국은 밤이다. 거의 13~14시간의 시차가 있으니 지구의 정반대에서 낮과 밤을 바꿔 사는 것이다.
　우스갯소리로 아들을 낳고 호적에 올리자니 미국 시간으로 할 것인가 아니면 한국 시간으로 할 것인가에 따라서 팔자가 많이 달라질 것이다. 날짜도 다르고 시간도 다르니 현지 시간을 따라야 할지 아니면 본적이 있는 한국 시간을 따라야 할지 모르겠다는 말이다.

필자는 올빼미형에 속한다. 어려서는 일찍 자려고 해도 자지 못할 형편이었고, 고등학교 때는 공부를 한답시고 도서관에서 살았는데 밤늦게까지 공부하면서 졸았고, 학교 가서는 또 잠을 충분히 못 잤으니 수업시간에 졸아서 친한 친구들은 필자를 '잠충이'라고 부르기도 했다. 군대에서 작전 근무하면서 밤잠을 못 잤던 것도 영향이 있을지 모르겠다. 그런 생활을 통해서 스스로 나이트퍼슨이라고 생각하고 생활을 그렇게 유지해 왔다.

나이를 먹고 철이 들면서(?), 성공한 사람들이 공통적으로 모닝퍼슨이란 것을 알고 나도 모닝퍼슨이 되고자 노력했던 적이 있다. 영적인 결단으로 새벽기도회에 나가기로 작정을 하고 – 올빼미였을 때는 아예 생각조차도 하지를 않았던 일이다. – 자명종을 맞춰 놓고 잠자기 전에 물도 많이 마시고 잤다. 또다시 잠충이가 되어 밤이고 낮이고 시간만 있으면 졸고 다니는 생활을 한참 했다. 특별히 미국생활을 하면서 차를 운전하고 다니는 시간이 많은데 운전하면서 졸고 다니는 것은 참 위험천만한 일이다. 하지만 성공을 해서 아침에 일찍 일어나는 것이 더 이상 큰 일이 아니다.

결국에 가서는 양면을 모두 가지게 되어 하루를 2일로 살게 되었다. 새벽에 일어나서 하루를 살고, 오후에 낮잠을 한잠 자고 나서 다시 하루를 살면서 밤늦게까지 일하는 사람이 되었다. 그러니 앞으로 대성할 수 있는 기초는 마련이 된 셈이다.

타고난 성품도 있고 후천적으로 만들어지는 성품도 있다.

어떤 것은 고쳐질 수 없는 것도 있지만 대부분 우리는 살아가면서 환경에 맞게 적응하도록 능력이 부여되어 있다. 할 수 있다는 의지만 가지고 있으면 할 수가 있다.

인간은 자기 자신을 잘 알고, 자신이 최대한 능력을 발휘할 수 있는 조건을 갖추고 노력하면 훨씬 더 능률적이고도 효과적으로 인생을 살아갈 수 있을 것이다.

적어도 마흔 이후의 얼굴에 대해서는 자신이 책임을 져야 한다는 말은, 나이 마흔이 되어서야 비로소 부모의 영향을 벗어나서 자신 스스로 독립된 생활을 할 수 있다는 것인 동시에, 나이 마흔이 되도록 부모는 자녀가 능력을 최대한 발휘할 수 있도록 양육의 책임이 있다는 말도 되겠다.

교육과 훈련이 구분되는 것은, 교육은 한 번 교육으로 깨닫게 되는 일들이 많이 있지만 지식은 훈련을 통해서 몸에 배게 하여 실생활에 적용할 수 없으면 차라리 배우지 않으니만 못한 경우도 많이 있다.

정신 교육(1)
# 민족교육

    육신에 대한 교육에 이어서 이번에는 정신적인 교육을 생각해 본다.
    인간이 동물적인 본능과 성정을 갖고 있으면서도 인간답게 살아갈 수 있는 것은 바로 교육을 통해서 그 사회의 문화와 도덕, 사람답게 살아가는 법을 배우기 때문이다.
    먼저도 언급한 적이 있지만 교육의 시작이 어디인가?
    미국에서 낙태문제를 둘러싸고 Pro-life, Pro-choice 논쟁이 끊임없이 일어나고 있는데 태아를 생명체로 인격체로 볼 것이냐, 아니면 태어나기 전이니까 엄마에게 선택권이 있느냐 하는 문제이다. 결국 생명체로 보는 사람에게는 낙태하는 엄마나 시술 의사가 인간을 살해하는 살인자가 된다. 그러므로 현실법이 응징하지 않으면 자기네가 응징하겠다고 낙태 의사와 시술소에 테러를 가하고 있다.
    어쨌든 한국에서는 태교라고 해서 엄마의 뱃속에 있는 아기에 대한 교육부터 중요시해 왔다. 엄마의 감정이 아기에게 전달된다고 보는 것이다. 그리고 아기는 태어나서 엄마에게 보호를 받으면서 성장하는데, 엄마가 처해 있는 환경을 통해서 자기가 태어난 사회의 문화와 환경을 접하고 교육을 받기 시작한다.

어린아이라 할지라도 자기의 눈과 귀와 코와 입을 통해서, 그리고 감각기관과 사랑의 감정까지도 모든 정보들이 뇌 속에 보관되어 장차 이 사회에서 어떻게 살아가야 할지를 배우는 것이다.

그 기본 정보가 생후 1년 내지 3년 이내에 70~80% 형성이 된다고 하는데, 물론 지식이 그렇다는 것이 아니고 인간의 심성의 형성이 그렇다고 보는 것이다. 그런 기본 위에 학교에 가서 언어와 수학을 배우고 사회의 제도와 법률, 생물, 물리, 화학, 철학, 역사 등 인간이 살아가는 데 필요하다고 생각되는 기본 학문들을 지식으로 배우는 것이다. 그 외에도 음악, 미술, 체육 등 앞으로 인생을 살아가면서 필요한 모든 요소들을 학교라는 틀을 통해서 교육받게 된다. 결국 그런 교육은 자기가 태어나고 자라난 환경을 벗어날 수 없기 때문에 민족교육이라고 보는 것이다.

대학에 가서, 아니면 더 고등교육을 받으면서 순수학문으로 자기가 속한 집단이 아닌 인류의 보편적인 것, 즉 민족이나 인종이나 편견 없이 나, 우리 중심의 사고에서 벗어나 세계인으로서 다른 사람들과 어떻게 더불어 살아갈 수 있는가를 교육받는다.

단일민족을 자랑으로 삼아 온 한국에서 이런 교육이 부족한 면이 있다고 본다. 심지어 같은 민족 안에서도 지역 차별이나 성 차별 등으로 서로 다른 것을 용납하지 못하고 갈등함으로 여러 가지 부차적인 문제들을 일으키곤 한다.

어려서부터 더불어 함께 살아가기 위한 교육, 나와 다른 사람들을 존중하고 살아가는 교육을 받지 않으면 지구촌의 일원으로 살아가는 데 큰 어려움을 겪을 것이다.

정신 교육(2)
# 두뇌발달

정신 교육이란 무엇일까?

육신을 위한 교육이 우리의 육체를 잘 발달시키고 보전시키기 위한 것이라면, 같은 이유로 우리 정신을 건전하게 하기 위하여 행해지는 모든 교육을 말함인가? 육신을 컨트롤하는 것이 정신이라고 생각한다면, 과연 육신과 정신을 분리해서 생각할 수 있는 것인가? 물론 나중에 언급할 영적인 교육에서도 또 같은 질문을 해볼 수밖에 없을 것이다. 영적인 것과 정신적인 것의 구분은 어떠한가?

어쨌든 우리의 정신활동을 위한 첫 번째 작업이 두뇌를 개발하기 위한 교육이다.

어려서부터 두뇌개발을 위해 발레, 풍물, 피아노 등을 가르치는 것은 머리에서부터 손끝과 발끝까지 정보의 고속도로를 놓는 것이나 마찬가지다. 육체와 두뇌의 상호작용을 원활하게 하기 위해서, 그리고 두뇌 자체의 개발을 위해서도 매우 중요한 교육이라고 본다. 어쩌면 한국인이 세계에서 가장 똑똑한 민족이 된 것도 어려서부터 그런 교육을 시킨 것이 큰 몫을 하였으리라 생각된다.

두뇌를 컴퓨터에 비교해서 – 사실은 컴퓨터가 인간의 두뇌를 모방한 것이라고 보지만 – 자체의 기억 용량도 중요하고, 이목구비 같은 모니터, 스피커, 마이크, 프린터 등 주변기기를 컨트롤하는 것도 중요하고, 정보를 처리하는 속도도 중요하다. 그뿐인가? 얼마만큼 많은 정보를 빠른 시간 내에 검색해서 필요할 때 찾아 쓸 수 있는가 하는 능력도 중요하다.

인생에서도 우리가 몰라서 일을 처리하지 못하거나 어려움을 당하는 것이 아니라, 알면서도 적시에 생각이 미치지 못하거나 기억나지 않고 시간이 다 지난 후에 '아참, 그랬었지' 하는 경우가 얼마나 많은가? 그래서 인생은 나이를 먹어갈수록 지식도 중요하지만 갖고 있는 지식을 응용하는 지혜가 더 중요하다는 생각을 하게 된다.

결국은 두뇌개발을 통해 많은 정보와 지식을 받아들이는 것은 물론, 입력된 정보를 잘 정돈해서 보관했다가 그 지식들을 필요할 때마다 잘 활용할 수 있도록 하기 위해서 하는 교육, 이것을 정신 교육이라고 정의할 수 있겠다. 다음에는 어떻게 정신 교육을 할 것인가를 생각해 볼 것이다.

정신 교육(3)
# 가훈이 있는 집안

정신 교육의 시작은 물론 태교로 봐야 할 것이다.

엄마가 임신을 했을 때 육신을 길러 줄 뿐만 아니라 정서적으로 안정감을 갖도록 좋은 음악을 듣고, 또 좋은 생각을 하고 부정한 행동을 하지 않는 것은 엄마의 사고와 행동이 태아에게 영향을 미친다고 보기 때문이다.

엄마나 아빠가 실수해서 어쩌다 태어난 아이와 엄마 아빠가 기도하면서 얻은 아이는 시작부터 다른 것은 두말할 필요가 없다. 마찬가지로 태교를 잘하는 엄마와 가정에서 자라난 아이와, 그렇지 못한 환경에서 태어난 아이가 다를 것도 분명하다.

마찬가지 원리로 어려서부터 부모로부터 가훈에 따라 인생을 어떻게 살아갈 것인지 가정교육을 받고 자란 사람과 그렇지 못한 사람의 차이도 있을 것이다.

물론 시대가 바뀌어 핵가족화된 시대에 가훈을 갖고 가정교육을 시키는 집안이 얼마나 있겠느냐면서 반기를 드는 사람이 많이 있을지도 모르겠다. 하지만 많든 적든 필요한 것은 필요한 것이고, 옳은 것은 옳은 것이다. 또 좋은 것은 지금부터라도 할 수 있으면 좋은 것이다. 지금까지 그냥 지내왔으니까, 아니면 시대가 변하여 남들도 다 하지 않으니까 안 해도 좋다고 생각하는 사람이 있다면 그는 교육을 받을 필요가 없는 사람이다.

　사실상 정신 교육의 대부분을 학교교육에 의존하는 시대가 되었다. 그러나 정작 중요한 것은 학교교육이 아니고 가정교육이다. 한국의 교육이 기형적이 된 이유 중 하나를 여기서 찾아본다.

　아빠는 직장에서 무한 근무를 해야 한다. 퇴근시간도 따로 없고, 또 퇴근 후에도 가정보다는 사회생활을 중시해야 하는 사회풍조가 문제다. 학교에서 학생들을 새벽부터 밤늦게까지 잡아 두는 것은 과연 교육적으로 얼마나 효과가 있을까? 어려서부터 각종 과외공부를 시키는데 그것이 전 인격적인 인성개발교육에 치중하는 것인지, 아니면 경쟁사회에서 살아남기 위해서 시험 보고 지식을 암기하기 위한 교육인지 한번쯤 반성해 봐야 할 것이다.

　평생교육을 추구하는 사람으로서 최근 아주 충격적인 보도를 접했다.

　한국의 최고 명문대학이라는 서울대생들이 졸업을 하면 공부를 거의 안 한다는 조사 결과가 나왔다고 한다. 한국에서는 학교공부가 평생 살아가면서 필요한 지식을 습득하고 또 앞으로 필요한 공부 – 책읽기든 연구든 – 를 하기 위한 준비가 아니고 학교공부가 끝나면 공부가 끝나는 것으로 잘못 인식되어 있다.

　학교에 다니면서 하는 공부도 전인적인 인성교육보다는 지식위주의 교육인데다가 졸업하고 나면 공부와는 담을 쌓게 되는 것이다. 기껏해야 경쟁에서 살아남기 위해 외국어 공부나 하지 다른 공부는 거의 하지 않고 있다. 그저 대학입학을 위해 배운 공부로 평생을 살아가는 것이다. 그러니 처음에는 잘하는 것 같아도 나중에는 처세술이 능한 사람, 실력보다는 연줄이나 배경 좋은 사람이 승진하고 살아남는 사회가 되어 버리니 더 이상 공부하려

하지 않는다. 공연히 한국의 교육 현실을 비판하는 얘기가 되었지만 본 의도는 그렇지 않다.

결론은 한국사회가 자녀교육을 제대로 할 만하지 못하다는 것이다. 그러니 집안의 전통을 세우는 것과 올바른 가정교육이 어려운 것은 당연하다.

허씨 집안에는 '가전충효 세수청백'(家傳忠孝 世守淸白)이란 가훈이 전해온다. 국가에 충성하고, 집안 어른들께 효도하며, 우리 사회는 깨끗하게 지킨다는 것이다. 이런 전통이 있기에 조선 5백년 동안 많은 재상이 나왔는데, 그중에서도 청백리로 알려진 사람이 많다는 것은 우연이 아닐 것이다. 이러한 전통을 어려서부터 배우고 자란 사람은 그것을 자랑으로 알기에 장성해서 사회에 진출하더라도 뇌물을 받고 국가나 민족을 팔아먹거나 사회를 더럽히는 나쁜 짓은 하지 않을 것이다. 물론 개중에는 교육을 못 받은 사람도 있고, 교육을 받고도 나쁜 짓을 하는 사람이 있었겠지만 그만큼 가능성이 적다는 얘기다.

어쩌다 대한민국이 이렇듯 도덕이 땅에 떨어진 나라가 되었는가? 명색이 대통령을 지냈다는 사람이 몇천억이란 천문학적인 숫자의 돈을 숨겨 놓고 잘살고 있는 나라이다. 현직에 있을 때 국민의 혈세든 기업 돈을 갈취하든 쥐꼬리만한 권력이라도 있는 동안에 한밑천 잡아서 자손만대에 먹고살 돈을 만들어 놓는다면 감옥에 갔다와도 좋고, 요령껏 해서 시효만 넘기면 떵떵거리고 살 수 있는 나라가 되어 버리지 않았는가?

대한민국에서 적어도 대학교육을 받은 사람이 자기가 대학교육을 받은 것을 민족 앞에, 국민 앞에 감사하다고 생각하는 사람이 얼마나 있을까? 대학교육을 받은 것이 민족에게 빚진 것이라는 생각을 하고, 어떤 형태로든 사회와 민족 앞에 환원해야 할 빚이라고 생각하는 사람이 과연 몇 퍼센트나 있을까?

　물론 대학교육만이 아니고 초등학교를 다녔든 중·고등학교까지만 나왔든, 자기가 받지 못한 것에 대해 불만을 갖는 것이 아니라, 받은 혜택에 대해서 감사하고 일부나마 환원하겠다는 생각을 하는 사람이 많이 생겨야 한국은 보다 살기 좋은 나라로 변화할 수 있다고 본다.

정신 교육(4)
# 교육환경

　인간은 동물적인 본능을 가지고 동물적으로 살 수밖에 없는데, 결국 교육을 통해서 인간답게 인간사회의 법과 문화를 지켜가면서 살게 된다. 물론 학교교육만을 얘기하는 것이 아니다. 누차 강조했지만 가장 중요한 교육은 가정교육이다. 그리고 환경이 인간을 만든다. 어린 시절일수록 환경에 더욱 민감한 반응을 나타내고, 성장하면서 자기 자신이 의지를 가지고 극복할 수 있게 된다.
　많은 사회의 낙오자들이 어린 시절 부모의 사랑을 충분히 못 받고 자랐다거나, 열악한 환경 속에서 삐뚤어진 성격을 갖게 되었다는 것을 우리는 경험적으로 잘 알고 있다. 결국은 인간의 육신을 컨트롤하는 것이 정신이고, 올바른 정신 교육이 인간사회를 밝게 만들어 살아가기 좋게 만든다는 사실은 누구나 다 알고 있다. 하지만 과연 교육받은 대로 얼마나 실천해 가면서 살아가느냐 하는 문제는 또 별개의 문제인 것 같다.
　지식이 지식으로 끝나고 생활에 적용되지 못한다면 오히려 모르는 것이 더 나을 것이다. 모르고 지은 죄는 정상 참작이 되어 용서를 받을 수도 있지만, 알고도 슬쩍 지은 죄는 자신의 양심으로도 용서할 수 없고, 언젠가는 사회 정의의 이름으로 지탄을 받을 것이다. 그 불안 속에서 죽을 때까지 맘 편하지 못한 것이 인간의 양심이다. 그리고 배운 자의 고뇌다.

　인간사회를 맑고 밝게 하는 것은 끊임없는 교육을 통해서 가능하다. 얼마큼 실천을 하는가는 개인에게 맡겨 놓더라도 말이다. 사회환경이 잘 형성되어야 눈을 질끈 감는 사람이 줄어들 것이다.

# 어떻게 기독교인이 되었나(1)

교회에 가기 시작한 것은 친구를 따라서다.

교회생활을 착실히 하는 친구가 있어서 그저 무슨 행사 때면 친구가 권해서 한 번씩 가보곤 했는데, 한 번은 친구 따라 교회에 갔다 와서 아버지한테 혼난 적이 있다. 한 집안에서 두 신을 믿으면 신의 진노를 받는다고 교회에 못 가게 했다. 그때까지는 아버지가 절에 가시는 것을 별로 본 적이 없는데, 하여간 혼이 나고 난 후에 가끔은 절에 가시면서 데리고 가신 기억이 난다.

나중에 안 사실이지만 어머니께서 교회에 다니셨다. 아마도 지금 내가 크리스천이 된 것은 어머니의 기도 때문이 아닌가 생각한다.

본격적으로 교회에 출석하게 된 것은 고등학교에 진학해서였다. 그때도 신앙적인 이유라기보다는 흔히 어른들이 하는 말로 여학생 만나고 친구들과 놀기 위해서 갔다고 하는 것이 옳을 것 같다.

그리고 나중에는 습관에 의해서, 어쩌면 가다가 안 가면 하나님이 혼내실 것 같아서 주일을 거룩하게 지켜야 한다고 하니 갔다. 그러면서도 마음 한구석에 남아 있는 신앙적인 갈급함을 채우려는 노력은 하지 않았다.

오히려 당시에 깊은 내용은 알지도 못하면서 인본주의 사상이나 원효대사가 밤에 해골바가지 물을 먹고 다음 날 아침에 깨달았다는, 모든 것이 마음먹기에 달렸다는 '유심조' 사상이 매력적이었고 또 당시 유행했던 성철 스님이 법어로 내놓은 "산은 산이고 물은 물이다"라는 말도 무척 내 맘을 사로잡았다.

하지만 거기서 근본적인 문제, - 뭐 그런 것을 따질 필요가 있는가 그냥 있는 대로 살면 되지…… 하다가도 인간이 근본적으로 물을 수밖에 없는 질문 - '내가 어디서 왔으며, 어디로 가는가? 정말 죽음 후에도 영원한 세상이 있는 것인가? 인간은 존재 목적이 있는가?' 이런 질문에 대한 답을 얻지 못했다.

# 어떻게 기독교인이 되었나(2)

교회에 다니면서 직분도 받고 활동도 열심히 하면서 20여 년이 되었지만 솔직하게 나는 하나님이 누군지, 삼위일체가 무엇인지, 교회의 사명이 무엇인지, 예수님, 성령님이란 분이 누구인지를 알지 못했다.

지금이라고 분명히 안다고 답하기 어렵지만, 나름대로 한국교회가 갖고 있는 문제가 많은 사람들을 교회로 끌어들이는 데는 성공을 했지만 교회로 들어온 사람들을 신자로 만드는 교육이 부족했다고 본다. 당시에 그렇다는 말이고, 지금은 비교적 잘하고 있는 편이라고 믿는다.

기독교인의 성장에도 세 단계가 있다고 본다.

누군가 복음을 전해 줘서 거듭난다고 하는 영적인 어린아이 시절과 영적으로 자라나는 시절, 그리고 자라나서 남에게 전도해서 재생산을 하는 그리스도의 군사가 되는 단계까지 사람마다 제각각 다른 세월을 보낸다.

필자의 경우에는 어린아이 시절을 보내는 데 20년이 걸렸다.

미국에 와서 벧엘교회를 다니면서 기초적인 신앙교육을 받고 영적인 성숙을 이뤄가기 시작했다. 작은 봉사지만 〈오늘의 양식〉이란 책자를 통해서 다른 사람에게 하나님, 예수님, 성령님을 전달할 수 있었다.

　지금도 가장 부러워하는 것은 친구들의 순수한 신앙과 믿음이다. 20년이나 방황을 하면서 믿은 전력 때문에 순수하지 못한 신앙이라고 스스로 인정한다. 지금도 크리스천답지 못한 생활이나 행동이 나올 때는 스스로 부끄러움을 느낀다. 그러면서 생각한다.

　과연 부모가 정말로 하나님을 잘 믿어서 자녀가 아무런 의심 없이 신앙적으로 성장하고, 또 그 자녀가 자라서 다음 세대에 순수한 신앙을 물려주려면, 적어도 순수한 신앙인이 태어나기 위해서는 3대 이상의 세월이 걸린다는 것을 느낀다.

　지금도 크리스천으로서 바라는 것이 있다면 필자의 자녀들이 좋은 크리스천을 만나 결혼해서 손자 대에서는 더 순수하고 깨끗한 믿음을 가진 후손들이 나오기를 바라는 것이다.

　이미 필자의 자녀들도 부모가 늦게 크리스천이 되어 보여주고 있는 인간적인 약점 때문에, 신앙인다운 모습을 보여주지 못해서 신앙에 회의를 갖고 있다면, 그들도 그 영향으로 참다운 순수한 크리스천이 되는 데 방해를 받았다고 본다. 물론 그들의 영향을 손자 대에 가서도 받겠지만 자신의 신앙적인 성숙과 배우자를 만나는 데 크게 영향을 받으리라고 본다.

　지금도 많은 신앙적인 갈등을 겪으면서 살아가고 있다. 하지만 분명한 것은 부족한 모습 이대로 하나님은 받아주시고 사랑하신다는 것이다.

# 교회는 무엇이고, 무엇을 하는 곳인가?

　교회가 무엇을 하는 곳인가를 생각해 보기 전에 교회가 도대체 무엇인가 하는 물음이 선행되어야 할 것 같다.
　교회는 십자가를 걸어 놓고 있는 건물인가?
　밤이면 네온사인 십자가가 서울을 뒤덮고 있다고 한다. 그런가 하면 유럽이나 미국이나 거리 모퉁이마다 고색창연한 교회들이 웅장하게 서 있고, 더러는 동네마다 아주 아담하고 조그마하게 서 있다.
　하지만 교회에서는 교회를 전혀 다르게 설명하고 있다.
　예수 그리스도를 머리로 하는 하나의 생명체, 즉 개개의 교회들이 마치 세포 조직처럼 모여서 인간처럼 한 유기체를 만드는 곳이다. 즉 교회는 예수 그리스도의 몸이다. 전 세계에 있는 교회들을 한덩어리로 묶어서 한 몸으로 설명한다.
　다른 면에서 본다면 예수 믿는 사람들의 집단적 공동체라고 한다. Universal Church라고 하는 것은 예수 믿는 사람들 전체를 하나의 교회라고 보는 것이다. 나중에 설명을 하겠지만 성령을 통해서 하나가 된다는 것이다.
　어찌 보면 마치 인간의 몸과 같이 각각 다른 신체기관이 있지만 세포 하나하나가 모여서 기관을 이루듯이 한 사람 한 사람의 기독교인이 교회를 형성하고, 그 교회가 모여서 이 세상에 예수 그리스도의 몸 된 교회라는 초대형 교회가 하나 존재한다는 말이다.

일반적으로 우리가 교회라고 부르는 것은 바로 이 한 단위 세포로서의 교회, 그 교회 건물들이라고 생각한다.

그렇다면 교회의 목적은 무엇인가?

교회에 오는 사람들은 실로 다양하다. 누구나 올 수 있다.

어린아이들은 아무것도 모르고 부모를 따라온다. 또 친구 따라서 먹을 것이나 장난감을 준다고 하니 온 아이들도 있다. 청소년들은 남자친구나 여자친구나 또래들을 만나러 온다. 특히 이민 사회처럼 한국사람을 만날 기회가 적은 사회에서는 이성 친구를 만나기 위해서 부모가 등 떠밀어 나오는 사람도 많다. 어른들은 부동산이나 보험을 팔기 위해서(물론 교회 나오는 이런 직종의 사람들이 모두 그런 목적으로 온다는 것이 아니다. 오해 없기를 바란다), 각종 사업을 운영하면서 한인 고객을 확보하기 위해서 많은 사람들이 교회에 모인다. 은퇴를 한 후에는 외롭고 쓸쓸해서 마땅히 할 일이 없어서 오는 분들도 있다.

어떤 목적과 동기를 갖고 교회에 왔든, 일단 교회에 온 사람은 하나님의 은혜를 받은 사람이다. 하나님의 은혜를 받지 않고는 교회에 올 수가 없다.

교회는 하나님의 집으로 하나님과 사귀는 장소이다.

하나님을 예배하고, 찬양하고, 감사하고, 헌신하고, 봉사하는 곳이다.

교회에 온 사람들을 하나님의 말씀인 성경으로 가르쳐서, 그들이 영적으로 성장해서 장성한 그리스도인이 되도록 하는 것이 교회의 사명이다. 교회는 바로 그런 일들을 하는 곳이다.

하나님을 모르는 사람에게 하나님의 사랑을 전해서 알게 하고(전도), 하나님을 알게 된 사람들에게 하나님의 뜻을 가르쳐서 성장시키고(교육-양육), 하나님의 사람으로 성장한 사람이 다른 그리스도인과 하나님을 모르는 사람들을 섬기면서 살도록 인적, 물적, 사업적 기회를 제공하는 것(봉사), 이것이 교회에서 하는 일들이다.

교회가 '교회가 해야 할 일들'을 잘하면 아름답다. 그러나 제대로 하지 못하면 썩어서 악취가 나고, 보기에 몹시 민망하다. 그것은 유기체이기 때문이다. 사람이 사람답게 열심히 사는 모습은 아름답지만 인간이기를 포기한 사람에게서는 견디기 힘든 악취가 나는 것과 같다.

# 하나님은 누구이고, 어떤 분인가?

교회는 여러 가지 목적을 가지고 교회에 들어온 사람에게 과연 하나님은 누구신지, 그리고 하나님은 어떤 일을 하시는 분인지를 교육해야 한다.

사실상 인간은 하나님을 이해할 수 없다고 한다. 그래도 하나님을 이해할 수 있도록 도와주는 것이 성경이고, 우리의 양심이고, 교회와 예수를 믿는 사람들이다.

하나님 아버지라고 부르는데 유교적인 배경에서 자란 한국인들에게 '아버지'는 성경에서 가르쳐 주는 하나님과는 거리가 멀다. 물론 일부를 표현하는 것은 문제가 없지만, 아버지를 통해서 하나님을 이해하려고 하면 많은 어려움이 생기기도 한다.

옛날부터 군사부일체, 즉 임금과 스승, 아버지는 하나라는 가르침을 받아 왔다. 영적인 하나님의 대리자인 임금과 정신적인 대부인 스승, 그리고 육신의 아버지를 하나로 본 것은 인간의 영적, 정신적, 육신적인 삼위일체를 잘 나타낸 것이다.

어쨌든 그 하나님은 나의 아버지, 모든 사람의 창조자, 태초부터 계셨고 영원히 계신 분, 그리고 나 개인에 관한 모든 것뿐만이 아니라 이 세상 모든 것을 다 알고 계신 전지하신 분, 그리고 뭐든지 다 하실 수 있는 전능의 하나님, 이 세상 어디에나 존재하고 계시며 지금도 살아서 이 세상을 다스리고 책임지고 계시는 분이다. 이렇게 얘기해서 하나님이 누군지 안다면 하나님을 안 믿을 사람이 하나도 없을 것 같다.

그 하나님이 이 세상을 사랑하셔서, 그 위대한 창조주 하나님이 자기의 모든 것을 포기하고 이 세상에 가장 낮고 천한 몸으로, 그것도 사생아처럼 태어나서 인간의 모든 고통과 어려움을 겪으시고 십자가에 죽으심으로 인간의 죄를 용서해 주셨다는 것, 이것이 기독교의 가장 큰 메시지다. 더 이상 인간이 연약함 때문에 지은 죄의 고통 속에서 살지 않고 해방되어 자유로운 삶을 살아갈 수 있도록 해주셨다는 것이다.

하나님은 지금도 살아 계셔서 이 세상을 주관하고 계시며, 내 삶을 처음부터 끝까지, 엄마의 몸에서 태어나기 전부터 지금까지, 그리고 앞으로 죽을 때까지, 아니 죽은 이후에도 영원히 우리 삶을 이끌어 가시는 분이다.

다시 한 번 결론을 내리면, 하나님은 온 세상 만물의 창조자시며 나의 창조자시이다. 지금도 살아 계셔서 세상을 다스리시며 또 나의 삶을 이뤄 나가시는 분이다. 이것을 믿는 사람을 크리스천이라고 부르고, 못 믿는 사람은 아직 하나님의 은혜를 받지 못한 사람이라고 부른다.

# 아버지 때문에
# 예수 못 믿는 사람들

한국의 유교적인 배경 때문에 아버지가 갖는 이미지는 성경에서 보여주고 얘기하고 있는 아버지와 많이 다르다.

물론 시대가 변하면서 한국에서도 아버지의 역할과 상이 많이 변해가고 있지만, 아직도 사회가 아버지에게 자녀들과 친밀한 관계를 맺을 수 있도록 충분한 시간을 주지 못하는 것 같다.

아버지는 권위와 훈계, 그리고 가장으로서의 책임만이 중시되고, 자녀들의 친근한 벗으로나 잘못을 했더라도 언제나 돌아갈 수 있는 마음의 고향으로 혹은 끝없는 사랑의 원천으로는 인식되지 못하는 것 같다.

미국에 살면서 미국의 많은 아버지들이 자녀들에게 쏟는 정성과 시간을 보면서 참 많은 부러움을 느낀다. 한인 동포들이 이민 1세라는 한계를 극복하지 못하고 생활 전선에서, 그리고 인식의 차이에서 좋은 아빠가 되기 힘들다는 것은 잘 알지만 그것이 신앙생활을 하면서 기독교에서 얘기하고 있는 '하나님 아버지'를 이해하는 데에도 얼마나 많은 장애가 되는지 모른다.

기독교에서는 그 사랑의 화신인 하나님을 하나님 아버지라고 부른다. 그러나 한국인의 정서를 가지고는 성경에서 얘기하고 가르치고 있는 하나님의 성품을 이해하기 어렵고 상상하기조차 쉽지 않다.

온 세상을 만드신 전지전능하신 절대자 하나님이 이 세상을 사랑해서, 아니 나와 이 글을 읽는 모든 이들을 사랑해서, 하나밖에 없는 자기의 독생자 예수를 – 사실은 그 자신이 – 인간 세계 최고의 극형을 받고 죽게 해서 내 죄를 용서하고 나와 화목하게 지내기를 원하셨다니, 그런 아버지 하나님을 어떻게 '아버지'로 이해할 수 있는가?

더군다나 격변기를 거쳐온 한국의 근세사를 볼 때 독립운동을 하러 만주로, 일본으로 집안 식구들을 내팽개치고 돌아다녀야 했고, 해방 이후에는 전쟁을 해야 했고, 산업 역군으로서 밤낮없이 뛰어다니며 경제 기적을 이루어냈던 한국 땅에서의 아버지와 아들, 또 아버지와 딸이 그런 사랑의 관계를 만끽하면서 살아 볼 시간이 있었단 말인가? 더구나 성장 과정에서 부정적인 아버지 이미지 때문에 어려움을 겪은 사람들이 얼마나 많은가?

# 이해할 수 없는 하나님 – 하나님 어머니

　인간은 하나님을 이해할 수가 없다.
　어느 누구도 하나님을 정확하게 안다고 하거나 표현하고 설명할 수가 없다. 만약 그런 사람이 있다면 아마도 실력 있는 신학자나 목사님이기보다는 사기꾼에 가까운 사람일 것이다.
　한 예로 우리 육신의 부모를 생각해 보자. 우리가 우리 부모에 대해서 얼마나 알고 있는가? 그들의 성장 과정, 결국은 나 자신의 가계도라고 하는(family tree) 가족 구성원의 한 대만 올라가서 보더라도 우리는 그들의 삶을 이해하기 어렵다. 세상이 변해서만도 아닌데 가장 가까운 인간관계이면서도 이해하기가 쉽지 않다. 오히려 부모가 자식을 이해하는 것이 훨씬 더 용이한 일이다. 왜냐하면 어려서부터 성장과정을 보아 왔기 때문에 자식들 하나하나마다 가지고 있는 특성들을 잘 이해할 수 있다. 그런 자식도 성장해서 저 혼자 살아가기 시작하면 생각하고 행동하는 것에 대해서 이해하기 어려운 경우가 많다.
　하나님을 알 수 있는 가장 좋은 방법은 성경을 통해서이다. 물론 하나님은 자신을 인간들에게 알려 주시기 위해서 성경과 꿈과 계시와 교회와 다른 예수 믿는 사람들, 그리고 자연과 환경을 사용하신다. 그리고 다른 한 큰 요소는 바로 인간의 양심이라고 했다. 그 양심 속에 하나님을 닮으려 하고 완전해지려고 하는 성품을 심어 놓으셨다고 한다.

한국사회에서 하나님의 사랑을 가장 가깝게 느껴 볼 수 있는 것이 바로 어머니의 사랑이다. 자식에 대한 어머니의 사랑은 정말 말이나 글로 표현을 다할 수가 없다. 물론 요즘은 세상이 하도 각박해지고 말세가 되어서 부모와 자식 간에도 보통 사람이 상상할 수 없는 일들이 많이 일어나고 있지만 그래도 인간 세상에서 하나님의 사랑을 짐작이라도 해볼 수 있는 것은 어머니의 사랑이라고 본다. 그래서 차라리 '하나님 아버지'라는 표현 대신에 '하나님 어머니'라고 부르면 오히려 그 사랑을 짐작하는 데 더 도움이 되지 않을까 생각을 해본다.

교회는 바로 이 하나님을 교회 오는 사람들에게 소개하는 곳이다. 소개에 그치지 않고 그 하나님이 나와 무슨 관계에 있는지, 그 하나님이 한 사람 한 사람의 인생에 어떻게 관여하시는지, 깨닫고 배우고 익혀서 매일매일의 삶에 적용하면서 살아가도록 하는 것이 교회의 사명이다.

그래서 교회에 나가는 사람의 삶은 변화되어야 한다.

변하지 않는 교인은 예수 믿는 사람이 아니다.

변화된 삶 때문에, 자신과 가족과 자기가 속한 사회를 사랑하고, 나아가 다른 민족이나 인종을 불문하고 자기가 아는 하나님을 전하기 위해서 지구 끝까지 자신의 인생을 바치러 나가기도 한다.

# 예수-신인가, 아니면 희대의 사기꾼인가?

　지금으로부터 약 2천 년 전 중동의 한 시골 마을에서 목수의 아들로 - 그것도 사실은 결혼하기 전에 사생아같이 - 태어나 30년을 지내다가 3년간 공적인 활동을 하고, 당시로서는 극형인 극악자들이 처벌받는 십자가에 못 박혀 사형을 당했다는 예수, 그는 과연 하나님인가, 아니면 희대의 사기꾼인가? 아니면 교과서에서 배우는 인류의 4대 성인 중 한 사람인가?
　예수를 믿지 않는 사람의 입장에서 보면, 그렇게 황당무계한 일들이 도대체 어떻게 교육받은 지성인이란 사람들에게 받아들여지는지 이해할 수 없는 일들이 아닌가?
　처녀가 잉태하여 아이를 낳았다는 것도, 어디 가서 바람을 피운 것이라고 하면 몰라도 인간의 머리로는 이해가 불가능한 일이 아닌가? 그것도 전지전능한 하나님이라면서, 아니 하나님의 아들이라면서 고급 병원은 아니라도 여행 중에 고급 호텔도 아니고 여관도 아닌 겨우 마구간에서 태어났다는 분을 어떻게 하나님이라고 할 수 있는가? 태어나는 과정부터가 결혼 안 한 처녀의 몸에서 사생아라는 오해를 받고, 길거리 주막집 마구간에서 이 세상에서 가장 미천하게 태어난 예수, 그가 어떻게 온 세상을 구원하고 온 인류를 구원하는 구세주가 될 수 있단 말인가? 더구나 그는 학교교육을 제대로 받은 것도 아닌 그저 목수의 아들이 아닌가?

혼인 잔칫집에 가서 물로 포도주를 만들고, 그를 따르는 무리들을 위해서 보리떡 5개와 물고기 2마리를 가지고 여자와 아이들은 빼고 장정만 5천 명도 더 넘게 먹였다는데, 그를 따르는 제자들이 거짓말을 한 것인가? 그래서 그는 거짓말 사기꾼의 두목인가? 앉은뱅이를 고치고, 병자와 청각장애인, 시각장애인, 귀신 들린 자, 그에게 나온 모든 병든 자들을 고치고, 심지어 죽은 사람까지도 살려냈다고 기록되어 있는 그의 일생에 관한 기록은 사실인가, 아니면 희대의 사기극인가?

당시의 위정자들, 종교지도자들에게 붙잡혀서 힘 한번 못 써보고 십자가에 못 박혀 죽지 않았는가? 그리고는 죽은 지 3일 만에 다시 살아나서 인류 구원의 역사를 다 마쳤다고 선언하고 하늘로 올라간 예수, 그래서 이 세상은 잠시 왔다 가는 세상이요, 죽은 후에는 영원한 천국이 있다고 선언한 예수, 이 세상은 영원한 천국을 위한 훈련장이요 잠시 다녀가는 세상이라는 예수, 그는 과연 하나님인가, 아니면 희대의 사기꾼인가, 아니면 성경을 그렇게 조작해 놓은 사기꾼들의 두목인가?

인류 역사를 예수 이전의 역사와 이후의 역사로 갈라놓은 예수, 그를 만나서 인생이 바뀐 역사 속의 수많은 인물들, 성경에 소개된 사람이 아니고 미국이나 유럽이나 먼 동네의 얘기가 아니고 우리 주변에서도 흔히 볼 수 있는 예수 때문에 삶이 바뀐 사람들, 절망 속에서 새로운 희망을 찾은 사람들, 구제불능으로 여겨졌던 사람들이 하루아침에 변하여 새사람이 된 이야기들을 너무나 많이 보고 듣고 경험하고 있지 않은가?

인류 역사 속에서 가장 많은 사람이 읽었고 지금도 읽고 있는 그에 관한 기록 – 성경! 그를 믿지 못하고 있는 내가 지금까지 그를 믿고 변화된 삶을 살아온 모든 인류들보다 더 똑똑해서인가, 아니면 아직도 하나님의 초청을 받아들이지 못해서인가? 아니면 아직도 하나님의 때가 이르지 않아서 하나님으로 받아들일 수 없는 것뿐인가?

과연 예수가 하나님이요, 신이요, 절대자라는 것이 나의 선택사항인가? 나는 어느 편인가? 하나님으로 믿는 크리스천인가? 그로 인해 내 삶이 하루하루 바뀌고, 하나님의 성품을 닮아가고, 하나님으로 인해서 하루하루 예수의 모습을 닮아가는 사람인가, 아니면 예수를 하나님으로 인정할 수 없는 사람인가? 이것도 저것도 아니면 하나님이든 아니든 상관없이 긍정할 필요도, 부정할 필요도 없이 내 삶과는 아무런 관련이 없는 사람인가?

과연 내 삶 속에서 예수 그분은 누구인가?

지금도 매일매일 나의 삶을 주관하고 관여하고 인도해 가는 분인가, 아니면 나와는 아무런 상관이 없는 유대인 중 한 명인가?

## 왜 살고 있습니까?

 사람들에게 왜 사느냐고 묻는다면 대개 이런 세 가지 답이 나온다. 하나는 사는 것이 재미있고 신나서 산다는 사람이고, 두 번째는 그저 그럭저럭 살아간다는 사람이 있는가 하면, 세 번째는 그야말로 죽지 못해 억지로 산다는 사람이 있다.
 정말 하루하루를 사는 것이 지겹고 답답해서 죽지 못해 사는 사람들, 그렇다고 암이나 무슨 질병으로 사형선고를 받고 사는 것도 아닌데 내일은 오늘보다 나아질 것이라는 희망이 없기 때문에 지겹게 산다.
 삶에 목표가 없고, 미래에 대한 희망도 없이 삶의 의미를 찾지 못하고 하루하루 쳇바퀴를 돌듯이, 어쩔 수 없이 살아 있으니까 살아가는 삶이 될 수도 있다.
 그래서 인생에서 가장 중요한 것이 희망과 소망이다.
 이 소망은 어디에서 오는가? 믿음에서 온다. 내일은 오늘보다 나을 것이라는, 그래서 나의 삶이 내일은 더 나아질 것이라는 것을 확실하게 믿을 수 있을 때, 오늘의 삶이 아무리 어렵고 험난해도 참고 견디면서 내일을 바라볼 수 있다.
 하지만 우리는 불확실한 시대에 살고 있다. 모든 것이 불확실해 보이고 삶의 도처에는 위험이 도사리고 있다. 연약하고 능력에 한계가 있는 인간으로서는 아무리 노력을 한다고 해도 삶에서 일어나는 일들을 완전하게 컨트롤할 수가 없다. 그렇기 때문에 삶에 대한 불안감은 더욱 기승을 부릴 수밖에 없다. 여기에 해결책으로 내놓은 것이 신앙, 곧 종교다. 절대자에 대한 믿음이다.

온 세계를 만들고 운행하시는 하나님이 나를 사랑하시고, 내 인생을 책임지고 운전해 나가고 계신다는 믿음이다. 이것을 믿는 사람은 인생의 불안에서 벗어날 수가 있다. 현재가 아무리 어렵고 힘들어도 그것을 내일의 행복을 위한 과정으로 받아들이고 희망찬 삶을 살 수가 있다.

희망찬 삶의 모습은 무엇으로 알 수 있는가? 그것은 사랑이다. 자신의 삶을 사랑하는 사람이라야 다른 사람도 사랑할 수가 있다. 자신을 사랑하지 못하는 사람은 남을 사랑할 수가 없다.

그래서 진정한 사랑은 하나님으로부터 받은 사랑을 깨닫는 것이다. 사랑을 받은 사람이 사랑을 줄 수 있다. 하나님의 사랑을 받은 사람이 남을 사랑할 수 있고, 부모의 사랑을 받은 사람이 남을 사랑할 수 있다. 사랑을 깊이 받아 본 사람이 타인을 깊이 사랑할 수가 있다. 그래서 사랑을 받은 사람은 자신을, 주위 사람들을, 그리고 주위의 환경과 하는 일들을 사랑할 수가 있다.

기독교에서 "믿음, 소망, 사랑, 이 세 가지는 항상 있을 것인데 그중에 제일은 사랑이라"고 가르치는 이유가 그런 것이라고 본다.

기독교인이라고 하면서 누군가를 더 이상 믿어 줄 수가 없다면 그는 기독교인임을 포기한 것이라고 볼 수 있다. 물론 세상이 너무 악해서 그렇게 믿어 주다가는 이 세상을 살아갈 수 없을지도 모른다. 지혜가 필요한 일인 것 같다. 하지만 아무리 어렵고 힘들더라도, 또 그 사람의 상태가 사악하고 나쁘더라도 희망을 포기할 수는 없다.

역시 희망을 포기하는 것은 기독교인임을 포기하는 것과 같다. 마찬가지로 어떤 이유가 되었든 상대방을 사랑할 수 없다면 그는 그 순간부터 기독교인이 아니다. 믿음, 소망, 사랑, 그중에 제일은 사랑이라 했는데 사랑을 포기했다면 그는 더 이상 크리스천이 아니란 말이다. 죄는, 실수는, 나에 대한 못된 짓은 미워해도 사람은 변화될 수 있다는 것을 믿고, 미워하지 말고 끝까지 희망을 갖고 사랑해야 한다. 이런 사람들이 이 세상에 많아질 때 세상은 좀 더 살기 좋은 세상이 될 것이다.

# 영어-정복할 길은 없는가?

한인들이 영어를 못하는 것은 아주 소문이 나 있다. 영어와 한국어의 문법구조가 달라서 한인 1세들이 영어를 극복한다는 것은 아주 희망이 없다고까지 말하는 분들도 있다. 그런가 하면 영어가 이 세상에서 가장 쉬운 언어라고 하면서 영어를 못하는 한인들을 주눅 들게 만드는 사람도 있다. 미국은 이민자로 구성되어 ESOL(English for Speaking Other Language: 다른 나라 말을 사용하는 사람을 위한 영어강좌) 교육이 잘 발달되어 있다. 다른 나라에서 온 ESOL 참가자들은 몇 년이 지나면 영어를 잘하는데 한인들은 왜 못하는가? 이유가 무엇인가? 과연 영어 정복을 위한 방안은 없을까?

사회학에서는 인간의 의사소통 70~80%까지를 영적인 소통이라고 본다. 사람의 눈만 보면 적인지 친구인지 분간이 간다는 것이다. 그리고 손짓, 발짓, 눈짓을 보면 의사소통이 가능하다는 것이다. 결국 언어를 통한 의사소통은 15%, 글을 통해 하는 것은 3% 정도다. 결국 우리가 영어를 못한다고 한탄하는 것은 의사소통 중 15% 또는 3%에 미숙하다고 해서 나머지 70~80%를 무시하는 것이다. 결국 영어 정복의 첫걸음은 내가 할 수 있다는 자신감을 갖는 것이다. 앞으로 영어극복을 위한 길을 안내해 보겠다.

영어 정복(1)

# 듣기 훈련

생활영어를 정복하기 위한 전략을 짜보자.

물론 전제를 해두고 싶은 것은 영어를 학문적으로 연구하거나 고급 사교계 진출을 꿈꾸고 있는 사람을 위한 영어가 아님을 명심해두자.

이것은 일상생활에서 살아가기 위한 영어, 그리고 한국에서 영어를 배워야 하는 사람들과 사업을 하거나 의사소통의 필요가 있는데 영어를 못해서 한탄하는 분들을 위한 제안이므로 해당되는 분들은 참고로 하기 바란다.

일반적으로 영어로 의사소통을 하려면 우선 귀가 뚫려야 한다. 무슨 소리인지 알아들어야 대화가 시작될 것이 아닌가? 미국사회에서 생활하는 사람은 매일매일 대하는 사람마다 선생님이 될 수 있다. 한국에 있는 사람은 그런 면에서 여건이 훨씬 좋지 못한 편이다.

일반적으로 알아듣는 영어의 1/3 정도를 말할 수 있고, 또 말하는 영어의 1/3 이하를 글로 표현해서 쓸 수 있다고 본다. 물론 개인적으로 예외인 경우가 많이 있지만. 그래서 미국에서는 멀쩡하게 영어를 잘하는 사람 중에 문맹자가 많다. 특별히 대도시 극빈층에서는 고등학교까지의 의무교육을 마치고도 영어를 제대로 쓰지 못하고 읽지도 못하는 사람이 심하면 1/3(30% 이상이 되는 지역도 있다) 정도이다. 하기야 고등학교를 졸업하지 않고 중퇴하는 비율이 25% 이상 되는 지역도 있다는 것을 상기한다면 과장된 말이 아님을 알 수 있다.

독학으로 영어를 배우셨다는 김대중 대통령께서 미국방문 시 외신기자들의 질문에 영어로 잘 답변을 하셨는데, 역시 듣는 데는 불편함(?)이 있었는지 옆에서 질문 내용을 설명해 주면 영어로 답변하는 방식으로 인터뷰를 하셨다.

그만큼 한국인들에게 듣기 훈련이 어렵고 오히려 배운 영어를 가지고 말로 표현하기가 더 쉽다는 얘기도 되겠다. 그러다 보니 첫걸음인 듣기 훈련이 안 되어 영어를 포기하는 분들이 많은데 그럴 필요가 없다. 사실상 듣기 훈련은 6개월만 열심히 하면 어느 정도 귀가 열린다.

미국에 어학 연수를 오거나 유학을 오거나 첫 번째 관문이 영어를 듣기 위해서 귀를 여는 것인데 다른 왕도가 없다. 귀에다가 영어를 퍼붓는 방법밖에 없다. 어학실습실에서 하든, 아니면 영어 방송을 듣든 AFN Korea(AFN-K) 미군방송을 보면서 듣든지, 하여간 계속해서 영어를 들으면서 귀가 영어에 익숙해지도록 훈련하는 방법이다.

필자가 권하고 싶은 방법은 www.npr.org라는 미국의 공영방송인데, 매 시간 정각에 3~4분 정도 뉴스를 한다. 내용은 한국 매스컴에서도 신속하게 보도하므로 알고 들으면 내용을 파악하기가 쉽다. 녹음을 해서 반복해서 듣는 것이 좋다. 참고로 거기에는 다이앤림쇼 같은 토크 쇼가 있어서 시간 여유가 있는 사람은 그런 프로를 듣는 것도 좋다.

또 다음 단계이지만 어느 정도 귀에 익숙해지기 시작하면 한 마디씩 표현법을 익혀 따라 하는 것이다. 말하기 단계에서 더 자세히 설명할 예정이다.

매일 꾸준히 영어를 귀에 퍼부으면 귀에 한마디씩 들어오는 것이 있다. 결국은 그런 훈련을 통해서 영어를 듣기 시작한다.

영어 정복(2)
# 말하기 훈련

　영어를 듣기 위해 애를 쓰다 보면 당연히 귀가 열리게 되어 있다. 중단하지 않고 계속하느냐 않느냐 그것이 관건이다.
　물론 영화를 보는 것도 좋은 방법 중에 하나다. 요즘은 TV에 자막이 나오는 것들이 많이 있어서 도움도 되지만 오히려 듣기보다는 말하기에 도움이 된다고 본다.
　말하기를 배우기 위해서는 어린이들이 말을 배울 때처럼 틀리든 말든 마구 따라 하는 것이 최상책이다. 미국 말로는 베이비-톡(Baby-Talk)이라고 한다. 무슨 의미인지, 문법이 맞는지 틀리는지 상관하지 말고 그냥 자기가 아는 것을 가지고 하고 싶은 말을 하라는 뜻이다.
　안 하고 입을 다물고 있으면 평생 가도 배울 수 없다. 그냥 이야기하다 보면 틀려서 창피하기도 하지만 창피할 필요도 없다. 그런 창피를 많이 경험하면 할수록 빨리 영어를 배우게 된다.
　먼저 듣기 훈련에서 미국 공영방송을 들을 것을 권유한 것은 듣는 효과도 있지만 말하는 표현법을 하나씩 배울 수 있기 때문이다. 사실상 영어를 많이 알고 있기는 하지만 과연 이 영어가 맞는 것인지 틀리는 것인지 자신이 없어서 고민하는 경우가 많다.
　그래서 단어보다는 문장을 외워서 상황에 맞게 쓰는 것이 좋다고 하는데, 대개 한 단어가 세 가지 정도의 의미를 포함하고 있다. 흔히 쓰는 예로 영어를 배우면 'I see'라는 것을 배운다. 이것은 육신의 눈으로 본다는 뜻도 되고, 정신적으로 이해했다는 뜻으로도 쓰인다. 그런가 하면 영적인 깨달음이 있는 것도 같은 표현을 쓴다.

'I know'라는 것도 마찬가지이다. 아마 그래서 알고 나면 영어가 쉽다고 하는 것일 게다. 비슷한 상황에서 같은 단어를 쓰기 때문에 일상생활에서 쓰는 단어는 불과 600~800단어 정도라고 한다. 거꾸로 그 정도만 알면 그다음은 어떻게 짜맞춰서 말하느냐에 달려 있지, 말하기가 그렇게 어려운 것이 아니라는 것이다. 물론 여기서 간단한 문법도 필요하고 관용구도 필요하고 하니까 어려운 것같이 느껴져서 쉽게 포기하는 분들이 많은데, 포기하지 말고 열심히 계속하면 머지않은 날에 "아하! 그런 거구나. 거 별거 아니네. 나도 영어로 대화는 할 수 있어!" 이런 날이 올 것이다.

다음에 할 얘기지만 특별히 어휘를 늘리는 일은 하루아침에 되지 않는다. 더구나 나이를 먹어갈수록 기억력이 쇠퇴하므로 꾸준히 자기가 관심 있는 분야의 단어와 숙어, 그리고 기본 단어들을 먼저 익히기 바란다.

# 대구 지하철 사고와
# 132년 만의 폭설

　대구 지하철 사고를 보면서 여러 가지 생각들이 떠올랐다. 참 어이없는 사고였다.
　삶을 포기하려는 사람들에게 사회가 새로운 삶을 살아갈 수 있도록 제도적으로 또 정서적으로 노력을 하는 것이 얼마나 중요한 일인지를 다시 한 번 일깨워주는 기회라고 생각한다. 달리는 테러리스트에게 좋은 구실을 주지 않았나 하는 의구심이 든다. 전 세계의 지하철 안에서 모방범죄가 일어날 가능성이 있고, 특별히 테러와의 전쟁으로 최고의 경각심을 품고 있는 미국은 이번 사건으로 더욱 어려운 처지가 되었다고 생각한다.
　안전불감증이란 말이 너무 자주 쓰이게 되어서 말 자체에 대한 불감증이 생길 정도이지만 이제는 정말 "빨리! 빨리!"에서 벗어나서 첫째도 안전, 둘째도 안전, 안전제일이라는 말이 구호에만 그치지 않았으면 좋겠다. 조금만 신경을 써서 공사를 하고, 또 평소에 비상시를 대비한 교육훈련이 있었다면 이렇게 많은 사람들이 희생을 당하지는 않았을 것이라는 생각이다.

　미국 동부 지역에서는 전례 없는 눈난리를 치렀다. 1871년 상

기록을 시작한 이래 최대의 눈 – 28.2인치 – 이 쏟아졌다. 다행히 주말인데다가 월요일이 프레지던트데이라는 – 미국의 조지 워싱턴과 16대 링컨 대통령의 생일을 기념하는 – 연방공휴일이라서 혼잡은 덜했다. 메릴랜드 주는 밥 얼릭 주지사가 취임한 지 한 달도 못 되어 호된 신고식을 치른 격이다. 주지사 명령으로 일체의 공공도로에서 응급 상황을 제외하고는 운전을 하지 못하도록 하고, 주 방위군을 경찰들과 함께 동원해서 치안을 확보한 뒤 주요고속도로를 시작으로 간선도로에 이르기까지 순차적으로 제설작업을 했다.

볼티모어 시내에 있는 철도박물관 지붕이 눈의 무게에 못 견뎌 주저앉은 것과, 눈 속에 파묻힌 차 속에 들어가서 놀던 아이들 4명이 시동을 켜놓은 것 때문에 질식사한 사건을 제외하고는 큰 인명피해는 없었던 것 같다. 1979년도 폭설 때는 시내에서 장사하는 동포들 가게에 지역 불량배들이 경찰이 움직이지 못하는 것을 알고 가게 문을 뜯고 들어가 물건들을 약탈한 사건이 있었다. 그 후에는 많은 분들이 눈이 오면 가게에서 잠을 자면서 지키기도 했다. 시에서도 그런 경험을 통해 주방위군을 동원해서라도 치안 부재의 사태가 발생하지 않도록 노력을 하고 있다.

# 신용사회 – 크레딧의 의미는?

미국에 살다 보면 크레딧 없이는 살 수 없다는 알게 된다.
실제로 처음 이민 온 사람이 살 집을 마련하기 위해 아파트를 얻으려 하면 크레딧이 없으면 크레딧 있는 다른 사람을 데려오라고 한다. 물론 요즘은 그런 사정에 익숙해서 몇 달치 보증금을 받는다든지 편법을 써서 처리하는 방법도 많이 발달이 되어 있지만 하여간 처음부터 맞닥뜨리는 것이 크레딧 문제다.
전기나 전화를 놓아도 그렇고, 차를 사거나 집을 살 때도 물론 크레딧을 가지고 따진다. 도대체 왜 그러는가? 바로 소비가 미덕인 사회, 즉 소비문화가 발달된 사회라서 그렇다. 그러니까 한국같이 저축을 해서 돈을 모은 다음에 쓰는 것이 아니고 예상수입을 갖고 미리 쓰도록, 그래서 돈 많은 사람이 돈놀이를 잘할 수 있도록 사회가 짜여져 있다.
물론 닭이 먼저냐 알이 먼저냐 하는 식으로 이것도 자기가 갖고 싶어 하는 것, 인간으로서 기본적으로 필요한 것을 해결하려니 돈이 필요해서 하기 싫어도 할 수 없이 열심히 일하게 만든다고 볼 수도 있고, 다른 한편으로는 집이든 좋은 차나 옷이든 자기가 소비하고자 하는 목표를 가지고 저축을 해서 소비를 하든 순서가 다를 뿐 마찬가지라면, 어쩌면 인간이 기본적인 것을 누리고 살 수 있도록 해주는 것이 더 좋은 사회인지도 모르겠다.

미국에서 일반적으로 크레딧을 말할 때는 세 가지를 말한다.

이것은 융자를 할 때 살펴보는 조건이 되기도 한다.

첫째는, 지불 습관을 본다.

이 사람이 돈 낼 것을 제때에 잘 내는가를 본다.

보통 내야 할 날짜를 지나 5일까지는 봐주는 경우가 많지만 꼭 그런 것은 아니다. 그러므로 크레딧 기록을 수집, 공급하는 회사에서 내는 보고서에는 15일 이상, 30일 이상 늦게 낸 기록이 몇 번 있는지 기록이 된다. 예를 들어서 백화점신용카드를 가지고 물건을 산 후에 제때에 돈을 잘 갚고 있는지, 몇 번 늦었는지, 얼마나 오랫동안 가지고 있었는지 하는 기록이 나온다. 물론 다음에 얘기하는 크레딧의 제한액이 얼마인지도 나온다.

둘째는, 돈을 얼마까지를 빌려서 갚아 본 경력이 있는지 본다.

금액상으로는 1천 달러 내외, 물론 백화점에서 옷 사고 생활용품 사고 하는 카드도 대개는 그 정도 내외이다. 그러니까 처음 크레딧에 신경을 쓰고 보게 되는 경우는 대체로 차를 사게 될 경우이다. 차를 사러 가면 차값을 흥정하는 것만 중요한 것이 아니고 차값을 갚아 나가면서 얼마나 낮은 이자, 높은 이자를 내느냐가 차를 얼마에 샀는가보다 더 중요할 수 있다. 차는 싸게는 몇 천 달러 또는 1~2만 달러 단위지만 – 요즘 고급차는 집 한 채 값보다도 더 비싼 것들이 있지만, 그것은 처음 차를 사는 사람이 대상이 아니고 돈 많은 사람이 대상이다. – 다음 단계는 집을 살 때이다. 이때는 돈을 빌려 주는 사람이 몇십만 달러 단위를 빌려 줘야 하기 때문에 그 사람이 과연 갚을 능력이 있는가 하는 것이 큰 관심사다.

세 번째는, 재정상태를 본다.
수입은 안정적으로 들어오는가? 직장이나 사업체가 안정적인가? 그리고 갖고 있는 재산은 얼마나 되는가? 부채는 얼마나 되는가? 파산선고를 받은 적은 없는가? 봉급이나 수입원에 차압을 당한 기록은 없는가? 과연 돈을 빌려가면 매월 얼마씩이나 갚아 나갈 능력이 있는가 등등을 살펴본다.
미국이 투명한 사회라고 하는 이유는 정직하게 살아온 사람은 이것이 공식같이 계산이 되어 나온다는 것이다. 정직하게 세금을 보고하고 있으면 세금보고서에 모든 수입 - 월급이나 사업 수입, 이자수입, 주식투자, 부동산투자 등 - 이 게재되어야 하고, 지출도 이자 나가는 것을 계산하면 빚들이 다 나오게 되어 있으니 수입과 지출을 통해 재정상태 전체가 어떻게 돌아가고 있는지 투명하게 나온다는 의미다.
욕심으로 또는 필요에 따라서 가짜 서류를 꾸미고 적당히 넘어갔다가 나중에 두고두고 후회하는 사람들이 종종 있다. 미국이란 사회가 우습게 보이고 어수룩해 보이지만 결국은 모든 것이 조직화되어 빠져나갈 수 없다는 것을 알게 된다. 그래서 신용사회는 우선 사람을 믿어 주고, 일할 수 있는 기반을 마련해 주고, 성실하게 일하는 사람에게는 기회가 계속되지만 그렇지 못한 사람에게는 사방에서 옥죄어 결국은 백기를 들게 만드는 사회다.

국제결혼(1)
# 의사회 여름 세미나

　이민사회가 한 세대를 넘어가면서 가장 큰 관심사 중의 하나가 자녀의 결혼문제다. 혼기를 앞둔 자녀를 둔 부모들의 걱정은 과연 사위나 며느리를 한인으로 맞을 수 있는가 하는 것이다.
　초기에는 펄쩍 뛰면서 자녀의 배우자로 한인만을 고집하던 부모들도 이제는 타 민족과의 결혼을 받아들이는 추세다.
　주위에서 결혼하는 한인 후세들의 과반수가 타 민족과의 결혼이다. 그리고 오히려 한인을 고집하는 부모 때문에(?) 혼기를 놓치고 독신생활하는 부모 말 잘 들은 착한 자녀들이 늘어가고 있기 때문에, 이젠 그저 부모의 소망 중에 하나일 뿐 더 이상 자녀에게 부모의 고집을 강요하기가 어렵다는 현실을 인정하는 추세다.
　우선 결혼이 옛날 한국에서처럼 부모가 정해 주는 대로 하는 것도 아니고, 이민 초기 사진 결혼을 하던 시대도 아니다. 젊은 세대가 자기들끼리 사귀면서 사랑이 싹트고 인생을 설계하게 되는데, 비교적 한인동포가 많이 살고 있는 이 지역의 경우도 학교에 가보면 300~400명 학생 중에 한인이 불과 10~20명이다. 도대체 한인 이성을 만날 기회가 없는데 어떻게 한인하고 결혼을 강요하는가? 물론 대학을 가면 더 심해져서 미국 인구의 1%도 안 되는 한인들을 상대로 배우자를 찾으라는 요구 자체가 무리다.

미국 문화에 익숙한 여자의 경우 한국식 사고에 젖어 있는 남자를 배우자로 데려온다는 것은 결혼 실패의 지름길로 여겨지기도 했다. 물론 남자의 고국에서 신부를 데려오는 것은 훨씬 여건이 나은 편이지만, 한국에서 데려온 신부를 미국사회에 적응하도록 훈련(?)시켜서 살아야 하는 부담을 쉽게 떠안을 수가 없는 것이다. 아들이 특별히 한국적인 성향을 갖고 태어나지 않은 이상 한국 여인을 아내로 맞는 데 적극적이지 않다.

오히려 대학에 진학하고 난 후에 자녀들이 부모를 원망한다고 한다. 왜 한국 말을 가르쳐 주지 않았느냐? 한국교회 등 한국 사람이 많이 모이는 곳에 자주 데려가지 않았느냐? 한인 행사 등에 참여했었으면 한국 문화를 이해하는 데 도움이 되었겠지만 그런 기회가 없었다는 것이다.

연전에 지역 한인의사회의 여름 세미나에 초대받아 간 적이 있다. 대서양 연안의 해변도시 호텔에서 가족들이 함께 지내면서 세미나를 통해 새로운 의학정보 등 필요한 지식을 습득하는 자리였다.

미국은 거의 모든 면허를 갱신할 때 꼭 몇 시간의 강의를 들은 것을 첨부해야 한다. 의사면허, 약사면허, 부동산중개업자, 식당 매니저, 이미용사, 보험설계사 등등 거의 모든 면허가 다 평생교육, 즉 새로운 법령이나 업무 지식에 대해 의무적으로 강의를 듣도록 법적으로 제도화해 놓았다.

중요한 것은 그런 평생교육 기간을 이용해서 가족과 자녀들의 자연스런 만남이 이루어진다는 것이다. 물론 의사회만 그런 것은 아닐 것이다. 다른 단체들도 연차총회들을 개최하면서 이러한 필요성을 느끼고 가족 단위로 참여하는 행사들을 계획한다.

또 한민족 체전 같은 활동을 통해서도 한민족으로서 정체성을 찾아 나가면서 서로 만날 수 있는 기회들을 제공하는 행사들이 많아지고 있다. 한민족의 앞날을 위해 이런 행사들이 계속 확장되어야 할 것이다.

요즘은 방학이 되면 한국행 비행기표를 구하기가 힘들 정도로 방학 기간에 자녀들을 한국에 보내는 부모가 많아졌다. 참 좋은 현상이다. 물론 그동안 경제적인 안정과 한국의 발전 등 많은 요인이 상승작용을 해왔다. 지구촌시대에 한민족 간의 교류가 더욱 활발히 진행되면 여러 가지 어려움들을 해소하는 데 크게 도움이 되리라 생각한다.

국제결혼(2)
# 타 민족과의 결혼

　우리는 단일민족으로서 한 민족 한 국가로 오랫동안 지내 오면서 그것을 자랑으로 삼아 왔다. 물론 어떤 의미에서는 같은 언어와 같은 문화를 공유하면서 삼국이 통일되어 고려가 되었고, 그 후에도 후삼국과 고려를 거쳐 조선이 탄생하면서 한반도에는 단일국가 체제가 오랫동안 지속되어 왔다. 일본의 침략으로 민족정체성에 대한 강한 결집력이 생기게 되었고, 비록 남과 북으로 갈라져 실질적으로 두 개의 국가체제를 유지해 오면서도 우리는 한 국가임을 고집해 왔고, 통일을 추구하는 이유 중에도 같은 민족으로서 한 국가를 형성해서 함께 번영해야 한다는 강한 민족적인 염원이 작용하고 있다고 본다.
　타 민족과의 결혼은 단일민족인 우리로서는 부정적이었다.
　세상이 바뀌어서 이제는 지구촌시대를 부르짖으면서도 생각은 많이 바뀌지 않아서, 특별히 해외에 나와 있는 동포들의 자녀결혼 문제가 심각한 현실로 다가왔음에도 불구하고 고정관념이나 부정적인 국제결혼관으로 고통받는 사람들이 많다.
　그 하나는 전쟁부인으로 부르는 군인가족들이다.
　6·25 한국전쟁으로 한국에 주둔하게 된 외국군인들이 결혼을 해서 살면서 생겨난 타 민족과의 결혼인데, 사실상 많은 분들이

자의에 의해서보다는 민족적인 비극의 현장에서 어쩔 수 없이 선택한 경우가 많다. 전쟁의 어려움 속에서 가족들의 생계를 위해서, 동생들의 학업을 위해서, 살아남기 위해서 직업전선에 뛰어들다 보니 결국 타 민족과 결혼하는 경우가 생기게 되었다. 그럼에도 불구하고 사회적으로 바른 대우를 받지 못했다. 자기의 누이가, 아니면 어머니가 그런 상황에 있지 않았으니까, 자기의 동네는 치열한 전투장이 아니어서 군인들이 주둔하거나 지나가지 않았으니까……우리 가족에게는 불행한 일이 일어나지 않았다는 이유로 그런 불행을 당한 사람을 멸시하고 비하하는 경우가 비일비재했다.

미국 이민 초기에도 이들은 영어를 일찍 습득했고, 자기의 가족을 불러들여 새로운 삶의 터전을 마련해 주고, 또 많은 사회봉사활동을 펼치면서도 왠지 가슴에 한과 응어리를 품고 살아야만 했다.

그런 이유로 이곳에 유학을 와서 캠퍼스에서 만난 젊은 연인들도 그런 멍에 때문에 고민하는 것들을 수없이 보아 왔다. 아마도 그런 이유들 때문에 부모들이 더욱 타 민족과의 결혼을 꺼려 하고 반대했는지도 모른다.

단일민족이라는 자부심(?), 그리고 타 민족 결혼에 대한 근본적인 부정적 견해들, 이런 것들이 이민 2세, 3세들이 결혼상대자를 선택하는 데, 그리고 결혼생활에 엄청난 부담으로 작용했다. 겉으로는 한국인임을 강조해서 민족적인 정체성을 심어 주고, 또 우리의 민족적 전통을 이어가기를 바라고, 사위나 며느리와 영어가 아닌 한국말로 대화가 잘되고 손자, 손녀들까지 한국식으로 키우고 싶은 마음이 간절한 것이다.

하지만 현실은 매우 다르다. 전에도 말했듯이 결혼이 젊은이들의 사랑의 결실인 현실에서, 사랑이 국경과 민족과 문화를 초월한 감정이라는 것을 부인할 사람은 없다. 결혼이 당사자들만의 문제가 아니고 가족 전체에게 중요한 일이라는 것은, 결혼을 하고 훨씬 나이가 들어야 깨닫게 되는 것이 일반적이다. 아주 소수를 제외하고는 대부분의 젊은이들이 인생을 살면서 배우자를 자신이 선택하는 것으로 생각하지, 가족 개념을 먼저 앞세우는 사람은 찾아보기 어렵다. 하지만 부모의 간섭 때문에 혼기를 넘기고도 결혼하지 않고 혼자 사는 자녀들이 많아지면서 차츰 타 민족과의 결혼을 받아들일 수밖에 없는 현실을 인정하는 추세다.

민족의 순수성과 단일성을 자랑 삼는 부모 세대의 전통적인 가치관과 세계가 변하고 있다. 우물 안의 개구리처럼 우리끼리만 살겠다는 생각이 변하는 것도 중요하지만, 더욱 중요한 것은 우리의 이기적이고 자기중심적인 사고를 탈피하는 것이다. 국제결혼, 또는 타 민족과의 결혼에 대하여 장려하지는 못하더라도 결혼한 그들이 행복하게 살 수 있도록 도와줄 수 있어야 할 것이다.

# 한 생명을 구하는 일-
# 방범 세미나

　미국에 살고 있는 교포들이 이민 초기에 주로 하는 사업은 미국에서 적은 자본으로 영어가 짧아도 할 수 있는 그런 사업이다.
　이민사회가 지역마다 특징을 갖고 있다고 하는데, 예를 들면 시카고에는 독일에 광부나 간호사로 가셨던 분들이 주류를 이룬다고 하고, 볼티모어의 경우 월남에 파견되었던 기술자들이 주류를 이루는 것으로 알려졌다. 왜냐하면 1960년대 이민법이 개정되어 미국 산업에 도움이 되는 기술 인력들을 받아들였는데, 한국인들이 그 혜택을 받아서 대량 이민이 시작되었기 때문이다. 그 전에는 정부 관리나 유학생, 그리고 의사와 약사 같은 전문직 종사자들이 미국 땅을 밟았고, 한국전쟁 이후에는 미군 병사와 결혼을 해서 미국에 오신 분들도 꽤 많았다. 그 덕분에 미국 전역에 한인들이 골고루 퍼져서 살게 되었다. 그리고 그분들이 형제나 부모들을 초청해서 미국 이민을 오게 되었다.
　그런데 70년대 말 미국 경제가 불황으로 접어들자 직장을 잡아서 이민 온 사람들이 직장에서 밀려나 생계를 위해 장사를 시작하게 되었다. 사실 한국에서도 장사를 안 해본 분들인데다가 어찌 보면 블루칼라의 기술직에 종사하는 분들은 아주 정확하게 모든 것이 맞아떨어져야 하는데 장사는 그런 것이 아니다. 특별히 미국에서 소비자 위주의 장사 개념과 커뮤니티 일원으로서의 장사를 이해하지 못하는 문제로 한인 상인과 커뮤니티 간에 많은 문제들이 발생하게 되었다. 이 문제도 나중에 다루게 될 것이다.

한인들은 1년 365일 성실하게 장사해서 자녀들을 교육시키고 미국생활에 터전을 잡아갔는데 미국사회를 잘 이해하지 못하고, 미국에서 조닝(Zoning-도시를 상업구역, 거주지역 등으로 나눠 놓고 있어서 거주지역에서 장사를 하려면 그 지역주민의 필요에 의해 장사한다는 허락을 받아서 거할 수 있음) 때문에 지역주민이 반대하면 장사를 못할 수도 있다는 것을 모르고, 내 가게에서 내가 열심히 일해서 벌어먹고 사는데 누가 뭐라고 하겠는가 하는 생각에 지역 주민과 마찰이 벌어져 어려움을 겪는 경우가 많이 있었다. 게다가 극빈자들이 많이 사는 동네에서 장사를 하다 보니 동네 술주정꾼이나 부랑자들과의 마찰도 큰 골칫거리였다.

특별히 마약문제가 심각해지면서 불과 몇십 달러를 얻기 위해 권총을 들이대고 덤벼드는 무서운 청소년들 앞에서 많은 한인동포들이 희생을 당했다.

그런데 심각한 문제 중에 하나는 한인동포들이 한두 시간만이라도 방범 세미나에 참석을 해서 교육을 받았으면 생명을 잃지는 않았을 텐데 하는 것이다. 그런 교육을 실시했었지만 바쁘다는 핑계로, 그리고 '설마 나에게 그런 일이……' 하는 안일한 마음에 그런 교육이나 훈련을 못 받아서 희생당한 교포들이 있다는 것이다. 앞으로도 그런 희생을 당하는 교포들이 없도록 교육을 강화해야 하는데, 이민사회의 제한된 리소스 그리고 아직도 변함없이 어렵게 살고 있는 교포들이 쉽게 교육에 참여하지 못한다는 것이 안타까울 뿐이다.

　한인동포들에게 사고가 날 때마다 '참 안되었구나……' 하면서 넘기다가 막상 그것이 내 가족이거나 친한 친구, 또는 같은 단체나 교회 소속원이면 그제야 "한인회는 뭘하나? 실업인 단체는 뭐하냐?" 하면서 울분을 터뜨리기도 하는데, 일이 터지기 전에 미리미리 시간을 내서, 그리고 적은 돈들을 모아서 생명을 구하는 일들을 해야 한다.

　어린 자식 앞에서 강도의 총에 맞아 숨진 어머니, 가게 문을 닫다가 총을 맞고 숨진 아빠, 가게에서 함께 일하다가 총에 맞은 부부와 자녀……. 이민 1세들의 정착 과정에는 이런 애환들이 많다. 그리고 아직도 끝나지 않은 이야기이다.

# 어느 장애아동 어머니의 비극

　명문대학을 졸업하고 전업주부를 하고 있던 텍사스에 거주하는 42세 된 어머니가 성장장애를 갖고 있는 여덟 살 된 아들을 데리고 존스홉킨스의 어린이특별병원에서 진찰을 받기 위해 볼티모어에 왔다가 철창신세를 졌다.
　사고의 발단은 지난 토요일 저녁 8시경 볼티모어 시내의 한 호텔에서 팔이 뒤로 묶인 채 호텔방에 혼자 남아 있는 아동을 발견한 호텔 직원이 경찰에 신고한 데서 시작되었다.
　출동한 경찰이 묶인 어린아이에게서 혁대로 맞은 흔적을 발견하고는 먹을 음식과 옷가지를 사가지고 돌아오는 엄마를 체포해서 유치장에 넘겼다.
　주말을 유치장에서 지내고 월요일 청문회에 나온 엄마는 "지난 토요일 볼티모어의 수족관을 아들과 함께 구경했는데, 아들이 그곳에서 다른 아이의 머리를 잡아당기는 바람에 구경을 못하고 호텔방에 돌아와 아들을 때려 주었다는 것이다. 더 이상 아들과 함께 있으면 자기가 아들에게 어떻게 할지 몰라서 떨어져 있기 위해서 외출을 했는데, 혼자 놔두고 가면 어떤 일을 할지 몰라서 손을 묶어 놓고 외출을 했다고 설명했다.
　하지만 검사는 부모가 아들의 교육을 위해서라기보다는 자신의 화풀이를 하기 위해서 아들을 학대했다고 하면서 지난 8년 동안 어떤 불법적인 학대가 이루어졌는지 모른다면서 아동학대, 폭행, 부주의한 위험에 방치한 죄 등을 적용해서 기소를 했다. 만약 이런 죄가 모두 유죄로 인정되면 엄마는 33년간 징역살이를 해야 한다.

소식을 듣고 남편과 어린 딸이 텍사스에서 날아와 월요일 열린 부인의 청문회(구속적부심)에 참석했으나 남편은 아무 말도 하지 않았다. 변호사가 그동안 그 가족들이 아들 때문에 고생하고 어려움을 당한 것을 호소하면서 이번에 볼티모어에 온 것도 아들을 위해서 치료차 왔다고 설명하고, 보석금을 5만 달러로 깎아 달라고 호소했지만 받아들여지지 않았다. 할 수 없이 20만 달러의 보석금을 내고 풀려났다. 오는 10월 19일 재판을 위한 공청회가 예정되었는데 그때까지는 아들과 접촉해서는 안 된다는 명령을 받았고, 아들은 주정부에서 보호하고 있다.

아이는 Fragile X syndrom이라고 불리는 병을 앓고 있는데, 이 여덟 살짜리 아들은 35단어 정도의 말밖에는 못하는 것으로 알려졌다.

# 어느 선생님 이야기

　아무리 생각을 해도 별다른 수가 없다. 글은 쓰고 싶을 때 쓰는 것이고, 말은 하고 싶을 때 하는 것이다. 해외에 사는 동포로서 생활하면서 보고 느끼는 것, 세계를 움직이는 워싱턴이란 곳에서 벌어지는 일들, 애타게 바라보는 조국의 모습들에 대한 생각들…….
　아는 분이 인터넷상에 배포되고 있는 글을 하나 가져왔다. 루다(Rhuda)라는 사람이 쓴 것으로 소개가 되었는데 번역해서 함께 나누고자 한다.
　어느 날 선생님이 자기 반의 학생들에게 급우들의 이름을 전부 적도록 했다. 그리고는 이름 아래에는 그 학생에 대한 좋은 점들을 적어서 제출하도록 했다. 그 주말 토요일에 선생님은 학생 한 명마다 각 학생들이 적어놓은 좋은 점들을 종이 한 장에 적어서 다음 월요일에 각 학생들에게 한 장씩 나눠 주었다. 그날 선생님은 학급 안에서 "정말이니?" "내가 그렇게 의미가 있는 줄 몰랐는걸" "나를 다른 학생들이 그렇게 좋아하는 줄 몰랐는데" 하는 소리들을 많이 들을 수 있었다.
　이후 누구도 그 종이에 대해서 말하지 않았다. 선생님은 학생들이 그 후에도 부모나 급우들끼리 그것에 대해서 이야기를 나눴는지는 알지 못했다. 하지만 그런 것은 문제가 되지 않았다. 이미

선생님이 목적한 바대로 학생들을 행복하게 만들어 줌으로써 목적을 달성했다고 생각했기 때문이다.

몇 년이 지난 후, 한 학생이 월남전에서 전사를 했다. 그 선생님도 그 학생의 장례식에 참석했는데 관 속의 학생은 매우 미남이었고 또 의젓해 보였다. 장례식이 열리는 교회는 친구들로 가득 찼다. 한 명씩 한 명씩 관 옆을 지나면서 마지막 작별인사를 했다. 마지막으로 선생님이 관 옆으로 가서 명복을 빌었다. 그때 관을 지키고 옆에 서 있던 병사 하나가 다가와 "당신이 마크의 수학선생님이셨지요?" 하고 물었다. 선생님이 고개를 끄덕여 대답을 하자 그 병사는 말했다. "마크에게서 선생님 얘기를 많이 들었습니다."

장례식이 끝나고 마크의 급우들은 함께 점심을 먹으러 갔다. 마크의 부모님도 그곳에서 선생님을 기다리고 있었다. "선생님께 보여드릴 것이 있습니다" 하면서 마크의 아버지는 지갑에서 종이쪽지를 꺼냈다. "병사들이 마크가 죽었을 때 이것을 발견했습니다. 아마 선생님은 알아보실 것입니다."

종이는 찢어져서 테이프로 붙이고 여러 겹 접은 것이었다. 선생님은 그 종이가 마크의 급우들이 그에 대해서 말한 좋은 점들을 적은 종이라는 것을 알 수 있었다.

마크의 엄마는 선생님에게 말했다. "참 감사합니다. 보시다시피 마크는 그것을 아주 귀하게 보관해 왔어요."

마크의 급우들은 모여서 말하기 시작했다. 찰리는 수줍어하면서 "나도 그 종이를 보관하고 있어요. 내 방의 서랍 맨 위에 보관되어 있지요." 척의 부인은 "척은 우리의 결혼 앨범에 그 종이를 보관하라고 했지요." "나도 보관하고 있어요. 내 일기 속에 있지요" 마릴린이 말했다. 그러자 비키는 핸드백 속에서 지갑을 꺼내

닳아빠진 종이를 보여주면서, "나는 이것을 언제나 지니고 다녔어요." 그러면서 덧붙였다. "아마 우리 모두 다 이것을 보관하고 있을 것이라고 생각해요."

마침내 선생님은 그 자리에 앉아서 울고 말았다. 마크를 위해서, 그리고 마크를 다시는 볼 수 없는 친구들을 위해서 울었다.

우리는 너무나 우둔해서 언젠가 죽는다는 것을 잊고 산다. 그리고 그 죽는 날이 언제가 될지 모른다.

그러니 사랑하는 사람, 관심 있는 사람에게 그들이 중요하고 특별한 사람이라는 것을 늦기 전에 말하라.

이 일을 하는 방법 중에 하나는 이 메시지를 그들에게 보내는 것이다. 만약 보내지 않는다면 좋은 기회를 잃어버리는 것이다.

만약 당신이 이 글을 받았다면 누군가 당신을 사랑하고 있다는 것이며, 당신 또한 누군가 사랑해야 할 사람이 있다는 뜻이다.

만약 당신이 너무 바빠서 이 글을 전할 몇 분의 시간마저도 없다면, 당신의 인간관계를 변화시킬 수 있는 순간을 놓치는 것이 될 것이다. 보다 많은 사람들에게 이 글을 보낸다면 당신이 사랑하는 사람들에게 다가가는 기회가 될 것이다.

기억하라! 당신이 뿌린 대로 거둘 것이다. 다른 사람들의 삶 속에 당신이 뿌린 대로 당신의 삶으로 돌아올 것이다.

하나님은 당신을 사랑하신다.

당신의 오늘 하루가 복된 날이기를 바란다.

그리고 당신만큼 특별한 날이 되기를 원한다.

\* 격려의 한마디가 주변 사람들의 인생에 변화를 주고, 선생님의 사랑이 학생들의 인생에 큰 교훈이 될 수 있다.

# 길고 긴 방학-
# 집 떠나는 아들을 생각하며

여름방학을 핑계로 잘 쉬었다.

방학을 맞아 집에 돌아온 대학생 딸, 이제 새로이 대학생활을 시작하는 아들, 이들 덕분에 일상생활에서 벗어나 훨훨 날아볼 기회가 있었다.

내일은 또다시 아들을 데리고 장장 13~14시간을 달려서 테네시 주의 내쉬빌까지 다녀와야 한다(왕복이면 꼬박 24시간 이상). 처음 슬하를 떠나는 자식을 보내는 부모의 마음…….

지금까지는 매일 아침저녁으로 얼굴을 보면서 살 수 있었지만 이제는 품을 떠난다는 생각을 하면 서운하다.

물론 방학이 되면 와서 함께할 시간들이 있겠지만, 그래도 잠깐일 뿐 이제는 결혼해서 제 생활을 해나갈 때까지도 예전처럼 그런 생활은 기대하기가 어려운 것이다. 그래서 자식은 품 안에 있을 때만 자식이라고 했던가. 이제는 웬만한 것들은 혼자서 생각하고 결정을 내려야만 할 형편인데 과연 이제까지 부모로서, 아니 아빠로서 어떻게 키워 왔는가? 언제나 현명하고 건전한 판단을 내릴 것이라고 자신할 수 있는가? 이 어려운 세태 속에서 아직도 불안하게 느껴지는 미국의 대학 문화 속에서 자랑스런 코리안 아메리칸으로서 잘 자라 줄 것인가 하는 걱정이 앞선다.

몇 년 전부터 "형제간에 우애 있게 지내라. 너희들 평생에 지금처럼 함께 지낼 날들이 별로 없다. 마음껏 서로 사랑하고 이 세상에서 오직 하나밖에 없는 형으로서, 또 동생으로서 마음과 성의를 다해서 사랑하고 돌봐주어라. 봐라, 지금 아빠도 한국에 있는 큰아빠와 이렇게 떨어져 살면서 각자 가정을 이루어 사니 서로 보고 싶어도 볼 수가 없고, 마음은 있어도 함께할 수가 없단다" 이런 설교(?)에 어린 마음들이 얼마나 공감을 할는지 모르지만 아이들도 성장해서 가정을 이루고 나면 자녀들에게 똑같은 이야기를 할 것이다.

부모가 살아 계실 때 효도하지 못하면 돌아가시고 난 후에 후회한다고 했다. 자녀도 품에 데리고 있을 때 잘해 주지 못하면 떠나고 난 후에 후회하게 될 것이다. 어찌 보면 자식은 하나님이 성인이 될 때까지 맡아서 키워 주라고 우리에게 맡겨 주신 가장 귀한 생의 선물이다.

성인이 된 후에, 특별히 결혼하고 난 후에 자녀들과의 관계와 삶은 특별한 보너스라고 생각해야 한다.

# 1,500마일을 단숨에

볼티모어에서 테네시 주 내쉬빌까지 장장 750여 마일, 왕복 1,500마일이다.

내쉬빌의 밴더빌트 대학에 진학한 아들을 데려다주고 오기 위해서 이틀 만에 장장 1,500마일을 운전하고 다녀왔다. 물론 갈 때는 아들이 운전을 하고 올 때는 내가 운전을 하고 와야 했지만……. 옛날에는 12시간을 계속 운전하는 것도 그렇게 어렵지 않았는데 요즘은 늙은 탓인가 쉽지 않다.

미국에 처음 왔을 때 시카고에서 공부를 하면서 볼티모어에 있는 딸과 아내를 보기 위해서 14시간을 빗속을 달려서 온 것이 미국에 살면서 장장 100만 마일 정도의 운전기록(?) - 비공식이고 혼자 추산한 것이지만 - 의 시작이다. 지금 생각해도 미국의 도로가 잘되어 있기 때문에 살았지, 운전이 그렇게 익숙하지도 않았는데 빗속을 시속 80~90마일로 달려왔으니 그야말로 하나님이 보우하사 아니면 죽어도 몇 번 죽었을 목숨이었다. 그 후에도 많은 여행 속에서 운전과 관련되어 있는 에피소드들은 이루 말할 수 없이 많다.

필자가 사람들에게 잘 하는 말이 있다. "볼티모어에서 뉴욕을 가려면 95번 고속도로를 타고 가다가 뉴저지 턴파이크를 만나서

쭈우우욱~~~ 가면 된다." 그렇지만 막상 뉴욕을 다녀오려면 가다가 화장실도 가야 하고, 차에 기름도 넣어야 하고, 목이 마르면 소다, 졸리면 커피라도 사서 마셔야 한다. 또 속도위반으로 걸려서 엄청난 벌금을 물지 않으려면 교통경찰(고속도로순찰대)이 있나 살펴보면서 서너 시간을 씨름을 해야 갈 수가 있다.

물론 인생을 살면서 입으로만 잘하는 사람이 있는데 말보다 실천이 훨씬 어렵다는 것을 얘기하는 것이다.

금요일 오전 볼티모어를 출발하면서 필자가 인터넷 야후에서 찾은 길 방향과 아들이 다른 사이트에서 찾은 길 안내가 틀려서 어떤 것을 택할 것인가 고민하다 갈 때는 아들이 찾은 길로, 올 때는 필자가 택한 길로 왔다.

미국의 고속도로 번호는 홀수는 남북으로, 짝수는 동서로 가는 길인데 볼티모어에서 70번 고속도로를 타고 서쪽으로 가다가 지방도로 15번을 타고 가스를 넣으러 갔다가 약간 헤매고 나서야 고속도로 81번을 만날 수 있었다. 그 81번 고속도로를 타고 버지니아 주를 남북으로 300여 마일을 아파라치안 산맥 줄기를 타고 달리는 것이다. 그리고 테네시 주에 들어가 또 100여 마일, 그리고는 40번 고속도로(테네시 주를 남북으로 중간쯤에서 관통하는 고속도로)를 타고 테네시 주의 중간에 있는 내쉬빌까지 또 200여 마일을 갔다.

전에는 고속도로 인터체인지(나들목) 발음을 '에그짓'(Exit)이라고 했다가 구박을 많이 받고 고쳤다('엑싯'이라고 한다). 여하튼 엑싯 번호들을 일련번호처럼 붙였는데, 요즘은 많은 주들이 마일 수를 가지고 엑싯 넘버를 붙인다. 예를 들면 고속도로 옆에 마일을 가르쳐 주는 표지판이 계속 있는데 이것은 주로 그 주의 경계에서 시작해서 몇 마일 지점인지를 표시해 주는 것이다. 내가 지금 120마일 지점을 운전하고 있는데 도로 표지판 엑싯 128에 멋진 음식점이 있다면 8마일을 더가면 그 식당에 갈 수 있다는 것이다. 또 친구가 엑싯 220에서 나와서 찾아오라고 했다면 내가 100마일을 더 운전해 가야 친구 집에 갈 수 있다는 얘기가 된다.

옛날에는 미국에 속도제한이 없는 freeway가 많았는데, 요즘은 연방정부에서 제한속도를 규제하지 않으면 보조금을 안 준다고 협박(?)을 해서 대부분의 주에서 교통사고를 줄이기 위해 제한속도를 엄격하게 규제하고 있다. 오일파동이 있고 나서는 55마일이 경제속도라고 규제하다가 중부의 대평원에 있는 주들이 선도를 해서 65마일로 상향 조정했고, 이번에 보니까 테네시 주 지역은 70마일이 되어 있었다. 보통 레이저의 오차범위를 10마일이라고 봐서 70마일이 최고 속도이면 80마일까지 고속도로 순찰대가 잡지 않는다고 보기 때문에 정말 신나게 달려왔다.

품을 떠나는 아들을 두고 오는 서운함, 또 내일부터는 새로운 삶을 살아가야 하는 삶의 현실, 돌아오는 길에 버지니아의 한인타운인 애난데일에 들러 얼큰한 콩나물육개장으로 속을 풀고 집에 돌아왔다.

# 고 유태희 씨 영전에

어제 저녁 〈한국일보〉 워싱턴 지사장을 지내신 유태희 씨 장례예배가 있었다. 서울에서 태어나 서울고등학교와 연세대 2년을 중퇴하고 육군장교로 복무하다가 한국일보사에 입사해서 미국에 오신 고인은 1960년대 남가주에서 국제정치학을 전공했고, 1971년도에 미국의 수도 워싱턴에 〈한국일보〉 지사를 창설하고 30년 동안 워싱턴에서 동포 언론을 주도하면서 많은 일들을 했다.

필자도 한때 〈한국일보〉의 볼티모어 지국장으로 일한 경험이 있기에 고인과 많은 대화를 나누고, 또 고인의 사랑도 받았다.

젊은 나이에 회사에 들어가 30년을 한결같이 한곳에서 보냈다는 것은 어찌 보면 자기의 인생을 그곳에 다 바쳤다고 볼 수 있다. 사람은 죽어서 이름을 남긴다고 했는데, 어제 많은 분들이 각계 각층에서 찾아와 고인을 추모하는 것을 보면서 고인의 후덕을 다시 한 번 느낄 수가 있었다. 유태희 씨는 신문에 평생을 바쳤으니 신문과 관련 있는 얘기를 비석에 써달라고 했던 것 같다. "진실을 전하기 위해서, 진실에 입각한 사실을 보도하기 위해 노력했다." 아마도 이런 말들을 하기 원했을 것이다.

이 글을 읽고 있는 독자들은 자신의 비문에 어떤 글을 남기고 싶은가? 나는 이런 글을 남기고 싶다.

허 인 욱(In-Wook 'BEN' HUR)

"한민족과 지역사회를 사랑해서 평생교육을 통해
각 민족들의 공동 번영과 화합을 위해 힘쓰다가 하늘나라로 갔다."

"As a proud Korean-American, Who love community and Korean
went heaven after working hard for mutual benefit and racial harmony
through life-Long Education."

# 휴가지에서-사랑

　가족과 함께 대서양 연안의 휴양도시 오션 시티로 휴가를 다녀왔다. 짧은 일정이었지만 재미있는 시간을 보냈다.
　주일 아침 교회를 안 가고 해변가에서 "주 하나님 지으신 모든 세계 내 마음속에 그리어 볼 때 하늘에 별, 울려퍼지는 뇌성…… 주님의 솜씨 노래하도다. 주님의 높고 위대하심을 내 영혼이 찬양하네"를 불렀다. 늘 대자연을 대할 때마다 하는 찬송이지만 밀려오는 대서양의 물결을 바라보면서, 그리고 수평선 위에 떠 있는 붉은 해를 바라보면서 부르는 찬송은 마음속에 큰 감동을 가져다 준다.
　추억을 남기기 위해서 해변가의 조그만 조개껍질이나 조약돌을 하나 주워오기로 작정을 하고 해변을 거닐면서 찾기 시작했다.
　때때로 밀려오는 파도에 발을 적시지 않으려고 펄쩍거리면서 한참을 찾아도 완전하고 예쁜 조개껍질은 없었다. 모두가 깨지고 마모되고 더러는 군더더기가 잔뜩 붙어 있었다. 맘에 드는 것이 나올 때까지 찾을 것인가, 아니면 현재 상태에서 가장 좋다고 생각되는 것을 갖고 다음에 더 예쁜 것이 나오면 바꿔치기를 할 것인가? 결혼만큼이나 심각하게 생각을 하고는 그중 가장 낫다고 생각되는 것을 집어들고는 깨끗이 닦았다. 그러자 곧 예쁘게 보이기 시작했다. 아주 지저분해 보이던 것도 닦고 나니까 점점 예쁘게 보이기 시작했다.

이번에는 검은 돌을 하나 집었다. 미국 와서 오랫동안 한·흑 간의 문제를 가지고 씨름해 온 필자로서는 의지적으로 검은 돌을 챙기고 싶은 마음이 들었다. "Black is Beautiful" 하고 슬로건을 내걸고 슬픈 자화상을 밝게 바꿔 보려는 흑인 형제들의 눈물 나는 노력을 생각하면서, 역시 사랑은 감정만이 아니고 의지를 가지고 노력해야 진실한 사랑이 된다는 것을 경험으로 체득하게 된 것이다.

인간이 인간다워지는 것은 동물적으로 자연적으로 그냥 내버려두면 불가능하다. 동물과 별로 다를 바 없는 동물적 속성을 지닌 인간을 교육을 통해 더불어 사는 법을 가르치고, 선조로부터 내려온 지혜와 지식을 계승 발전시켜서 보다 완전해지기를 바라는 것, 사랑하고 사랑을 베풀면서 살아가도록 변화시켜 가는 것, 이것이 바로 인간이 인간다워지는 비결이라고 생각한다.

아무런 생각 없이 살아갈 때는 검은 것, 어두운 것, 부정적인 것, 이런 것들은 그냥 그렇게만 생각되고 가까이하고 싶지 않은 것이었지만, 그들의 과거를 이해하고 또 현재 상태가 그들만의 잘못이 아니라는 것을 깨닫게 되었을 때, 그들을 이해하고 오히려 연민의 정을 느끼게 된다. 그들이 조상대대로 내려오는 가난의 굴레를 벗어나 보다 인간답게 잘 살아갈 수 있도록 도와주는 것이 하나님이 나를 한국땅에서 태어나게 해서 교육과 훈련을 받게 하시고 미국에 보내신 목적이라고 생각한다. 어려움과 고난 속에서 그들의 삶을 바라보면서, 아니 함께 살아가면서 삶의 목표와 보람을 찾아가도록 인도하고 계신다는 확신을 갖게 된다.

코리안 아메리칸으로서 미국 역사 속에 어떻게 자리매김을 할 것인가? 미국 이민의 막내 그룹으로서 코리안이 할 수 있는 일은 무엇인가?

코리안, 그들은 과연 미국의 역사 속에 어떤 의미를 갖고 있는가? 미국에 이민 와서 교육받지 못한 극빈자들 속에서 생명을 내놓고 장사해서 자식들을 키우고 자신의 생계를 이어나간 그들에게 착취자와 동화할 수 없는 또 다른 그룹의 이민자로 지나가는 코리안 아메리칸이 될 것인가? 아니면 그들의 가난과 어려움을 진정으로 이해하고 함께 가슴 아파하고 그들이 그런 가난에서 벗어날 수 있도록, 그래서 미국의 고질적인 사회문제인 대도시 극빈자들의 가난을 퇴치해 주고, 그래서 다 함께 보다 나은 생활을 할 수 있도록 앞장서서 노력해 준, 미국 역사의 새로운 한 페이지를 써낼 수 있는 코리안 아메리칸이 될 것인가?

해변가에서 못생긴 검은 돌 하나를 주워 들고 코리안 아메리칸의 현주소, 그리고 미래를 생각해 보았다.

사랑은 감정만도 의지만도 아니다. 감정만으로 사랑하는 인간은 동물적인 뜨거운 인간이요, 의지만으로 사랑하는 인간은 이지적인 차가운 인간이다. 인간을 뛰어넘어 신의 사랑으로, 인간의 감정으로도 의지로도 사랑할 수 없는 사람을 사랑하는 것이 정말로 숭고한 아름다운 사랑이다.

# 아름다운 세상

　아름다운 세상은 거저 얻어지는 것이 아니라 자기가 만들어 가는 것이다. 물론 자기가 만들어 가기 전에 주어진 것도 있다. 주어진 환경이나 여건이 아름답고 훌륭한 것일 수도 있고, 그렇지 못한 경우도 있을 것이다. 또한 그 환경이 자기가 만들어 가는 세상을 이루어 가는 기본적인 요소가 된다는 것도 부정할 수 없는 현실이다.
　그래서 인생은 선택의 연속이다.
　어려서부터 성장하고 죽음에 이르기까지 인생은 선택의 연속이라고 볼 수 있다. 그렇다면 어떻게 매 순간마다 현명한 선택을 할 수 있을까?
　옛날 선비들을 대상으로 하던 과거시험이란 것이 바로 그러한 내용을 얘기해 주고 있다. 인간의 환경은 변해도 근본은 변하지 않기 때문에 같은 원리가 지금도 통용되고 있다. 신언서판(身言書判)은 인물을 선택하는 데 표준이 되는 네 가지 조건으로 옛부터 지도자를 뽑는 데도 적용되는 요소다.
　'신'(身)은 건강하고 준수한 용모다. 건강을 잃으면 모든 것을 잃는다고 했다. 건강한 신체에 건전한 정신이 깃든다고 했다. 병약하고 나약한 사람은 아무리 학식이 많고 인격이 고매해도 활동에 제한을 받을 수밖에 없다. 그러므로 식생활을 규칙적으로 하면서 근육발달과 신진대사를 촉진시키기 위한 규칙적인 운동과 몸의 각 부분을 청결하게 유지하는 노력을 게을리하지 말아야 한다.

'언'(言)은 요즘 말로는 커뮤니케이션 기술이라고 본다. 옛날 같으면 웅변을 잘해서 또는 대화술이 있어서 남을 설득시킬 수 있는 것을 말한다. 오늘날에도 상대방이나 대중을 상대로 자기의 의견을 효과적으로 전달하는 기술은 매우 중요하다. 장사에 있어서 선전이나 마케팅 전략도 결국은 내가 갖고 있는 상품을 소비자에게 어떻게 잘 전달하느냐가 성공의 관건이다.

'서'(書)는 지식이다. 많은 지식과 경험을 갖고 있어야 한다. 어려서 배우는 국어, 산수, 사회, 자연, 예술의 기본적인 모든 지식들이 인생을 풍요롭게 살아가는 데 기본적인 요소라는 것을 누구나 다 안다. 그리고 또한 자기만의 재능을 살려서 적어도 자기가 소속한 분야에서 남들에게 도움을 줄 수 있는 인재가 되도록, 인류의 문명과 문화의 진보에 기여할 수 있도록 최선을 다해야 할 것이다.

'판'(判)은 위와 같은 지식과 경험, 그리고 건강한 신체나 용모, 웅변술을 갖고 어떤 일을 하느냐, 자기 자신의 이익을 위해 남에게 해를 끼치느냐 아니면 자기희생을 감수하고라도 남에게 이익을 주는 사람이냐가 그 사람의 인생의 결산이라고 볼 수 있다. 결국 인생은 최종적인 이런 판단이 어떻게 내려지느냐에 달려 있다 하겠다.

아름다운 세상은 이런 아름다운 사람들이 얼마나 내 주위에 많이 있느냐 하는 데 달려 있으며, 또 이런 아름다운 사람들은 나의 노력에 크게 영향을 받는다는 것이다. "남에게 대접을 받고 싶은 대로 남을 대접하라"는 성경의 말씀이 있다. 인간관계에서 적용되는 만고의 진리다.

세상은 참 아름다운 곳이다.

나를 사랑하는 사람들이 많이 있고, 또 내가 사랑해야 할 사람들이 많이 있기 때문이다. 또 내가 해야 할 일들이 많고, 그 일들을 즐겨 할 수 있는 곳이기에 아름다운 곳이다.

무엇보다도 나를 진정으로 사랑하는 사람이 한 사람이라도 있다는 것이 인생에 살맛을 느끼게 하고, 이 세상을 아름다운 세상으로 만들어 주는 것이다. 인간의 사랑은 위대해서 사람을 살리기도 하고 죽이기도 한다.

사랑이 있는 한 인생은 살 만한 가치가 있다. 사랑이 있는 한 이 세상은 살 만한 가치가 있는 아름다운 세상이다.

# 눈물 젖은 빵의 의미

정말 배가 고파 본 적이 있는가?
어려서 기다리는 엄마가 오지를 않아서 굶주린 배를 움켜쥐고 엄마를 불러 본 적이 있는가? 적어도 어린아이라서 의식이 없던 때를 지나 자신의 의식 속에 남아 있는 배고픔을 말한다. 물론 어린아이의 무의식 속에도 남아 있다고 한다. 젖배를 곯은 아이는 나중에 배고픔을 더 못 참는다고 하지 않는가?

청소년기에 부모에 대한 반항으로 몇 끼를 굶어 본 적이 있는가? 그런 것은 진정한 배고픔이라고 볼 수가 없다. 왜냐하면 언제든지 밥을 먹을 수 있는 상황이기 때문이다. 밥이 없어서 못 먹는 것이 아니고 있는 밥을 안 먹는 것이니까 진정한 배고픔이라고 볼 수가 없다. 그러나 적어도 하루 이상을 굶어 보았다면 반 경험은 한 셈이다.

군대에 가서 훈련을 받으면서 느끼는 배고픔은 종류가 다르다. 물론 그것도 배고픔이지만 그것은 훈련이라는 전제가 붙은 것이기 때문에 그것도 눈물 젖은 빵의 의미와는 좀 다른 것 같다.

성년이 되어서 스스로의 능력으로 살아가야 하는 나이에도 빵을 살 돈이 없어서, 밥 사먹을 돈이 없어서 굶주린 배를 잡고 구걸을 생각해 본 적이 있는가? 구걸도 못하고 굶어 버린 경우가 있는가?

　결혼을 하여 울고 있는 자녀들에게 우유를 사줄 돈이 없어서, 쌀을 살 돈이 없어서 굶주린 배를 잡고 남에게 돈을 꾸러 다녀 본 적이 있는가? 길거리에서 구걸을 할까, 지나가는 사람에게 강도짓을 할까, 빵집에 가서 빵을 도둑질할까 하며 궁리해 본 적이 있는가? 아니면 무료급식소에 가서 남의 눈치를 살피면서 급식을 받기 위해 줄을 서서 기다려 본 적이 있는가?

　이런 경험들이 없다면 당신은 누구에게 감사해야 하는가?

　부모님, 가족, 당신을 교육시켜 준 학교와 사회, 당신에게 일자리를 제공해 준 당신의 직장과 고용주에게 감사해 본 적이 있는가?

　길거리를 지나가다가 배가 고프다고 동냥하고 있는 사람에게 당신의 주머니에서 1달러, 5달러, 아니 천 원, 만 원짜리가 나갈 수 없는 이유는 무엇인가? 마음에 여유가 없어서인가, 아니면 당신이 눈물 젖은 빵을 먹어 본 경험이 없어서인가? 그들의 거지생활을 연장시켜 주기 때문에, 줄 수 있지만 안 준다는 당신의 소신 때문인가?

　인간은 주의나 주장만으로 살아가는 것이 아니다. 당신이 오늘 베풀 수 있는 것이 있다면 그것은 당신이 받은 복이다. 나눌 수 있는 것이 있는 오늘, 그것을 나누는 삶을 살지 못한다면 당신의 삶은 영원히 나눌 수 없는 삶이 될 수도 있다.

# 육신적인 고통

인간의 육신의 고통은 어디에서 오는가?

자학적인 것도 있고, 남으로부터 오는 것도 있고, 또 병에서 오는 고통도 있다. 그런가 하면 부주의로 인해서, 또는 불가항력적으로 닥친 사고에서 오는 것도 있을 것이다. 무엇이 원인이 되었든 인간이 느끼는 고통에 한계가 있는가? 정말 육신의 고통이 너무나 커서 죽기를 바라는 사람들이 있다는 것을 아는가?

어떠한 목적이든 자신의 몸을 스스로 학대한다는 것은 불행한 일이다. 그것이 선한 목적이든 생의 불만에서 오는 것이든, 자신의 몸을 학대하는 것은 죄악이다. 옛날에는 "신체발부는 수지부모라 불감훼상이 효지시야"라 해서 부모로부터 받은 육신을 잘 관리하는 것이 효도의 시작이라고 가르쳐 왔다. 잘 먹고 잘 닦고 운동하면서 잘 관리하여 건강하게 살아가는 것이 인생의 큰 복이요, 또 사회에 기여하는 것이라고 본다.

죽음의 병이라고 불리는 암. 그 암 치료가 너무나 힘들어서 고통 속에 있는 사람들, 또 죽음에 이르는 병은 아닐지라도 이번 테러처럼 사건이나 재난으로부터 상처를 받고 육신의 고통을 받고 있는 사람들, 또 그렇게 심한 것은 아닐지라도 나이가 들어가면서 몸 구석구석에서 일어나는 크고 작은 고장들……이런 것을 안고 살아가는 것이 인생인 것 같다.

　인간을 인간 이하로 다루는 육신적인 고통에 정신적인 고통을 더해서 가해지는 고문, 그것은 인류의 적이다. 인간을 인간 되지 못하게 하는 것은 용서할 수 없는 죄악이다.

　남에게서 받는 육체적인 고통은 폭력이다. 언제 어떠한 경우에도 인간의 인간에 대한 폭력은 용서할 수 없다. 부모가 자식에게 하는 사랑의 매도 폭력이 될 수 있다. 부부간의 싸움에서도 폭력은 용서할 수 없다. 인간이 이성을 잃고 폭력으로 문제를 해결하려 든다면 이미 그는 인간임을 포기한 것이나 마찬가지다. 더불어 살아가기 위해서 우리는 법을 만들고 사회를 지켜나간다. 그런데 그런 문화유산을 포기하고 폭력으로 해결하려고 하는 사람이 있다면, 폭력으로 자기 목적을 달성하려고 하는 사람이 있다면 그만큼 그 사회는 미개하다는 증거이다. 인간은 누구나 육신의 고통을 두려워하지 않고 살아갈 권리가 있다. 남으로부터 받는 폭력의 공포에서 자유로워져야 한다.

　인간이 느끼는 육신의 고통, 그것이 타인으로부터 온 것이든 아니면 스스로 자초한 것이든, 또는 자신의 의지와는 관계없이 재난에서 온 것이든 자신이 경험한 고통의 깊이만큼 인간의 고통을 이해할 수 있을 것이다.

　주위에서 육신의 고통을 받고 있는 사람을 돌아보자. 자신이 받고 있는 고통의 크기와 깊이가 얼마나 크든지 자신의 한계를 벗어나서 그들의 고통에 동참해 보자. 그러면 자신의 고통도 함께 덜어질 것이다. 고통은 함께 나누면 반감될 수 있다.

# 정신적인 고통 – 불확실성의 미래

무식하면 용감하고 태평하다는 소리를 한다.
인간이 아는 것이 없으면 미래에 대한 예지가 없고, 그러면 당연히 오늘에만 의존해서 살아갈 것이다. 그렇지만 인간에겐 본능적으로 주어진 몇 가지 성향이 정신적인 고통을 느끼게 한다.
인간은 끊임없이 자기 완성을 추구하는데, 결국 인간은 완전해질 수 없다는 것이 근본적인 문제다. 인간은 알고자 하는 욕망으로 끊임없이 완전을 추구하고 있다. 그것이 학문적인 것이든 옆집 일에 대한 가십거리든 알고 전하고자 하는 성향을 가지고 있다. 또한 아는 것을 전하지 못하게 한다면 땅 속에다가 "임금님 귀는 당나귀 귀"라고 소리라도 질러야 직성이 풀리는 것이 인간의 본성이다. 그런데 정신적인 고통은 인간이 배워서 알고 있는 지식을 바탕으로 어떻게 살아야 한다는 것을 아는데 현실적으로 그렇게 살지 못하게 될 때 오는 것이다.
미래를 위해 공부를 열심히 해야 한다는 것을 알면서도 공부가 제대로 되지 않는 학생들, 좋아하는 감정이 있는데도 사회의 문화와 도덕, 여건이 허용하지 않아서 자기 감정을 숨겨야 하는 고통, 교육받은 사람으로서 자기가 지녀야 할 체면과 사회적 위치를 지키지 못해서 오는 고통, 인간으로서 최소한 어떻게 살아야 한다는 것을 아는데 그렇게 하지 못해서 오는 고통, 동물적인 본능들을 이성으로 컨트롤하기 위해서 안간힘을 쓰는 고통들……. 끊임없는 고통 중에서도 무엇이 가장 어려운 것인가?

인간에게 미래에 대한 불확실보다 더 깊은 고통은 없다.

인간에게는 그래서 소망이 필요하다. 비록 오늘은 어렵고 힘들지만 내일은 좋아질 것이라는 희망이 사람을 살게 한다. 아무런 희망도 없이 캄캄한 밤중을 걷는 것 같은 삶은 인간을 공포와 죽음으로 몰아넣는다. 자신에 대한 고통뿐만이 아니라 사랑하는 사람, 가족, 친구들에 대한 불확실성이 인간을 고통 속으로 몰아넣는다.

모든 인간은 공포로부터, 육신적인 고통과 함께 정신적인 고통으로부터 해방되어 자유롭게 행복을 추구할 권리를 가진다.

# 크리스천의 장례

　필자가 10여 년간 커미셔너로 봉사하고 있는 인종차별방지위원회의 책임자로 일하고 있는 알빈 길러드라는 친구의 모친상을 당해서 장례식에 다녀왔다. 한국인 아닌 사람들의 장례식을 몇 번 가본 경험이 있지만, 이번 장례식에서는 특별히 인상 깊은 몇 가지가 있었다.

　첫 번째는, 한국인들처럼 역경을 거쳐 온 삶을 볼 수 있었다.
　노예 출신의 남편을 만나서 다섯 명의 딸과 세 명의 아들을 키우면서 지내온 인생역정을 보면서 같은 나이 대의 한인들을 생각해 보았다. 일제 강점기에 태어나 암울한 시대에 살면서 희망 없이 지내다가 해방을 맞고, 해방의 감격이 가시기도 전에 6·25 한국전쟁이라는 동족상잔의 비극을 맞아 반세기 동안 혈육 간에 만나지도 연락도 못한 사람들이 얼마나 많은가? 숱한 고생과 처절한 가난과 싸워오면서 4·19, 5·16, 5·18 등 사회적인 격변기를 거쳐온, 그야말로 파란만장한 인생이 아닌가? 게다가 이민 와서 미국에 살고 있는 사람들은 또 어떤가? 이루 말로 다 표현할 수 없는 파란만장한 인생 그 자체가 아닌가? 이런 한국인들의 삶과 흑인들의 삶이 어딘가 상통한다고 느껴졌다.

두 번째는, 크리스천으로서 장례의식에 대한 인식 차이다.

그들의 장례를 볼 때마다 느끼는 것이 장례식장에서의 문화 차이다. 정말 그들은 이 세상에서의 삶에 충실하다가 기쁨과 즐거움, 그리고 영원한 찬양을 할 수 있는 좋은 곳으로 간다는 확신으로 가득 차 있기 때문에, 슬퍼하기보다는 오히려 즐거워하는 축제에 가깝다는 사실이다. 정말 누구나 바라고 동경하는 그 나라, 슬픔과 어려움과 고난과 역경이 더 이상 필요 없는 곳으로 간다는 것을 알면서도, 막상 장례를 당하면 육신적인 헤어짐의 아쉬움 때문에 슬퍼하는 문화를 갖고 있는 우리와 너무나 대조적이지 않은가? 그래서 장례예배 때 눈물을 흘리며 울음 소리를 내는 일이 거의 없다. 이번에도 자기 어머니의 둘도 없는 친구였다고 간증하면서 독창을 하는 여인이 얼마나 자연스럽게 지나온 삶을 회고하는지, 그리고 함께 찬양하면서 있었던 일들을 회고하면서 부르는 노래가 매우 인상적이었다.

어떤 사람들은 자기의 여건이 어려워서 마음은 있지만 남을 돕는 일들이나 단체, 지역사회, 교회의 봉사에 참여하지 못한다는 사람들이 있다. 하지만 인생은 똑같은 시간을 가지고 살아가는 것이다. 중요한 것은 마음가짐이다. 마음이 있다면 얼마든지 시간을 내어 참여할 수가 있다. 다른 이유들은 대부분 핑계일 뿐이다. 정말로 자신이 중요하다고 느끼고 우선순위를 부여하는 일에는 아무리 바쁘고 힘들고 지쳐 있더라도 시간을 내고, 없는 돈을 쪼개어 투자할 수 있는 여지가 있다는 것이다.

역시 이것도 어려서부터 배워 온 가정교육, 그 사회의 사회교육으로 가치관과 사회 관습에서 오는 것이다.

우리가 교육개혁을 외치면서도 잘되지 않는 이유는 그 부모들인 기성세대들이 그렇게 교육을 받고 살아왔기 때문에 그냥 그렇게 해도 잘될 것이라는 안이한 생각 때문이다. 개혁이 절실하다는 인식이 선행되어야 한다는 이유가 바로 거기에 있는 것이다. 인식이 시작되어야 실천할 수 있는 지식을 갖게 되고, 노력이 따르게 된다. 그 인식조차도 없느 상황에선 아무것도 기대할 수가 없다.

# 21세기 제3차 세계대전

　인류의 멸망을 가져올지도 모르는 제3차 세계대전이 바로 테러와의 전쟁일지도 모른다는 얘기를 학자들 간에 오랫동안 해왔다. 9·11 테러 이후 지금의 이 위기가 시작에 불과한 제3차 대전이라는 것이다.
　미국이 겁을 내고 있는 것도 결국 이것을 시발로 세계 어느 지역에서나 발생할 수 있는 인명 살상 테러이다. 생화학전에 세균전까지 가미해서 테러 행위가 극성을 부린다면 인류는 종말을 맞이할지도 모른다는 것이다.
　지금 내가 당하지 않았다고 제3자적인 태도로 방관해서는 안 된다. 물론 일부에서 제기하고 있는, 미국이 오만한 마음을 버리고 반성해야 한다는 말도 일부 수긍을 하게 되는 면이 있다. 그렇지만 그렇다고 몇천, 몇만 명의 무고한 목숨을 앗아가는 테러에 조금이라도 동정을 해서는 안 된다. 지구상 어디서나 무고한 사람을 해치는 테러가 발생해서는 안 된다는 것은 너무나도 분명한 사실이다.
　물론 응징과 보호를 꾀하다가 또 무고한 사람이 죽을 수 있다는 것이 아이러니요 슬픔이지만, 더 큰 희생을 줄이기 위해서 어쩔 수 없이 응징을 해야 할 때가 있다. 그렇기 때문에 폭군에 억

압당하는 민중이 봉기해서 잘못된 지도자를 몰아낼 권리가 있는 것이다.

'역지사지'(易地思之)라는 말이 있다. 남의 처지가 되어 상대방의 입장이 되어 생각해 보는 지혜가 필요할 때이다. 물론 미국도 그렇지만 한국이나 북한의 입장에서도 이번 문제를 어떻게 현명하게 대처하고 처리하느냐에 따라서 위기를 기회로 이용할 수 있어야 한다.

# 수십억 매미 떼의 습격

시카다(cicada)라고 불리는 매미 떼가 극성을 부리고 있다. 17년을 주기로 태어난다는 이 매미 떼의 습격으로 미국이 온통 난리다.

지난주에는 시 보건국장이 특별기자회견을 갖고 "세상에 종말이 온 것이 아니다. 사람에게 특별한 해를 끼치지 않으니 호들갑을 떨지 말라"고 호소했다.

땅 속에서 17년을 기다리다 부화된 매미가 사람들의 생활에 영향을 미치는 것은 다음 몇 가지이다.

첫 번째는, 성경 속에 이스라엘 백성이 애굽에서 나올 때 메뚜기 재앙이 내려서 모든 것을 메뚜기가 먹어치웠다는 것을 연상하면서, 과연 수십억(billions)이라고 표현된 매미 떼가 혹시 나에게 떼를 지어 덤비는 것은 아닌가 하는 공포감이 생긴다.

실제로 고속도로를 운전하다 보면 앞 유리창에 부딪쳐 잔유물을 남기면서 죽어가는 매미들이 늘어가고 있다. 이번 주 초만 해도 10여 분 운전하다 보면 몇 마리 정도였던 것이 주말에는 몇십 마리가 죽어 가고 있으니, 앞으로 얼마나 더 많은 매미들이 늘어날 것인지 공포의 대상이 되고 있다.

두 번째는, 매미가 죽고 난 후에 썩으면서 내는 악취다. 차에 부딪쳐 죽고, 바퀴에 치어 죽고, 길바닥 여기저기 죽어서 나뒹구는 매미들이 썩어가면서 냄새를 내게 된다.

세 번째는, 소음이다. 한 나무에 수백 마리인지 수천 마리인지 매미가 매달려 한꺼번에 울어대면, 이것은 옛날 시골마루에서 정겹게 들던 쓰름~쓰름 하는 매미 소리가 아니고, 100데시벨 정도면 오토바이의 소음과 같으니 듣는 사람들이 짜증이 날 정도로 시끄럽다.

네 번째는, 개나 고양이 같은 애완동물들이 고소한 매미를 주워 먹는데 잘못 먹으면 질식사할 수 있다는 것이다. 물론 사람도 먹을 수가 있다고 하는데, 어떤 사람들은 혐오감을 갖고 부정하고 어떤 사람들은 꼬치에 끼워서 실제로 먹는다고 한다.

각종 루머도 돌아서 만지면 재수가 없고 부정을 탄다고 해서 피하느라고 안간힘을 쓰는 사람들도 있다. 죽이면 법으로 처벌을 받는다는 근거 없는 소문, 보통 매미는 갈색 계통의 눈인데 파란 눈의 매미는 존스홉킨스 의대에서 비싼값에 산다고 해서 대학 당국에서 부랴부랴 사실이 아니라고 해명을 하고 있다. 실제로 5월 27일에 처음으로 버지니아 지역에서 파란 눈의 매미가 잡혔다는 기사도 나왔다.

5~6월에 가장 극성을 부릴 것으로 예상되는데, 오래 손에 잡고 있으면 쓰일 염려가 있지만 그외에는 큰 해가 없다고 한다. 그리고 다음에 매미를 보려면 다시 17년을 기다려야 한다.

# 매미 떼의 습격 – 좋은 교육자료

시카다(cicada)라는 매미 떼의 습격이 많은 화제를 낳고 있다.

그중에 하나가 부모와 어린아이 사이에 생명과 죽음에 대한 좋은 토론자료가 된다는 것이다.

집 근처의 나무나 수풀에도 많이 있지만 숲이 있는 동네 공원에 가면 매미 떼가 옷에 마구 달라붙는다. 어린이의 성향에 따라서 마구 밟아서 죽이는 아이가 있는가 하면, 무서워서 공포를 느끼는 아이들도 있다. 또한 두 마리씩 꼭 붙어 있는 것을 보면서 성교육의 기회로 삼기도 한다고 한다.

그 매미가 알을 낳아서 땅에 묻히면 17년을 기다리다 세상에 나오게 되는데 그 수명이 불과 3주 내외, 어떤 것들은 제대로 자라지도 못해서 길바닥에는 날지도 못하고 기는 것들이 있어서 어린아이들도 손쉽게 잡아서 갖고 놀다가 버린다. 어떤 아이는 유리병 속에 수십 마리를 잡아서 넣었는데 많은 매미가 죽어 버린 것을 보고 죄의식을 느끼기도 했다고 한다.

그래서 부모들은 아이들과 생명에 대한 외경심, 그리고 작은 미물이라도 짧은 생을 살아가고 있는 것을 어떻게 보고 느끼고 생각하는지 서로 대화를 나누는 기회로 삼는다. 그것이 부모의 생각을 일방적으로 아이에게 설명하고 주입시키는 것이 아니고, 아이가 매미들을 보면서 어떻게 생각하는지, 또 어떻게 받아들이는지 아이의 생각을 존중하면서 환경문제, 자연의 섭리에 대해서 교육하는 기회로 삼고 있다.

우리 생활 주변에 일어나는 모든 일들은 좋은 교육자료가 된다는 교훈이다.

# 무덥고 긴 2006년 여름

　살아가다 보면 어떤 때는 몇 달 동안 아무런 일 없이 그저 하루하루 별일 없이 지내는 경우가 많이 있다. 반면에 하루나 일주일 또는 한 달 동안에 평생에 한두 번 경험할 수 있는 그런 일들이 한꺼번에 밀려오는 경우도 있다. 어찌 보면 이번 2006년 여름이 필자에게는 그런 여름이었다.

　금년 2월에 델라웨어 대학으로 영어공부를 하러 오는 조카딸과 함께 장모님이 한국에서 오셨다. 그동안 몇 번 다녀가셨고 또 한국을 방문하면서 뵈올 때는 느끼지 못했는데, 80이 넘으신 노인이란 사실을 다시 느낄 수 있었다. 옛말에 노인이 되면 어린아이와 같이 된다는 말들이 있는데, 노인을 모시고 산다는 것이 얼마나 힘든 일인지 체험할 수 있는 기간이었다. 물론 직접 힘든 것은 없었고 옆에서 바라보기가 힘든 것들이었지만 아내는 엄마의 변한 모습에 적지않게 놀라는 모습이었다. 그리고 자기가 나중에 딸에게 어떻게 비쳐질까 걱정을 하는 것이었다.

　앞으로 얼마나 더 함께 지낼 수 있을지, 아니 그런 기회가 전혀 없게 될지도 모르는 상황에서 잘해드리려고 노력하는 모습이 안쓰럽기도 했지만, 그럴수록 사랑은 내리사랑이라고 자식에게 하는 반의 반만큼이라도 부모에게 할 수 있다면 큰 효자가 될 것이란 생각이 들었다.

　5월은 직장에서도 연중 가장 바쁜 기간이다. 그럼에도 불구하고 하나밖에 없는 형님의, 또 하나밖에 없는 아들이 장가를 간다고 하니 만사를 제쳐놓고 한국에 다녀와야 했다.

　금년에는 막내아들이 방학을 이용해서 한국의 연세대학에서 여름 프로그램으로 한국의 말과 글, 그리고 문화를 배우기 원해서 함께 가기로 했다. 물론 어렸을 때 다녀온 적이 있지만 성장해서는 처음인 막내아들의 한국 방문은 큰 사건임에 틀림이 없다.

　한국에 도착하자마자 짐을 풀어놓고는 시차 극복도 할 겸 드라마에서나 보던 찜질방이란 곳에 가서 밤새도록 자다가 일어났다. 그리고 아들과 많은 대화를 나누는 좋은 시간을 가졌다. 조카 결혼식이 끝나고 은퇴한 처남과 함께 아들을 데리고 동해안을 다녀왔다. 정동진에서 일출을 보지 못한 것이 아쉽지만 오랜만에 처남, 매부지간에 많은 대화를 할 수 있는 좋은 시간들이었다.

　평생 스승 중 한 분인 이광호 박사님은 고인이 되셨지만 오랜만에 사모님을 만나서 살아가는 얘기들, 그리고 옛날 얘기들을 하면서 의미 있는 시간을 가졌다. 그리고 사모님의 권유로 복원된 청계천을 거닐면서 달라진 서울의 모습들을 감상했고, 저녁에는 토고와의 첫 경기를 응원하는 시청 앞 응원단의 일원으로 월드컵 경기를 보려 했는데 아쉽게도 너무 피곤해하는 아들 때문에 경기는 집에 돌아와 봐야 했다. 그래도 시청 앞에서의 월드컵 응원의 열기를 느껴 본 것만으로도 족했다.

　고향에 성묘를 갔다가 처음으로 독립기념관을 찬찬히 구경할 기회가 있었던 것, 미국에서 자라고 MIT에서 학사와 석사를 5년 만에 마치고 한국 실정도 모른 채 한국의 제약업계를 세계적인 수준으로 끌어올려 주는 벤처사업을 한다고 몇 년 동안 한국 와서 고생하는 조카의 무용담(?)을 들으면서 서해안 바닷가에서 질리도록 먹은 조개구이도 잊지 못할 것 같다.

조카들이 물(?)이 좋다면서 데리고 간 홍대입구 노래방과 선술집들, 그리고 넘치는 젊음의 열기로 나도 대학생으로 돌아간 듯한 착각에 빠져 신선놀음 같은 2주간의 휴가를 보냈다.

돌아와서도 바쁘게 시간을 보냈다. 6·25 한국전쟁 행사를 할 무렵에는 어쩌면 성경에 나오는 노아의 홍수 때와 같은 폭우가 몇 날 며칠을 세차게 쏟아졌다. 6월 29일에는 지역사회의 정치인들이 모여서 만든 Metro Political Organization이란 정치단체의 창립 행사가 있었다. 그렇게 길고 긴 여름이 시작되었고, 7월 4일 독립기념일을 전후하여 휴식을 취하면서 좀 정신을 차리게 된 것 같다.

마음은 이팔청춘이요, 항상 39세의 청년 같은 삶을 살기를 원하지만 세월이 흐르면 어쩔 수가 없는 것 같다. 몸이 따라 주지를 않으니…… 작년에도 2주간 홍콩과 한국에서 휴가를 보내고 왔는데 별로 피곤을 느끼지 못했다. 그런데 금년에는 유난히 회복이 더딘 것 같다. 일 년 사이에 많이 늙은 것인지, 아니면 마음이 너무 힘들어서 그랬는지 모르겠다.

# 미국에서 부동산업을 생각하시는 분께

최근 미국에 이민 오신 분이 부동산업에 관심을 갖고 있어서 참고가 되기를 바라면서 몇 가지 생각을 적어 보았다.

필자도 예전에 부동산 면허를 갖고 활동해 본 적이 있다. 몇 가지 참고가 될 사항이 있다.

미국은 소정의 교육 후 시험에 통과하면 면허를 받을 수가 있고, 되도록 하고자 하는 사람에게는 전부 면허를 주려고 하는 사회이다. 면허를 받은 후에 자유경쟁을 통해서 열심히 하는 사람이 살아남는 사회인 것이다.

교육을 받는 곳은 지역의 커뮤니티 칼리지나 성인교육기관이고, 대형 부동산 회사에서 운영하는 부동산학교에서 수업을 받을 수도 있다. 소정의 교육을 받고 나면 공부한 곳에서 대부분 시험 안내를 해준다. 시험에 합격하면 부동산 에이전트가 될 수 있다.

에이전트는 반드시 브로커 면허가 있는 사람의 에이전트로 일을 해야 한다. 경력을 쌓고 브로커(중개인) 면허를 받기까지는 혼자서 일할 수가 없다. 그러므로 좋은 브로커를 만나서 훈련을 잘 받는 것이 중요하다.

대형 부동산 회사 중에 좋은 교육 프로그램을 가지고 체계적인 훈련을 시켜 주는 회사도 있고 그렇지 못한 회사도 있는 것 같다. 개인적인 브로커 중에서도 잘 훈련시켜 주고 여러 가지 지원을 해주는 분들도 있으므로 자신의 형편에 맞는 브로커를 찾는 것도 중요한 일이다.

다른 하나는 고객의 입장에서 생각해 볼 때, 에이전트는 브로커의 도움을 받아서 일을 하기 때문에 새내기 에이전트라고 해도 일하는 데는 별 지장이 없지만, 경험 있고 유능하다고 소문이 난 사람에게 몰리는 경향이 있다. 그렇기 때문에 어느 정도 경험을 쌓고 정착할 때까지는 시간이 걸릴 수도 있고 쉬운 직업은 아니라는 것이다.

솔직하게 내가 집을 사거나 사업체를 구입하는 경우라고 하더라도 평생에 한두 번 하는 큰 투자로 전 재산, 어쩌면 가족이나 친구의 돈까지 끌어모아서 투자를 하는 일생일대의 중요 사업인데 쉽게 결정할 수가 없으리라. 그래서 에이전트에게는 꾸준함과 끈기 있는 노력이 필요한 것 같다.

www.realtor.com, http://www.realtorsbaltimore.com/
전국부동산업자협회 및 볼티모어 지구 부동산업자협회의 홈페이지다.

협회에 가입하게 되면 가장 큰 혜택 중에 하나가 MLS(Multiful Listing System)이라고 하는 시스템을 활용할 수 있다는 것이다. 회원들이 고객으로부터 판매를 의뢰받은 집과 사업체, 토지 등을 종합적으로 관리하는 시스템이다. 실제로 매매를 위해서만이 아니라 이미 매매가 이루어진 기록들도 있어서 판매 가격 결정이나 기타 참고, 통계 등의 자료로도 활용이 된다.

# 지구촌의 개발과 평화에 앞장서는 한민족이 되었으면

새해가 밝았다.

똑같은 시간이지만 이렇게 의미를 부여하고 각오를 새롭게 하는 것이 인간만이 가진 특권이라고 생각한다.

개인적으로나 국가적으로 또 민족적으로 지난해를 돌아보면서 새해 계획을 세우고 마음을 새롭게 다지는 때이다.

지난해에도 참 감사한 일들이 많았다.

아직도 마음은 팔팔한 청춘인데, 벌써 인생의 중반을 넘어서 옛날 같으면 말년을 준비해야 할 시기다.

이종남 씨(전 통계청장, IMF 상임이사) 칼럼에서 읽은 말로 공감하는 말이 있다. 예전에는 30+30+α, 즉 30년을 준비해서(성장해서), 30년간 일하고, 남은 여생을 은퇴자로 보내는 인생에서 이제는 30+30+30, 즉 30년간 준비하고, 30년간 일하고, 30년간의 은퇴생활을 해야 하는 시대가 되었다는 것이다.

그런 관점에서 본다면 아직도 한참 남은 인생이니, 무엇이든 꿈꿀 수 있는 나이라고 보겠다. 그렇다면 무엇인가 보람 있는 일로 계획을 세워 봐야 하지 않나 하는 생각을 해본다.

새해에는 개인이나 국가나 민족, 그리고 내가 지금 살고 있는 이 지역사회, 그리고 더 나아가 지구촌 구석구석에 평화와 번영이 있기를 바란다. 어렵고 힘겹게 생활하고 있는 저개발국가 사람들, 특별히 북한에서 힘들게 살아가고 있는 내 동포들의 삶의 질이 획기적으로 개선될 수 있는 새해가 되기를 기원해 본다.

조국이 그리고 내 민족이 이런 일들에 앞장설 수 있기를 바란다. 세계 경제대국으로 성장한 대한민국이 우리만 잘 먹고 잘살기 위해서가 아니라, 이젠 인류의 역사에 기여할 수 있는 민족이 되기를 바란다.

개개인이 열심히 살아가다 보면 가정과 집안과 지역사회, 나아가 민족과 국가가 풍요로워지고 평화가 임할 것이다.

다 함께 새해에 새로운 각오를 다져 보면서 힘을 내자.

아~~자~~!

3T 교육(1)

# 재능 개발

　신이 인간에게 부여한 세 가지 선물이 있다. 인간에게 부여한 이 선물을 어떻게 활용하느냐에 따라서 인생이 달라진다. 저마다 다르게 독특하게 부여해 준 탤런트(재능: talent), 너무도 불공평하게 나눠 준 재물(treasure), 그리고 아주 공평하게 나눠 준 시간(time), 결국 어릴 적부터 받은 교육과 훈련대로 이 세 가지 선물을 어떻게 관리하고 사용하느냐에 따라서 각자의 인생이 달라진다.
　인간이 자기의 재능을 어떻게 개발하느냐 하는 문제도 사실은 태어난 시대와 국가, 지역에 따라 천차만별이다. 주로 학교교육을 통해서 언어, 수학, 과학, 예능, 운동 등 자기의 소질을 발굴하고 개발하는 데 온 정력을 기울이는 것이다. 물론 학교 외적인 교육이 - 가정교육이나 사회교육 등 - 더욱 중요하다는 얘기를 누차 강조했다. "봄에 씨를 뿌리지 않으면 가을에 후회한다"라고 하여, 젊어서 재능 개발을 게을리 하면 평생 고생하고 말년에 후회한다고 가르쳐왔다. 그래서 젊어서 공부를 열심히 할 것을 권고해 왔다.
　인간에게 주어진 재물은 참 너무도 불공평한 것 같다. 태어날 때부터 부모의 부의 정도에 따라 삶에 많은 차이가 나는 것은 말할 것도 없고, 성장해서도 부는 자신의 노력만 갖고 되는 것이 아닌 것 같다. 그래서 조그만 부자는 자기의 노력으로 되지만, 큰 부자는 하늘이 내야 한다는 말들을 옛부터 해왔다. 학교에서 공부를 잘했다고 돈을 잘 버는 것도 아니고, 젊어서 부자라고 말년까지 부자로 산다고 보기도 어렵다.

결국은 얼마나 많이 가지고 있느냐보다는 자기가 갖고 있는 것에 만족할 줄 알고, 갖고 있는 것을 최대한으로 지혜롭게 사용하는 것을 배우는 것이 중요하다.

시간은 누구에게나 1년 365일, 하루 24시간, 1시간 60분이 주어진다. 더 가질 수 있는 사람도 없고, 덜 가질 수 있는 사람도 없다.

하지만 어떻게 재능을 개발하고 가진 재물을 사용하느냐에 따라서 그 사용은 천차만별이다. 시간당 기본급료 5~6달러를 받으며 일하는 사람들이 있는가 하면, 시간당 500~600달러는 받는 전문 직업인들도 많다. 그런가 하면 재물을 많이 투자해서 더 많은 돈을 버는 사업가들이 있다. 자기가 가진 재능이나 재물을 어떻게 활용하는가에 따라서 엄청난 격차를 가지고 시간을 사용하게 되는 것이다.

3T 교육(2)
# 재물 관리

　인간에게 가장 중요한 교육이 3T(talent, treasure, time)를 개발하고 관리하는 것을 가르치고 훈련시키는 것이라고 했다.
　그중에 재물 관리는 자본주의 사회에서 무엇보다도 관심이 많고 흥미를 갖게 된다. 그런 연고로 여러 부문에서 고찰한 방법들이 많다.
　재산을 관리하는 데 있어서 가장 고전적이고도 확실한 가르침은 '재산의 3분법'이다. "계란을 한 바구니에 넣지 말라"고 하는 이유는 언제 어떤 경우라도 한 번 실수로 쪽박을 차는 신세가 되지 않기 위해서이다. 수익은 적더라도 아주 안전한 곳, 안전하지는 않더라도 투기성이 있어서 대박을 터뜨릴 만한 곳, 그리고 그 중간쯤 되는 곳, 이렇게 세 곳에 분산해 놓으면 대박이 맞아서 떼돈을 벌 수도 있겠고, 아니면 다 날려 버려도 안전하게 남겨 둔 것을 가지고 알거지 신세는 면하고 살아갈 수 있다는 것이다.
　다른 면에서는 '언제나 필요할 때 쓸 수 있는 현금, 필요할 때 마음대로 쓰기는 어렵지만 도둑맞을 염려가 없는 부동산, 당장은 못 찾아 써도 환금성이 있는 적금이나 채권 등'으로 투자하라고 구분하기도 한다.
　교회에서는 재물 관리를 어떻게 가르치고 있는가? 그것이 바로 십일조다. 성경에 나오는 십일조, 소득의 10분의 1을 하나님의 것으로 구별해서 헌금이나 헌물을 하라는 하나님의 명령이다.

과연 오늘날과 같은 시대에도 옛날처럼 십일조가 가능한가? 월급을 받는 사람은 총액의 10분의 1인가, 아니면 세금이나 필요한 경비를 제하고 난 10분의 1인가? 장사하는 사람들은 총매상으로 따져야 하는가, 아니면 제경비를 뺀 순수익의 10분의 1인가? 말을 만들면 한도 없고 끝도 없는 질문들이다. 대답은 '믿음으로 드리는 십일조'다.

성공한 크리스천 사업가 중에는 수입의 10분의 9를 헌금하고 10분의 1만 가지고 풍족하게 살았으면 좋겠다는 사람이 있다. 자신이 쓸 수 있는 만큼 풍족하게 가질 수 있다면 10분의 1이든 10분의 10이든 중요하지 않을 것이다. 그래서 마음에서 우러나 헌금하는 믿음의 십일조가 중요하다고 가르친다.

실제적인 면에서 정확하게 계획하고 기록하고 생활하는 사람들이 생각보다 적은 것 같다. 재물을 관리하기 위해 계획을 세우고, 10분의 1을 계산해서 하나님께 헌금하고, 나머지 10분의 9를 유용하게 사용할 수 있다면 10을 가지고 계획도 계산도 없이 사는 사람보다 훨씬 규모 있게 짜여진 살림을 살 수 있을 것이다. 교회가 십일조를 강조하는 것은 재물 관리 교육을 하기 위한 방법이라고 생각한다.

재물 관리 교육(1)
# 돈 버는 방법 세 가지

어떻게 하면 돈을 많이 벌 수 있을까? 자본주의 사회에서 돈의 위력은 대단하다. 그렇기 때문에 어디를 가든 무엇을 하든 돈 타령들을 한다. 직업에는 세 종류가 있다. 하기 싫어도 돈을 벌기 위해서 해야만 하는 직업, 돈은 좀 덜 벌더라도 자기가 좋아서 하는 직업, 돈하고는 상관이 없더라도 하나님이 주신 사명이라고 생각하고 하는 직업이다. 그러나 어떤 경우를 막론하고 돈의 역할이 중요하지 않다는 것은 아니다.

돈을 버는 방법에도 세 가지가 있다.

첫째는, 자기 몸으로 버는 방법이다.

막노동판에서 힘든 일을 하든, 이민 비즈니스라고 하는 가게를 하면서 오랜 시간 동안 가게 일을 하든, 자기 몸으로 열심히 일해서 노동의 대가를 벌어들이는 것이다.

많은 이민자들이 고급 학력에도 불구하고 영어가 맘대로 되지 않아서, 그리고 사회제도에 익숙하지 못해서, 또는 빨리 경제적인 안정을 찾기 위해서 학력과 경력을 제쳐두고 이민 비즈니스를 하는 것은 결국 노동으로 돈을 버는 방법을 택했기 때문이다. 어찌 보면 가장 확실하고 실패할 확률이 적은 방법이다.

두 번째는, 자본주의 특성상 돈이 돈을 버는 법이다.

은행이나 주식에 큰돈을 투자해서 수익을 올리는 것을 제외하고라도 대규모 상점이 돈을 버는 것은 결국 돈을 가지고 돈을 버는 것이다. 대량구입으로 물건을 싸게 구입할 수 있고, 또 규모가 크기 때문에 적은 이윤을 붙이더라도 큰 이익을 남길 수가 있다. 반면에 적은 규모의 사업일수록 부대비용이나 기본적으로 지출해야 하는 비용이 많기 때문에 사업운영에 어려움을 겪는 경우가 많다.

미국에서 새로 창업하는 사업의 70~80%가 1~2년 내에 망한다고 한다. 망하는 주요인은 사업을 시작해서 수익을 낼 때까지 지출되는 비용을 감당할 수가 없어서이다. 결국 사업을 시작하고 예상보다 수지가 맞지 않아 운영이 어려워지고 시간이 많이 걸리면 감당을 못하고 문을 닫게 된다는 것이다. 결국 돈이 되는 좋은 사업은 돈 많은 사람이 인수를 해서 돈을 벌고, 전망이 불투명한 사업은 망하게 된다는 것이다.

한국사람이 넘어야 할 벽이 바로 동업이다. 자본주의 사회의 가장 큰 강점은 동업을 통한 대형화다. 주식을 통해서 많은 사람의 돈을 모으는 것도 결국은 동업의 한 형태라고 본다. 그런데 한국사람들은 옛날부터 부자지간에도 동업하지 말라고 가르쳐 왔다. 서로 믿지 못하고 분쟁으로 이어지기 쉬운 돈 문제를 아예 근본부터 없애려고 하는 충고지만, 미국에 와서 큰 비즈니스를 하기에는 큰 장애요인으로 작용을 했다. 다음 세대에 가면 그런 잠재의식이 사라져서 좀 더 큰 비지니스를 하게 되지 않을까 기대를 해본다.

세 번째는, 다른 사람이 벌어 주는 것이다. 사람을 이용해서, 나쁜 의미의 '이용'이 아니고 결국 다른 사람이 돈을 벌어 줘야 큰 돈을 벌 수 있다는 말이다. 미국에서 큰 부자나 사업을 하는 사람들 중에 자기가 직접 일해서 돈을 버는 사람들이 얼마나 되는가? 대부분 매니저에게 맡겨 두고 주인은 전면에 나서지 않는다.

한국에서는 요즘 '상도'라는 드라마를 통해서 장사는 돈을 남기는 것이 아니라 사람을 남기는 것이라는 얘기들을 많이 한다. 눈 앞의 이익만을 탐하는 장사는 결국 한계가 있지만 사람을 남기는 장사를 하면 무한대로 뻗어나갈 수 있다는 말이다.

사람을 믿지 못하면 크게 성장할 수가 없다. 그러나 세대가 악하다 보니 남을 무조건 믿다가 발등을 찍히는 사람들이 주위에 많다. 지혜가 필요한 이유다.

무엇을 하든 자기의 노력 없이 이루어지는 것은 없다. 그러나 남보다 많이 버는 데는 자기의 노력으로는 한계가 있다. 큰 부자는 하늘이 내야 하고, 작은 부자는 자기의 노력에 달렸다고 했다. 주어진 재물에 만족하고 효과적으로 사용하는 법을 배우는 것이 마음이 부자가 되는 방법이다.

재물 관리 교육(2)
# 무슨 산업이 발달할까

　연전에 들은 산업발달에 관한 흥미 있는 얘기를 소개하고자 한다.
　세계 제2차 대전이 끝나고 먹을 것이 부족해지자 사람들은 본능적으로 가장 먼저 식량을 구했다. 한국에서도 한국전쟁으로 폐허가 된 후에 백성들의 먹거리를 해결하는 것이 중요한 문제였다. 지금은 상당히 고급화된 것들도 많이 있지만 당시에 라면은 농민이나 공장 노동자, 도시 근로자를 막론하고 중요한 식사대용품이었다. 정부가 PL480이라고 하는 법에 의해 잉여농산물을 구입해서 해외에 대규모 원조를 한 것도 식량산업의 발달과 연관이 있다고 본다.
　먹거리산업이 발달하고 다음으로는 패션(의류)산업이 발달한다. 물론 한번 발달한 산업이 다른 산업의 발달로 쇠퇴되는 것은 아니다. 인간의 생활이 향상되고 개발될수록 한 산업에 더해져 새로운 산업이 발달되어 간다. 패션산업이 발달되었다고 해서 식품산업이 위축되는 것은 아니라는 말이다.
　먹고 입는 것뿐만이 아니라 자동차와 비행기 산업이 발달하면서 세계의 지구촌화 전초작업으로 지금 같은 정보통신혁명의 선행단계가 되었다고 본다. 먼저 자기 동네부터 정복을 했다고나 할까?

먹고 입는 생활이 윤택해지니까 자연히 건강하게 오래 살고 싶다는 욕망을 갖게 되었고, 그래서 건강산업이 발달하기 시작했다. 건강식품, 건강보조제품, 건강을 위한 각종 의학기기 등 그 덕분에 인간의 수명이 늘어나자 노인들을 위한 실버산업이 발달을 한다. 더구나 인간의 건강이 개인 건강만을 챙기는 데는 한계가 있다는 것을 깨닫고 환경문제와 씨름하게 된다. 더불어 함께 살아가기 위해서 환경을 보존하고 이용해야 한다는 것이다.

인간의 육신의 건강과 장수를 위한 노력들이 계속되어 왔고, 그에 관련된 인간의 정신세계 발달을 추구하는 학문들이 뒷받침되어 왔다. 흔히 말하고 있는 정보통신, 환경, 생명공학, 우주공학 분야가 계속해서 발전해 나갈 산업분야라고 한다.

인구가 초만원을 이루면 지구에 종말이 올 것인가, 아니면 다른 행성으로 이민을 꿈꾸어 항공 우주산업이 발달하고 우주여행을 위한 산업이 발달할까?

개인이 돈을 벌고 일상생활을 유지해 나가는 것은 산업발달의 추이와는 별로 상관이 없는 경우가 많다. 이미 발달되어 있는 산업 중에서 나에게 적합한 것을 하나 골라 평생을 먹고 살아도 별지장이 없는 것 같다. 하지만 중요한 것은 어떤 것들은 계속 유지되지 않고 곧 사양산업이 되어 버린다는 것이다. 그러므로 무엇을 하든 자기가 소속된 분야에서 게으름을 피우지 말고 계속 공부를 해야 살아남는 데 지장이 없을 것이다.

# 풀뿌리 민주주의-
# 정치참여와 권익 옹호

미국에서는 투표를 하러 가면 적어도 10여 가지, 많을 때는 20여 가지의 질문에 답을 해야 한다. 많은 동포들이 시민권을 받고 유권자 등록을 하고 설레는 마음으로 투표장에 갔다가 투표 용지를 보고는 기겁(?)하고 다음부터는 아예 가기를 포기했다는 말을 들은 적이 있다.

연전에 볼티모어 시장 선거를 도와준 적이 있다. 실질적으로 한인으로서는 처음이라고 생각이 되는데, 한 블록을 책임지는 블록 캡틴을 경험해 봤다. 우선 그 블록에 해당되는 유권자의 명단이 나온다. 그리고는 그 사람이 누구에게 투표를 했는지는 비밀이니 알 수가 없지만, 매년 그것도 예비선거와 본선거에 투표를 했는지 여부는 볼 수 있다. 그리고는 선거전략을 짜면서 ABCD 등급을 매긴다. A등급은 매년 두 번 다 빠지지 않고 투표에 참여하는 사람이다. 사실상 이런 사람들은 대부분이 지역 클럽이나 정치위원회에 소속된 사람이다. 예를 들면 XXX 지역 민주당 클럽, 또는 공화당 클럽 아니면 직업단체의 PAC(Political Action Committee) 등이다. 실제로 이런 사람들이 100명만 모이면 미국에서는 어떤 선거직 공무원도 찾아온다는 것이다.

연방상원의원, 하원의원, 주지사, 주 법무총장, 주 상원의원, 하원의원, 시장, 군수, 시나 군(카운티)의 의회의원, 시 검찰총장, 재무관, 보안관 등 또한 일부 판사들까지, 이런 많은 사람들을 직접선거에 의해 선출하게 되니까 이들이 표를 얻으려고 찾아다니게 된다. 결국 미국의 정치를 움직이는 사람들은 이런 사람들이라고 말할 수 있다.

B등급은 가끔은 한 번씩 빠지지만 그래도 꾸준히 선거에 참여하는 사람들, C등급은 가끔 투표에 참여하는 사람들, D등급은 거의 투표를 하지 않는 사람들이다. 물론 정치인들 입장에서 보면 A등급 사람들이 가장 영향력 있는 사람들이다. 그리고 선거운동에서도 이들에게 전화를 걸고 홍보물을 보낸다. 이런 그룹에는 찾아가서 연설도 하고 정성을 들인다. 하지만 나머지 그룹들은 참여도에 따라서 대접을 한다. 겉으로야 그런 표현을 안 하지만 속으로는 뻔히 들여다보고 있는 내용이기 때문이다.

다른 한편으로는 시민권자들에게 유권자 등록 캠페인을 벌여서 당원 늘리기를 한다든지, 투표참여가 저조한 사람들을 독려해서 참여하도록 만드는 일도 열심히 한다. 미국은 유권자 등록 시 공화당, 민주당, 무소속을 표시하게 되어 있다. 그래서 9월의 예비선거(참고: 2015년 메릴랜드 주는 5월로 예비선거를 바꾸었다. 주마다 예비선거 일자는 다르다. 11월 대통령선거 등 본 선거에서 영향력을 확대하기 위해서 주마다 경쟁적으로 예배선거 일자를 앞당겨서 문제가 되기도 한다)에서는 자기 소속당의 후보를 뽑는 선거를 한다. 예비선거에서 뽑힌 당 후보들을 놓고 11월 본선거에서 최종 선거를 하는데, 메릴랜드의 경우에는 절대적으로 민주당원으로 등록한 사람이 많기 때문에 민주당 후보경선에서 이기면 거의 당선된 것으로 인정을 받기도 한다.

　한인 동포들의 현황은 아직도 초기단계를 벗어나지 못했다. 한인회 같은 한인 대표기구가 정확한 한인 숫자 파악을 못하고 있고, 더구나 유권자 파악은 더욱 어려워서 실질적으로 정치적인 영향력을 행사하는 데 많은 문제가 있다. 몇 번 민주당 클럽이나 공화당 후원회 같은 기구들이 생겨나긴 했지만 지속적인 활동을 제대로 못하고 있는 형편이다. 특별히 많은 동포들이 미국 투표 제도에 익숙하지 못하고 시간이 없다는 핑계로 참여를 게을리하기 때문이다. 지난 몇 년간 캠페인을 벌여 참여율이 높아지고 있다고 하지만, 아직도 조직적인 노력으로 한인 동포들의 권익을 옹호하기는 어렵다는 것이다.

　미국 정치에 대한 교육이 얼마나 중요한 것인지 설명하려고 한다. 규모 있는 사업체를 운영하면 그것이 식품업이든 술 가게든 선거 때가 되면 위에 열거한 사람들을 만나게 된다. 특별히 당 후보를 뽑는 예비선거에는 많은 사람들이 난립해서 미국 정치에 익숙하지 않은 동포들은 정치헌금을 해달라는 손길을 어떻게 처리해야 할지 몰라서 곤욕을 겪는 경우가 많다. 어떤 경우에는 10~20달러 인사치레만 해도 될 곳에 100~200달러로 기분을 내는가 하면 동네에서 유력한 사람을 문전박대했다가 나중에 곤욕을 겪는 경우도 있다.

　처음에는 10달러 정도 헌금을 요구했다가 내는 사람들을 상대로 50달러, 100달러, 100달러 내면 500달러짜리 티켓을 요구한다. 물론 돈을 내면 돈을 내는 값만큼 대우를 하는 것도 사실이다. 그래서 클린턴 대통령 때는 정치헌금을 한 사람들의 파티에 대통령이 가서 아들, 손자들과 어울려 놀아 주면서 사진도 찍어 주고, 백악관에 하룻밤 잠을 재워 주면서 정치헌금을 거둬들이기도 했다. 비단 클린턴 때만 그런 것이 아니고 미국 정치의 현주소가 그런 셈이다. 그런 것을 좀 더 노골적으로 해서 사람들 자존심을 좀 구겼다는 것 때문에 몰매를 맞았다.

한인 동포들의 정치적인 영향력을 강화시키기 위해서는 시민권을 받고 투표에 참여할 뿐만 아니라 정치단체를 만들어 끊임없이 목소리를 내고 정치참여를 해야 한다.

'나 하나쯤……' 하는 안일한 사고가 전체 한인들의 위상 제고에 방해가 된다. 시간을 내고 적은 돈이라도 모아서 집중적으로 지원할 때 권익을 찾을 수 있다.

결국 정치인이란 국민의 세금을 분배하는 사람인데, 선거자금을 1만 달러를 대주고 나중에 세금 집행할 때 10만 달러, 100만 달러 혜택을 보는 것이 정치참여다.

# 두 여중생 사망 사건의 어제, 오늘, 내일

 사건이 커지고 여러 가지 사정들이 얽혀서 복잡해지면 사건의 본말이나 진정으로 중요한 사항은 소홀히 되고 지엽적인 것, 부수적인 것들에 얽매여 큰 일을 그르칠 수도 있다는 생각이다.
 나름대로 이번 사건을 이렇게 정리해 보았다.

 어제 – 미군에 의해서 두 여학생이 무참히 살해됨. 옛날 같으면 제대로 보상도 못 받고 그럭저럭 처리됨. 주 요인은 북한의 남침위협 또는 남침위협을 이용하는 정치권의 농간으로 미군이 철수하면 당장 전쟁이 나고 죽는 것으로 생각함.

 오늘 – 두 학생의 죽음을 슬퍼하면서 한국전쟁 이후 한국과 미국의 불평등 조약에 대한 개정이 이번 기회에 이루어져야 한다고 생각하며 재판무효, 부시 대통령 사과, 소파(SOFA) 개정을 요구함. 주요인으로는 남북관계의 진전, 부시의 북한강경정책에 대한 항의, 한국의 경제적 위상 제고, 한국사회의 변화 특히 인터넷의 발달을 통한 정보공유와 확산을 통한 시민운동의 조직화.

내일 – 한미 관계가 전쟁을 통해 구원해 준 은인과 수혜자의 관계가 아니고, 새로운 지구촌시대에 서로 도와주고 더불어 살아가는 민주주의와 자본주의의 동반 파트너로서 평등한 관계 정립.

물론 한 사건이 일어나는 데 많은 현실적, 잠재적 요인들이 있을 것으로 생각한다. 이런 문제들을 한꺼번에 원하는 대로 해결하기는 쉽지 않다. 그러나 큰 물줄기를 바꿔 놓을 수 있는 계기는 작은 일에서 출발한다. 이번 두 여중생의 희생이 새로운 한미관계를 정립하는 계기가 되어야 할 것이다.

주의할 것은 이런 것들이 일부 불순분자들에게 악용되지 않도록 다 함께 조심해야 할 것이다. 그것이 대통령 후보든, 길거리의 소매치기든, 아니면 그동안 데모거리를 찾지 못해 방황하던 공부하기 싫은 학생이든, 무조건 데모를 원하는 데모꾼들이든, 누구든지 민족의 역사 앞에 부끄러운 일들을 하지 못하도록 온 국민이 다 함께 감시하고 노력해야 할 것이다.

지엽적인 문제들을 가지고 수사를 위해서 소환을 한다든지, 초동수사에 참여한다든지 하는 잔가지를 치는 소파 개정보다는, 보다 근본적인 해결책을 생각해 보는 것이 한 차원 높은 뜻에서 그들의 죽음을 헛되이 하지 않는 것이라는 의견이다.

가장 근본적인 문제는 남북한의 대치상황이라고 생각한다. 남북정상회담을 하면서 평화조약이든 불가침협약이든 한반도에서 전쟁이 일어나지 않도록 장치를 마련했더라면 좋았겠다는 생각이 든다. 이미 지나간 일이라고 접어 둘 것이 아니고 지금이라도 한반도의 평화정착을 위한 남북간의 노력이 가장 중요한 일이라고 생각한다.

물론 그동안 냉전체제하에서 우리가 도움을 받았던 것은 고마운 일이지만 그것 때문에 발목을 잡고 언제까지나 빚쟁이마냥 특별한 대우를 받기를 원해서는 안 된다. 또한 지구촌시대에 한국의 경제적인 발전이나 시장개척을 위해서도 미국을 적대세력으로 만들어서는 안 될 것이다. 감정적으로 All or Nothing 하는 식으로 흑백을 가릴 것이 아니고 현명한 대책이 필요한 때이다.

그렇게 하는 것이 두 여학생의 죽음을 헛되이 하지 않고, 진정한 한미관계와 새로운 세계질서 속에서 한국의 위상을 되찾는 귀한 계기가 될 것이다.

# 여중생 사망, 진실을 밝히는 것이 중요하다

사람은 누구나 실수를 할 수 있다. 그리고 인명은 재천이라고 했다.

인간은 누구나 자기의 인생을 행복하게 살아갈 권리가 있다. 실수가 아니고 고의적으로 남의 생명을 해치거나 남에게 해를 입혔다면 그에 응분한 처벌을 받아야 한다. 더구나 국가 간에 불평등한 조약에 의해서 그런 일들이 벌어졌다면 그것은 민족적인 자존심 회복을 위해서 불평등조약을 개정해야 한다. 〈한국일보〉 장명수 씨가 '반미'가 아니고 '민족의 자존심을 회복하는 운동'이라고 규정한 것은 아주 적절한 표현이라고 생각한다.

미선이와 효순이의 죽음에 대해서도 과연 미군들의 고의성이 있었는가? 부시가 얘기하는 것처럼 미군은 한국인에 대한, 그들의 생명에 대한 존경심이 있는데, 공무수행을 하다가 어쩔 수 없는 상황에서 사고방지를 위해 최선을 다하고도 피할 수 없이 사고가 일어났을까?

아니면 이솝 우화에 나오는 것같이, 연못에 돌 던지는 어린아이에게 당신은 장난이지만 우리는 목숨이 왔다갔다하는 심각한 문제라고 호소하는 개구리처럼, 사람 대 사람으로서 평등한 관계가 아니고 인간과 개구리처럼 근본적으로 불평등한 입장은 아닌지, 그래서 돌 던지는 악동이 되어 살인을 하고도 처벌을 받지 않은 경우가 된 것은 아닌지 확인을 해야 한다.

그리고 전 세계에 보다 확실하게 말해야 한다. 단순한 사고사로 죽은 사람을 놓고 우리가 억지를 부리는 것이 아니고, 근본적으로 불평등한 관계, 사고처리 과정의 불공평한 내용, 사고를 내고 저희들끼리 재판을 하고 무죄로 풀어준 과정 등을 분명히 밝혀 줘야 하는데 그런 노력이 부족하니까 큰 호응을 얻는 데 시간이 걸리는 것이 아닌가?

만약 미군들의 못된 소행이 사실로 밝혀진다면, 미국이나 세계의 언론이나 여론이 훨씬 확실하게 그리고 강력하게 한국의 입장을 지지하고 한국이 요구하는 모든 조건들을 수용하도록 촉구할 것이다.

차라리 이것이 사실이 아니기를 바라지만, 진실은 밝혀져야 한다.

탱크 운전병이었다는 이기환 씨가 적어 놓은 글에는 미군들의 실수가 아니고 고의성이 있었고 사고 후 사고를 은폐하려 했다는 주장이 담겨 있었다(www.christiantoday.net).

## 파병과 반전-서로의 분명한 이유와 입장을 밝혀야

왜 인간들이 살아가는 곳에는 분쟁과 전쟁이 끊이지 않는가? 인간의 욕심 때문인가? 개인이든 민족이나 국가의 지도자든 그들의 욕심이 서로에게 상처를 주고 죽고 죽이는 전쟁을 하게 하는가? 아니면 정의 때문인가? 사회악을 치료하는 필요악인가?

제2차 세계대전은 어떻게 정의하고 해석할 것인가? 한국전쟁은 또 어떻게 정의하고 해석할 것인가? 제2차 세계대전을 통해서 일본의 식민통치에서 해방이 되었고, 한국전쟁을 통해서 한국과 미국이 상호방위조약을 맺고 그 우산 아래서 경제를 발전시켜 오늘에 이르지 않았는가?

월남전쟁과 이번 이라크 전쟁 파병을 놓고 모양새는 다르지만 결국 젊은이들의 핏값을 담보한 파병 지원에 따른 경제적인 이익이 목적이든, 아니면 전후에 복구사업을 통한 경제적 이익이든, 국가의 이익을 위한 결정이라면 그 결정에 따른 손익계산서를 작성해 봐야 하는 것이 아닐까?

파병을 찬성하는 사람들은 미국과의 상호방위조약에 근거한 우호관계 유지(미국은 지금 테러와의 전쟁 중이다), 자유민주주의의 옹호자로서 이라크의 독재자 밑에서 고생하는 민중들의 해방전쟁

참여, 이라크의 석유와 자연자원을 개발하는 데 참여하기 위한 경제적인 이익 획득, 현실적으로 세계경제에서 미국의 역할이 얼마나 영향력을 가지고 있으며 한미간의 관계가 한국 경제에 어떻게 영향을 끼칠 수 있는지 등등, 이런 모든 것들이 복합적으로 고려되어서 국가 이익에 어떻게 도움이 될 것인지 설명을 해야 할 것이다.

 파병을 반대하는 사람들은 남들이, 또는 외국에서 다수가 반전을 외치니까 부화뇌동해서는 안 된다. 왜 미국이 명분 없는 전쟁이라고 생각하는지, 유엔 안보리 이사국들이 전쟁을 반대하는 이유는 무엇인지, 과연 반전을 주장하는 사람들은 이라크의 독재로 인한 폐해에 대해서 어떻게 생각을 하는지, 이라크 전쟁 이후에 세계 정치와 경제는 그리고 북한 문제에 대해서 어떻게 전망하고 있는지, 파병을 하지 않음으로써 얻게 되는 실익이 무엇인지를 설명해야 한다.

# 학원의 병영화, 병영의 학원화

　나랏일을 보시는 분들이 많은 시간을 국가 발전을 위한 연구와 시행에 보내고 있으니 잘할 것으로 기대를 하지만, 때로는 작은 아이디어가 세상을 바꿔 놓을 수도 있다고 믿기 때문에 몇 가지 제안을 하려고 한다.
　대학에 다닐 때는 유신정권의 말기였다. 박정희 대통령의 장기집권 기반이 민주화운동으로 흔들리게 되어 각종 방법을 동원해 사회를 통제하던 시기였다. 그중에 하나가 바로 학원을 병영화한다고 비난을 받던 학도호국단 제도였다. 학생회 조직을 군대 편제처럼 해서 예비군들과 함께 유사시 군인으로 동원하기 위해서 군사훈련을 하고, 편제를 그렇게 만들어 학생회장을 종합대학은 사단장, 단과대학은 연대장, 학과대표는 중대장, 학년 대표는 소대장 이렇게 불렀다.
　내가 다닌 국민대학은 종합대학 규모이면서도 종합대학 인가가 나지 않았다는 이유로 학생회장은 연대장, 부회장을 맡았던 나는 부연대장으로 불렸다. 단과대학 학생회장들은 그것이 싫어서 '최고학생제대장 또는 최고학생부제대장'이라는 명칭을 사용했다. 즉 적어도 자기 학교에서는 학생조직 중 최고위직이라는 뜻이었다. 물론 다른 종합대학 학생회장과 직위에 격차가 없다는 것을 내세우고 싶은 마음이 있었을 것이다. 어쩌면 군대 냄새가

나는 사단장이나 연대장보다 언어를 순화해서 사용하고자 하는 마음이 있었는지도 모른다.

물론 하고자 하는 얘기가 학생회장의 명칭 문제가 아니다. 그것은 양념이고, 이제는 그것을 거꾸로 적용을 해보자는 얘기다.

한국은 두 가지 큰 문제점을 가지고 있다. 모든 문제점은 반대로 장점이 될 수도 있다.

인구와 국토 문제다. 국토에 비해서 인구가 많다는 것이다. 한국사회가 갖고 있는 모든 문제의 근원이 여기에 있다고 본다.

광활한 대지를 갖고 있는 미국, 무한정 이민을 받아들여서 함께 살아도 좋을 만큼 자원과 취업의 기회가 많은 미국, 이런 미국이기에 어려서부터 마음껏 자기의 재능을 개발하고 능력껏 안심하고 살아갈 수 있는 사회, 무슨 일을 하든 은퇴할 때까지 열심히 일하면 남은 여생을 사회보장연금으로 안락하게 살 수 있도록 보장된 나라, 어쩌면 미국이 살기 좋은 사회라는 것은 이런 이유 때문일 것이다.

억지로 자기의 능력에 넘치도록 스트레스를 받으면서 공부하지 않아도, 자기 능력껏 공부하고 그 정도에 맞는 직장에서 돈을 벌면서 즐기며 인생을 살아도 부족함이 없다는 것이다. 그런 사회가 미국사회다.

반면에 한국은 어려서부터 많은 인구 때문에 치열한 경쟁을 하지 않으면 안 된다. 입시지옥이 되는 것도, 그 말 많은 대학입학문제, 취업경쟁문제, 어린이 조기교육문제 모두가 자녀들이 나중에 보다 잘살기를 바라는 부모의 마음 때문에 일어나는 일이라고 단정해도 좋지 않을까? 그 문제에 자신이 없으니까 아예 결혼도 하지 않고, 자녀도 낳지 않으려고 하는 새로운 풍속도가 생겨난 것은 아닌가?

결론부터 얘기를 한다면, 한국이 살아남을 길은 이런 국민들이 마음놓고 자손들을 낳고 – 민족이 번성해야 되니까 – 그 사람들이 잘 살아갈 수 있도록 삶의 터전을 넓혀 주는 것이다.

한국이 오늘날같이 발전하게 된 것은 그와 같은 치열한 경쟁에서 이기기 위한 교육열로 훌륭한 인재들을 많이 길러냈기 때문이라고 본다. 그렇다면 앞으로도 살아남을 길은 교육에 있다.

많은 인구를 교육해서 활용할 수만 있다면 많을수록 좋은 것이 아닌가? 인구가 적으면 세계 역사 속에서도 한정된 역할밖에는 못할 것이다. 당연히 많이 낳아서 걱정 없이 잘 키울 수 있는 노력을 정부나 국민 모두 해야 할 것이다.

옛날 시골에서, 교육을 제대로 받지 못한 사람이 군대에 갔다 오면 똑똑해지고 사람 되어 돌아온다는 말을 종종 했다.

개인적으로는 이제 한국이 징병제도에서 모병제도로 전환할 때가 되었다고 생각하지만, 현실적인 어려움 때문에 차라리 군대를 학원화해서 가정환경이 어려워서 공부하지 못한 사람, 게으르고 공부하기 싫어서 학교를 그만둔 사람들을 교육시키는 교육기관이 되었으면 좋겠다는 생각이다.

전 세계에서 어느 나라에서든 대학교육까지 의무교육인 나라는 아직 없다. 미국에서도 고등학교까지만 의무, 무상교육이다. 한국은 군대를 이용해서 대학까지, 초급대학까지만이라도 의무교육으로 만들 수 있으면 좋겠다.

더구나 인터넷 강국으로 소문난 한국이 현재의 인적 자원과 인터넷, 군대의 시설과 물자 등으로 기술에 소질이 있는 사람은 기술교육을, 인문사회과학 계통으로 어학과 상업에 소질 있는 사람은 전 세계를 상대로 무역할 사람들로, 그렇게 자기의 적성에 맞춰서 능력있는 인재로 키워서 전 세계로 내보내면 될 것이다.

훌륭한 인재는 가르치고 연구하는 요원으로, 배우지 못한 사람은 공부하는 기간으로 군대를 이용해 전 국민을 교육하고 훈련시켜서 국가발전에 이바지할 수 있는 국민으로 만들 수 있지 않을까?

옛날에도 말했지만 지구촌화한 시대에 한국인이 가서 정착하는 그곳이 바로 한국이다. 훌륭한 인재들이 한민족만이 아니라 전 세계 인류를 위해서 가르치고 봉사하면서 보람 있는 일을 해나갈 수 있도록 교육강국으로, 좁은 땅덩어리에서 우리끼리만 경쟁하고 복닥거릴 필요가 없다는 것을 심어 주고 열심히 공부하게 만드는 것이 민족이 융성 발전할 수 있는 길이라고 생각한다.

미국 군대에서는 8시간 근무하고 나머지 시간에 자유시간을 줘서 본인이 원하면 대학공부를 하도록 분교 설치도 많이 하고, 또 제대 후에는 각종 혜택을 줘서 전 세계에서 몰려온 젊은이들이나 미국에서 자라난 젊은이들에게 국가에 봉사할 기회를 주고 그에 상응하는 혜택을 준다.

한국도 군대를 통해 이젠 자기의 능력에 맞는 역할을 할 수 있도록 해줘야 할 것이다. 최근 일어난 일들, 연예인, 체육인 등 특기를 가진 사람들, 또한 한참 과학자로서 연구에 전념해야 할 사람들이 법의 형평성 때문에 모두 공백기간을 갖고 군대에 가야 한다는 것은 국가적으로 큰 손실이 아닐 수 없다. 제도적인 해결책을 찾아야 할 것이다.

군대는 인간을 경영하는 데 가장 발전된 기관이다. 군대에 있는 동안 할 수 없이 끌려가서 젊은 인생을 낭비하는 것이 아니라, 자기의 능력을 개발하고 부족한 공부를 통해서 개인과 국가 발전에 기여할 수 있는 유용한 기간이 될 수 있도록 온 국민과 정부 당국자들이 지혜를 모아야 할 것이다.

# 개인수표 사용과 화폐단위 변경

 미국에서는 개인수표를 크레딧카드처럼 사용하지만 자기 은행 잔고가 있어야 사용할 수 있는 데빗(Debit)카드로 점차적으로 옮겨가는 추세에 있다. 데빗카드가 일상적으로 쓰이게 된 것은 1990년대 중반 이후로 기억한다. 이 카드는 은행에 개인 계좌가 있는 사람에게 무료로 발급하는데 은행 잔고가 있어야 쓸 수 있는 카드지만, 비자(VISA)나 마스터카드(Master card) 가맹점은 물론 은행 간의 네트워크가 형성되어 있는 현금출납기나 상점, 호텔 등 일상생활에서 자유롭게 쓸 수 있는 제도다. 컴퓨터가 발달하면서 가능해진 제도라고 본다.
 물론 미국에도 매달 내는 은행수수료가 부담스럽거나 벌어서 은행에 넣고 현금화할 시간도 없이 써야만 되는 일용근로자나 영세민들이 많이 있어서, 봉급수표를 수수료를 떼고 현금화해 주는 사업(check cashing)이 번창하고 있다.
 개인적인 생각으로 한국의 IMF는 30년간의 군사독재를 통해서 정경유착으로 빚어진 지하금융을 양성화하려던 김영삼 정부의 금융실명제 때문에 검은 돈이 숨어 버리고 혈관이 막혀 터져 버린 것이라고 본다. 그 와중에 서민들은 애국하겠다고 금반지를 빼다 팔고, 그 돈 숨겨 놓은 사람들은 달러화 투자나 실물 투자, 알짜기업 사냥 등으로 오히려 큰돈을 벌었다고 한다.

지금도 마찬가지 형국이다. 이미 큰돈을 움켜쥐고 있는 사람들은 일반 서민들과 더불어 살아가기 위해서 투자를 하거나 노력을 하기보다는 돈을 움켜쥐고 정부와 흥정을 하자고 한다. 자기들에게 특혜를 주지 않으면 해외에 투자를 하거나 돈을 풀어놓지 않겠다고 으름장을 놓는다. 자기들이 투자를 하지 않으면 경제가 어려워지고, 그러면 국민들이 아우성을 치게 되고, 그래야 자기들의 과거를 묻어 버릴 수 있다고 생각하는 것 같다.

일제 때부터 국가나 민족은 제쳐놓고 자기들만 잘 먹고 잘 살고 자식들 교육시키면 된다며 살아왔던 사람들이나, 군사독재에 빌붙어서 권세와 부를 함께 거머쥔 사람들이 과거사 청산이나 의문사 조사 같은 것들은 한 10년쯤만 더 버텨서 죽을 사람 모두 죽고, 묻혀질 것들은 모두 묻혀진 다음에 하자고 주장한다.

얘기가 본류를 벗어난 것 같지만, 결국 뭉칫돈을 쓰는 사람들은 검은돈이 아니고는 수표를 사용하게 하면 크게 문제될 것이 없지 않은가? 물론 컴퓨터의 발달로 개인수표나 데빗카드의 사용을 활성화시키면 화폐단위가 커지는 것도 크게 문제될 것이 없다. 물론 단위가 커서 어려움이 생긴다면 지금의 단위에다가 새로운 단위를 만들어서 겸용하는 것은 어떨까?

미국과 한국의 숫자가 혼동을 일으키는 것은, 미국은 세 자리마다 끊어서 명칭을 붙이고, 한국은 네 자리 숫자마다 끊어서 명칭을 붙인다. 즉 미국은(1,000,000) one, ten, hundred, 1-thousand, 10-thousand, 100-thousand. Million, 한국은 (1,0000,0000) 일, 십. 백, 천, 만, 십만, 백만, 천만, 억.

그러므로 한국 돈의 단위를 만 원을 옛날처럼 환이라고 하든지, 아니면 동, 통, 궁, 뭐든지 적당한 명칭을 붙여서, 1통은 1만 원이다. 이런 식으로 사용하는 방법을 연구해 볼 수 있을 것 같다.

화폐단위 변경이 경제적인 혼란이 너무 커서 걱정이 된다면, 구권 화폐의 양성화를 위해서 화폐의 도안을 바꾸고 구권 화폐의 유통기간을 정해서 교환하도록 하면 어떨까? 어차피 한 번은 치러야 할 홍역이라고 생각하고 적당한 절차를 거쳐서 정상화해야 할 것이다.

## 반기문 장관의 유엔 사무총장 출마

　반기문 장관의 유엔 사무총장 출마를 환영한다.
　반 장관과 개인적인 친분은 없지만 반 장관의 미국 워싱턴 근무 시절 – 총영사와 주미 공사로 근무했음 – 가까이에서 볼 기회가 있었다. 이후 본국에 귀임해서 청와대와 외교부 수장으로 근무하면서 활동하는 내용들을 언론보도를 통해서 접할 기회가 있었는데, 유엔 사무총장으로서 업무를 수행하는 데 부족함이 없는 능력과 인품의 소유자라고 생각한다.
　반 장관의 유엔 사무총장 출마는 많은 것을 의미한다.
　국가적으로 유엔군의 도움으로 공산화를 막고 자유민주주의의 꽃을 피워 폐허 속에서 세계 11위의 경제대국으로 성장한 한국의 역사와 모습은 전 세계 인류들에게 희망과 실질적인 도움을 줄 수 있는 살아 있는 본보기다.
　그동안 경제적인 성장에 걸맞은 외교가 부족했던 현실을 단숨에 뛰어넘고 한국이 전 세계를 상대로 비약할 수 있는 계기가 될 것이다. 특별히 한국의 IT 산업이 전 세계를 하나로 묶는 일을 하는 데 크게 기여할 수 있을 것이라고 본다. 그야말로 윈-윈 전략으로 한국의 발전과 기여가 개발도상국이나 저개발국의 발전을 도와줌으로써 인류 발전에 크게 기여하는 전환점이 될 것이다.

국제적으로도 상당히 유리한 측면이 있다. 현실적으로 미국과 영국의 전통적인 우호관계, 그리고 경제 발전에 크게 이바지하고 있는 중국과 러시아가 한국의 입장을 쉽게 무시할 수 없는 환경이고, 프랑스의 경우도 쉽게 반대할 수 있는 입장이 아닐 것이다. 그만큼 한국의 국력이 커졌고 국제적인 위상이 높아졌다.

반면에 앞으로 유엔 사무총장의 위상이 점점 더 높아질 것으로 예상되는데, 일전에는 그 위상에 걸맞게 빌 클린턴 전 미국 대통령이 유엔 사무총장을 염두에 두고 있다는 얘기들이 있었다. 글로벌화된 세계에서 세계 대통령으로서의 위상이 확립되면 오히려 상임이사국 5개국이 돌아가면서 사무총장을 맡게 될 날이 올지도 모른다. 그렇게 되면 영영 기회가 없어질지도 모르는 자리이기도 하다. 물론 유엔의 회원국들이 달리 행동을 취할 가능성도 있겠지만 국제 정치 현실에서 상임이사국들의 정치·경제적인 영향력과 기여도를 본다면 쉽게 그들의 영향력을 거부하기도 어려울 것이다.

시기적으로 참 적절한 때에 반기문 장관이 유엔 사무총장에 출마했다고 본다. 또한 개인의 문제가 아니고 지구촌화하는 세계에서 그를 통하여 미개발국가와 지역의 발전에 기여할 수 있는 기회가 되고, 그를 통해서 한국이 다시 한 번 비약할 수 있는 발판이 마련될 것으로 본다.

반기문 장관의 당선을 기원하며, 그의 당선을 위해서 모두가 힘을 합쳐야 할 것이다.

# 중국어 세계화를 위한 언어공정

최근 중국 정부는 메릴랜드 주 내의 일부 학교에 미국의 SAT와 AP 테스트(Advanced Placement Exams)를 주관하는 칼리지보드와 합작 프로그램으로 중국의 문화와 언어를 가르칠 선생님들을 정부의 재정부담으로 파견했다.

지난 여름에 380명의 학교 행정담당자들을 중국 정부가 초청해서 중국의 교육제도와 문화를 시찰하도록 했다. 그 결과 처음으로 38명의 교사들이 중국 정부의 비용 부담으로 미국의 학교에서 중국 문화와 언어를 가르치기 위해서 왔다. 앞으로 3년간 실시될 프로그램에서 2009년에는 250명의 교사들이 미국에 올 것이라고 한다.

18개월 동안 미국에 체류하면서 초등학교, 중·고등학교에서 학생들에게 중국어를 가르치는 일들에 대해서 찬반 의견이 분분하다. 미국의 평화봉사단처럼 중국 정부가 부담하는 프로그램에 대해서 문제가 없다, 미국인들도 중국어를 배워야 하는데 어려서부터 배울 기회를 주는 것이 좋다라며 찬성하는 이도 있다.

반면에 미국에서 점점 인기가 줄어들고 있는 불어나 독일어 등 유럽 계통 언어를 가르치던 교사들은 의혹의 시선을 보내고 있다. 영어와 구조가 비슷해서 불어나 독일어를 배우는 것이 영어의 어휘나 실력 증진에도 도움이 되는데, 그런 것은 점점 사라지고 중국어를 학생에게 가르치는 것이, 특별히 경제적인 이익을 얻기 위해 중국어 보급을 정부 주도로 하고 있는 것이라고 비난하는 사람도 있다.

　미국의 국방성 언어훈련소에서는 불어나 스페인어는 25주 코스면 대개 필요한 언어를 습득해서 사용하는데, 중국어의 경우에는 63주나 교육을 받아야 한다면서, 세계 정치에서 차지하는 중국의 역할을 의식해서 중국어 조기교육의 정당성을 주장하기도 한다.

　특별히 칼리지보드에서 중국어 AP 테스트를 신설하는 등 체계적으로 중국어 보급에 나선 것을 보면서, 중국의 경제 성장과 함께 특별히 한국에는 동북공정이란 이름으로 주변국가의 역사를 왜곡하는 중국이 이제는 세계를 지배하겠다고 나서는 것이 아닌가 의혹을 갖게 된다.

# 북핵에 대한 미국의 입장

누가 미국을 지구의 경찰로 임명했는가? 누가 미국더러 지구상의 온갖 문제들에 대해서 콩 놔라 팥 놔라 간섭을 하라고 했는가? 왜 미국은 제멋대로 자기의 잣대로 다른 나라들을 판단하고 횡포를 부리고, 지구상의 슈퍼 파워로 군림하려 하는가?

이 지구상에 완전한 것은 아무것도 없다. 물론 미국도 완전할 수 없다. 전 세계에 나가 있는 미군들이 좋은 일도 하지만 나쁜 일도 많이 한다. 한국전쟁 때도 그랬고, 지금 이라크나 아프가니스탄 전쟁에서도 그랬고, 미국이 하는 모든 일들이 다 잘하는 것들이 아니다. 그러나 잘못한 것에 비하면 잘하는 것이 훨씬 더 많다. 한국전쟁에서 수많은 젊은이들이 목숨을 바쳤고, 엄청난 경비를 들이면서 한국을 지켰다.

때로는 배고파서 먹을 것을 얻어먹기 위해서 비굴했고, 한때는 잘살아 보겠다고 경제개발을 하는 데 북한 동포들이 장난질을 치지 못하도록 바짓가랑이를 붙잡고 애원을 했다. 또 명분 없는 군인들이 권력을 잡고 아부하기 위해서 이것저것 다 갖다 바치면서 국민들의 심사를 불편하게 하는 일들을 하기도 했다. 이제 와서 좀 살 만해졌다고 한꺼번에 모든 설움을 해결할 수는 없다. 좀 지혜롭게 시간을 두고 해결해야 할 문제다.

부시 대통령이 선포한 '테러와의 전쟁'은 그 정당성이 얼마나 지지를 받느냐 못 받느냐를 떠나서 미국이 당면하고 있는 가장 큰 문제다. 테러와의 전쟁을 선포하면서 악의 축으로 불리는 국가들에 대한 미국의 인식은 변함이 없다. 변하지 않고는 함께 살아남을 수가 없는 상대들이다. 그중에 하나가 바로 북한이다.

미국이 경찰국가로서의 역할이나 동북아시아의 세력 균형이나 국제정치 같은 것들을 다 무시한다고 해도, 제일 무시할 수 없는 것은 북한이 테러리스트가 되는 것과 테러리스트들에게 무기를 공급하는 것이다. 그럴 가능성이 있다고 보기 때문에 아예 처음 개발부터 철저하게 봉쇄해 놓지 않으면 그것은 결국 미국을 겨냥하게 될 것이라고 보는 것이다.

그리고 이미 클린턴 정부에서 미국은 북한과 협상을 했지만 배신을 당했다고 생각하기 때문에, 주변 관련국들을 참가시켜서 함께 북한에 대해서 압력을 가하지 않으면 아무런 효과가 없다는 것을 알고 양자간 협상을 피하고 6자회담의 틀을 고집하고 있는 것이다. 물론 한국, 중국이나 일본과의 관계를 봐서도 미국이 독자적으로 북한 문제를 결정할 수도 없다.

미국은 결정적으로 북한이 실질적 위협이 된다고 보면 공격할 수 있는 나라이다. 직접적인 공격이든, 아니면 정부 전복 음모든, 이라크같이 공격을 할 수 있다. 북한도 이런 것을 알고 있기 때문에 끈질기게 미국과 양자회담을 통해 안전을 보장받고 경제적인 이익을 극대화하려는 것이다. 북한은 미국 민주주의의 한계를 잘 알고 있다. 4~8년마다 정권이 바뀔 수 있으며, 정권이 바뀌면 유리한 고지에서 협상을 할 수 있다는 것을 아는 것이다.

그러나 모르는 것도 있다. 정권이 바뀌어도 쉽게 바뀌지 않는,

미국을 움직이는 집단이 있으며, 어쩌면 그들이 김정일의 참모들보다 더 똑똑하고 강력한 힘이 있어서 잘못하면 쪽박을 차고, 사담 후세인보다 더 비참한 꼴을 당할 수 있다는 것이다.

민족의 역사 앞에 더 이상 죄짓지 말고, 더 이상 욕심부리지 말고, 북한 동포들의 삶을 향상시켜서 한민족이 다시 한 번 크게 발전할 수 있는 계기를 만드는 것이 그동안의 잘못을 용서받고 진정으로 살아남는 길이다. 기회는 항상 있는 것이 아니다. 놓치면 다시 오기 어려운 것이 기회이다. 우리 한민족에게 다시는 큰 불행이 없어야 한다. 소수의 야욕 때문에 많은 사람들이 희생되는 일은 결코 용납될 수 없다.

하나님께서 우리 민족을 불쌍히 여기셔서 이 불행을 막아 주시기를 기도한다. 이제 이런 어려움을 끝내 주시고 민족이 융성 발전할 수 있는 기회를 주시기를 바란다.

# 북한의 핵실험

　참으로 어려운 상황이다. 그러나 비관만 하고 있을 수도 없는 상황이다.
　북한의 핵실험은 어느 정도 예상할 수 있었던 상황이다. 도대체 북한의 지도자들은 무슨 생각을 하고 있을까? 체제를 보장해주고 지배계급의 기득권을 인정해 줄 테니, 제발 북한 동포들의 삶을 향상시켜 달라는 것과 국제사회의 책임 있는 일원으로서 개방정책을 쓰라는 것이 남한이나 미국의 입장이 아닌가? 그럼에도 불구하고 북한 동포들의 생활이 나아지고 개방의 길을 가게 되면 결국 자신들의 체제유지가 불가능할 것이라는 이유로 지금과 같은 상태를 이어가면서 자신들의 이익을 극대화하려는 것으로 보인다.
　최악의 상황이라면 한반도에서 다시 전쟁이 일어나는 것인데, 그것은 누구도 원하지 않는 것이다. 물론 김정은 집단도 그것은 자신들도 멸망하는 길이라는 것을 알기 때문에 전쟁까지는 가지 못할 것이다.
　그렇다면 가짜 실험이든 진짜 실험이든 북한으로서는 자기들의 협상 입지를 강화하기 위해서 갈 데까지 갈 수밖에 없는 상황이라고 봐야 한다. 어떻게 보면 자기들은 언제든지 핵개발을 포기하고 협상에 나오면 그때까지 제시된 것들은 얻을 것이 있다라고 생각하는 것 아닐까?

북한이 책임 있는 국제사회의 일원으로 나오도록 유도하는 방법에 있어 당근이 효과적인지, 아니면 채찍이 더 효과적인지는 쉽게 판단할 수 없다. 자기들은 잃을 것이 없다고 배짱을 부리며 버틸 때까지 버티고 있는 북한을 놓고 남한이나 미국과 주변 국가들 간에, 더 나아가서는 한국 내 정치세력들 간에 자기들의 이익을 놓고 분열 양상을 보이는 것이 참으로 안타까운 일이다.

민족의 앞날을 위해서 국내의 모든 정치세력들은 물론 국민들 간에도 지혜를 모아야 할 때다. 그런 바탕 위에서 정부가 주변 국가들과 함께 이 어려운 상황을 타개할 수 있도록 힘을 모아 주어야 할 것이다.

언론 개혁의 필요성 (1)
# 경영자, 제작자, 독자, 청취자

한국 언론의 문제점이 무엇이고 왜 언론 개혁이 필요한 것인지, 어떻게 바뀌어야 하는지를 나름대로 생각해 보았다.

흔히 언론을 제4부라고 부른다. 입법, 사법, 행정의 3부가 서로 견제와 균형을 이루면서 민주주의를 유지해 나가는데, 민주주의 사회에서 언론의 역할이 그에 못지않게 중요하다고 보기 때문이다.

기본적으로 언론의 중요한 세 가지 요소를 경영자(공영이든 개인 기업이든 자본주의 사회에서 경영 주체의 영향력을 없애겠다는 것은 불가능한 일이다), 제작자(기자와 편집자 또는 PD 등), 그리고 독자와 청취자로 본다. 이 요소가 서로 견제하고 균형을 이루어야 한다. 하지만 일차적인 주체는 제작자다.

제작자, 편집인, 편성자가 얼마나 경영주로부터 자유로울 수 있는가, 그리고 독자나 청취자의 의견을 존중하고 반영하느냐가 중요한 요소인 것이다.

언론 개혁의 필요성(2)

# 정치군인-정치언론인

 한국의 언론 환경이 많이 좋아지고 있다고 보지만, 한때 참으로 어려웠던 때가 있었다.
 권력과 언론의 유착은 권력과 경제의 유착만큼이나 심했다. 정통성이 없는 군사정부가 자신들의 목적을 위해서 언론인들을 우대했기 때문에 체제에 순종하는 언론인들은 부귀영화를 누리는 반면 양심을 가지고 거부하는 언론인들은 형극의 길을 걸어야만 했다.
 아마도 군대에서 '하나회'가 전체 군인들에게 끼친 폐단이나 언론계에서 군사정부에 협조하면서 출세한 언론인들이 언론계 전체에 끼친 해악이 별반 다를 것이 없다고 생각한다.
 물론 대다수의 군인들이 묵묵히 자기 자리를 지키면서 성실하게 일해 왔듯이, 대부분의 언론인들도 성실하게 자기 자리를 지켜 왔다고 본다. 그렇다면 이제 그들이 스스로 정치에 진출하기 위해서 언론인 역할을 해왔던 사람들을 골라서 정리해야 할 때가 된 것이다.
 물론 언론인이라고 해서 정치를 하지 말라는 법은 없다. 누구라도 자기의 학식과 경험을 가지고 국가와 민족을 위해서 봉사할 수 있어야 한다. 그러나 군인들이 정치 군인 되는 것을 불명예로 여겨야 하는 것과 같이, 언론인도 언론을 발판으로 정치인이 되는 것을 불명예로 여기는 풍토가 조성되어야 할 것이다.

  어쩌면 지금 언론계의 중추를 이루고 있는 사람들 중에서 어려운 시절을 지나면서 떳떳하지 못했기 때문에 자꾸만 다른 이유를 붙여서 개혁에 저항하고 현상 유지를 위해 안간힘을 쓰는 자들은 없는가? 문제의 본질을 말하기보다는 지엽적인 문제나 절차적인 문제들을 트집 잡아서 본질을 흐리게 하는 방법으로 말이다.

언론 개혁의 필요성(3)

# 독자

　미국에서 대학입시를 준비시키는 사람들이 학생들에게 권하는 내용 중에 하나가 미국 신문의 독자투고란을 읽으라는 것이다. 미국 신문들이 권위를 인정받는 이유 중에 하나가 바로 이런 독자투고란에 있다고 본다. 독자투고란에는 종종 주지사나 연방 국회의원 등 한국식 사고로 보면 거창하게 기자회견이라도 해서 의견을 제시해야 할 것 같은 고위 정부관리나 책임자들이, 현안문제나 신문에 보도된 내용에 대해서 반론을 제기하는 내용을 직접 투고를 하고 신문이 그런 것들을 보도한다. 물론 평범한 일반시민에서부터 고위공직자나 전문가에 이르기까지 다양하게 신문을 이용하고, 신문제작자는 그런 내용들을 충실하게 균형을 맞춰서 보도하려고 노력하고 있다.

　아무래도 독자투고는 신문사의 보도나 주장에 대한 동조나 격려보다는 비판과 반론을 위주로 제작하기 때문에 때로는 신문 기자나 신문사의 과실이나 부끄러운 문제들을 솔직하게 게재하게 되는데, 그것이 공신력을 얻고 신문의 권위를 인정받는 요인이라고 생각한다. 신문 자체의 발전을 위해서나 사회의 건전한 발전을 위해서 신문이나 방송의 공정성을 분별할 수 있는 독자층이 넓어져야 한다는 것이다.

언론 개혁의 필요성(4)
# 신문은 필연적으로 거짓말?

완전 범죄가 불가능하다는 얘기를 하면서 그 이유로, 인간이 아무리 철저하게 계획을 세우고 대비를 한다고 해도 주변에서 일어나는 환경이나 돌발적인 상황을 전체적으로 예측할 수가 없기 때문이라고 한다.

신문 얘기를 하면서 완전 범죄를 말하는 이유는, 신문에 보도되는 내용은 사실에 얼마나 접근하느냐의 문제이지 사실 자체일 수가 없다는 말이다. 그런 면에서 전체적인 진실을 두고 그 일부만을 표현하고 전달해야 하기 때문에 어차피 한계를 가지고 있다는 말이다.

신문이 추구하는 세 가지 요소가 '사실을 정확하게 전달하는 것', '공정하게 전달하는 것', '신속하게 전달하는 것'이다. 그리고 그 내용에 포함되는 것이 5W 1H, 즉 '언제(When), 어디서(Where), 누가(Who), 무엇을(What), 왜(Why), 어떻게(How)'이다. 물론 학교에서 다 배운 내용이지만 실제생활에서는 어디에 보다 중점을 두고 보도를 하느냐에 따라서 신문의 성격이 나타날 수 있다.

처음에 말한 것처럼 사실을 정확하게 보도하려고 얼마나 노력을 했는지가 그 신문의 권위를 쌓아가는 과정이라고 본다. 하지만 신문의 속성상 신속한 보도를 하자니 사실을 파악하는 데 시간의 제한을 받게 되고, 역시 공정한 보도를 위해서 당사자들 모두의 이야기를 보도해야 하는데 제한된 지면으로 어려움을 겪게 된다.

한국 속담에 "'아' 다르고 '어' 다르다"라는 말이 있다. 인간은 영물이기 때문에 한마디의 말을 가지고도 상대방의 의중을 파악할 수 있고, 달리 표현하면 한마디의 말을 가지고 긍정적인 느낌을 줄 수도 있고 반대로 부정적인 느낌을 줄 수도 있다는 것이다.

또한 인간 생활에서 가장 큰 어려움 가운데 하나가 커뮤니케이션, 즉 의사소통이다. 말하거나 글 쓰는 사람 자신도 자신이 알고 있는 지식이나 경험, 또는 보고 들은 것을 100% 표현해낼 수가 없고, 역시 듣는 사람이나 읽는 사람도 자신의 지식과 경험을 토대로 이해하기 때문에 실제로 있는 사실이나 사건을 그대로 받아들일 수 없다는 것이다. 다만 서로 어렴풋이나마 짐작하면서 그냥 그럴 것이라고 이해하고 넘어가는 것이 너무나 많다.

특별히 언론처럼 대중에게 전달되는 것이라면 그 내용을 듣는 이나 읽는 이마다 각각 해석을 달리할 수도 있기 때문에 얼마나 오해의 가능성을 줄이고 사실에 가깝게 전달하느냐 하는 것은 영원한 숙제가 된다.

미국 신문들이 매일매일 정정보도를 내는 이유도 자신들이 미처 알지 못했던 내용이나 사실과 다르게 보도한 내용을, 사실에 입각해서 알려 주면 그대로 받아들여서 정정보도를 내는 것이다. 그것이 신문의 명예를 깎아내린다거나 자존심을 상하게 하기 때문에 복잡한 과정을 거쳐서 정정보도를 내는 것이 아니다. 정말로 악의적이거나 사실 확인을 제대로 하지 않고 보도가 되어 명예훼손이나 큰 물질적 정신적 피해를 입혔다면 피해자가 당장 변호사를 고용해서 어마어마한 금액의 고소가 들어가게 되고, 잘못하면 신문사가 휘청거릴 만큼 손해배상금을 물어줘야 하니 경영주나 기자나 조심을 할 수밖에 없다.

그리고 종종 신문기사 내용 중에 공정한 보도를 위해서 서로 반대되는 사람들의 주장을 기사에 포함시키고, 만약 시간이 없어서 반론을 싣지 못하면 반론 기회를 주기 위해서 연락을 했지만 반론을 받지 못했으며 다음에 반론이 들어오면 보도하겠다는 내용을 포함시킨다. 공정한 보도는 강자에게나 약자에게나 - 그것이 대통령이나 정부권력기관이든 동사무소에 근무하는 비정규직 말단 공무원이든, 재벌기업의 총수로 돈이 많았던 사람이든 서울역 앞에서 노숙을 하는 노숙자든, 배울 기회가 많은 사람이든 없었던 사람이든, 또 수만 명이 모여서 데모하는 목소리든 혼자서 정의를 외치는 1인 시위자든 - 적어도 보도의 대상이 되었으면 공평한 기회를 제공해야 한다는 것이다.

과연 위와 같은 것들이 제대로 지켜지고 있는가? 그렇지 못하다고 보기 때문에 개혁이 필요하다.

마치 무력으로 강탈을 해서 모든 것을 독차지한 후에, 이제는 법으로 무력은 불법이 되었으니 평화적으로 법적으로 평화롭게 살자고 하면서 사회 규칙을 지켜서 부자들은 대를 이어 부를 상속시키고, 가난한 사람은 가난을 대물림할 수밖에 없는 사회라면 그런 사회에서 평화를 유지하는 것이 가능한가?

언론개혁도 마찬가지다. 당연히 언론의 자유가 중요하고 또 보장되어야 하지만 그동안 자신들이 지은 죄과에 대한 청산과 뼈저린 반성 없이 언론의 자유를 내세워 핍박받는 것처럼 자신들을 위장해서는 안 될 것이다. 곪은 것은 도려내고 새살이 돋아야 새로운 출발을 할 수 있는 것이지, 곪은 것을 그대로 숨겨 둔 채 겉포장만 다시 한다면 언젠가는 더 큰 수술을 해야 하거나 목숨을 잃어버릴 수 있기 때문이다. 지난 개혁이 실패한 이유가 거기에 있다고 본다.

언론 개혁의 필요성 (5)
# 뜯어먹고 산다?

언론이 발달하면서 초기에 여러 가지 어려움 속에 있었던 불행한 과거의 잔재가 남아서 이제는 재벌 그룹이 된 신문이나 새로 시작하는 동네의 뉴스레터 같은 신문이나 비슷한 속성이 남아 있는 것은 아닌가 하는 의구심을 갖게 된다.

한때 언론사에 근무하는 기자들은 따로 월급이 없이 기자증만 주면 자신의 월급은 물론이려니와 때로는 신문사의 운영비를 위해서 광고를 수주하거나 소위 촌지라고 불리는 봉투들을 모아와야 하는 시절이 있었다. 자연히 고급 정보를 얻기 위해서는 정치인이나 공무원들과 결탁을 해야 하고, 광고 수주를 위해서는 돈 있는 자, 광고주들과 결탁하지 않을 수 없었고, 그것을 잘하면 유능한 기자가 되고 그렇지 못하면 무능력자가 되어 도태되는 시절이 있었다.

결탁이란 광고를 받고 그들이 대상이 되는 기사를 빼주든지 좋게 써주든지 타협을 하는 것이다. 왜냐하면 그렇게 결탁하지 않으면 돈 가진 자들이 광고를 안 주거나 촌지를 안 줘서 재정적으로 곤경에 빠질 수 있기 때문이다.

기자가 그렇게 기생해서 먹고 살 수 있는 것은 사회가 그만큼 썩었기 때문에 가능한 것이다. 어딜 가나 썩은 구석이 있고, 그걸

어차피 다 기사화할 수 없을 바에야 적당히 거래를 해서 미운 놈은 실컷 두들겨 크게 여론화시키고, 이쁘게 보인 놈은 적당히 때워 넘어가고……. 특별히 정권이 부패해 권력기관을 이용해서 정권을 유지하려 하면 사회정의가 없어지고 누가 더 권력을 많이 가지고 있느냐, 또 서로 서로 맞바꿔치기할 수 있는 비리들을 많이 가지고 있느냐에 따라서 먹이사슬이 생기게 마련이다. 그렇게 공존하다 보면 실제로는 누가 더 권력을 많이 가지고 있느냐 하는 것보다는 누가 더 검은돈을 많이 먹을 수 있느냐에 따라, 먹이사슬을 따라서 검은돈이 흘러가게 되어 있다.

정치지도자가 얼마나 부패했느냐에 따라서 사회가 부패의 가속도를 얻게 되는 것이다. 더구나 신문 기자는 정치지도자부터 바닥까지 모두를 전방위로 상대하는 직업이기 때문에 사회 부패를 고발하고 방지해야 하는 언론의 사명에 비추어 볼 때 언론의 부패는 참으로 부끄러운 사회상이라고 하지 않을 수 없다. 잘못하면 이런 속성 때문에 강자에게는 약하고 약자에게는 강하다거나, 또는 강자와는 야합을 하고 약자에게는 자선사업가로 위장하는 이중적인 모습들을 보여주게 된다.

그런 면에서 고건 총리가 행정을 공개적으로 해서 투명화가 이루어지는 것을 강조한 것은 참으로 시의적절한 조처라고 본다. 하지만 역시 중요한 것은 닭이 먼저냐 알이 먼저냐 하는 식으로 정보 공개를 하면 부패한 언론이 이용할까 걱정이 되는 사람들이나, 그런 언론이 먼저 개혁되어야 투명한 행정을 이루어 나갈 수 있다고 생각하는 사람이나 동시에 함께 변화를 이뤄나가야 할 것이다.

언론 개혁의 필요성(6)
# 행간을 읽어라

신문을 읽는 구독자들을 어떻게 분류해 볼 수 있을까?
요즘처럼 정보의 홍수시대에 신문을 처음부터 끝까지 다 보는 사람은 정신병자이거나 아니면 할일 없는 백수 건달로 보는 경향이 있다.
미국 신문의 경우 사람들이 신문을 받으면 우선 자기가 좋아하는 섹션을 뽑고는 나머지는 쓰레기통에 버리는 경우가 허다하다. 한국 신문도 요즘은 섹션 신문을 추구하면서 다양화되고 있지만 광고가 부족한 탓인지, 아니면 신문사들이 투자를 그만큼 안 해서 기삿거리가 없어서인지 정확한 이유를 모르겠다.
하지만 신문을 읽는 사람들을 대체로 세 부류로 분류해 볼 수 있다.

첫째는, 제목만 보는 사람들이다. 대부분 바쁜 현대생활 속에서 보기는 봐야겠는데 시간이 부족하다고 생각하는 사람들이 제목만 훑어보고는 관심 있는 기사만 읽는 것이 일반적이다. 그렇기 때문에 신문사에서도 고참들이 하는 일이 최종 편집에 제목을 다는 일이다. 그만큼 신문이 읽히느냐 버려지느냐가 제목에서 판가름이 난다고 해도 과언이 아니기 때문이다. 그래서 때로는 신문들이 실제로 신문기사를 대표하는 제목이 아니고 선정적이거나 독자들의 호기심을 끌기 위한 제목을 다는 경우를 종종 목격할 수 있다.

둘째는, 제목, 소제목에 이어서 기사 첫머리의 요약 부분까지 읽는 사람이다. 물론 신문사에서 기사를 작성하고 편집할 때도 대개는 그런 요령을 가지고 만드는 것으로 알고 있다. 즉 제목을 보고 관심이 있으면 기사 첫머리의 요약 내용을 읽고 시시콜콜한 내용 전체는 읽지 않는 사람들이다. 대강 훑어보면서 전체적인 내용을 파악하는 것이기 때문에 기사작성이나 편집에서도 그렇게 따라갈 수밖에 없는 것이다. 독자가 신문의 기사와 편집을 리드해 나가고 있는 것이다.

셋째는, 처음부터 끝까지 정독을 하는 사람이다. 물론 기사에 관심이 있거나 자기 또는 관련 있는 사람들에 관한 기사라면 물론이려니와 더러는 할일이 없어서 기사 이외에도 지면을 채우기 위해서 뒷얘기까지 미주알고주알 적어 놓은 내용을 몽땅 정독하는 사람이 있다.

어떤 방법으로 읽든 자기에게 필요한 정보를 얻기 위해서 읽는 것인데, 반대로 신문에 빠져들어가서 마치 신문 기사가 사실인 양 믿어 버리는 사람들이 많은 것 같다. 그래서 행간을 읽으라는 권고를 한다.

신문에는 역시 세 가지 종류의 기사가 있다. 사실을 전달하는 기사, 특정인의 의견을 표시하는 기사로 신문사의 주장을 담은 사설이나 기자나 전문인 또는 일반 독자의 의견을 담은 칼럼, 그리고 특정인이나 단체 또는 회사의 주장이나 광고를 전달하는 광고이다.

　숙련되지 못한 기자일수록 사실을 전달하는 기사에 자기의 의견이나 감정을 섞어서 표현하기 쉽고, 주관적인 의견을 객관화해서 독자들을 혼란에 빠뜨리기 쉽다. 또한 공신력이 부족한 신문일수록 사실과 주장을 섞어서 독자들을 현혹시키는 일을 한다.

　물론 이런 신문 기사들을 바로잡는 것은 독자의 몫이다. 정부가 나서서 할 일은 아니다. 하지만 답답한 것은 독자들이 행간을 읽고 비판하고 바로잡을 일을 바로잡지 못하고 부화뇌동하고 있다는 것이다. 신문사마다 신문 기사 말미에 의견을 달 수 있도록 해놓았는데, 대부분이 건설적인 토론의 장이 되지 못하고 편을 갈라서 욕설들만 해놓은 것이 대부분이다. 제도가 아무리 좋아도 사용하는 사람이나 운용하는 사람이 제대로 하지 못하면 무용지물이 된다.

　오히려 의견의 찬반을 갈라서 의사표시를 할 수 있게 하면 한 쪽으로 벌 떼같이 몰려서 다른 독자들을 현혹시키는 일을 막을 수 있지 않을까 하는 생각을 해본다.

　언론 개혁이 필요한 이유는, 이런 내용을 더 잘 알고 있는 언론인들이 시치미를 떼고 원론적인 얘기, 원칙적인 것을 가지고 자기 방어에 급급하기 때문이다. 자기 성찰과 자기 개혁을 통해 발전하겠다는 각오보다는 자기의 부끄러운 부분을 명분이나 원칙을 가지고 가리고 여론을 호도하려 한다는 인상을 주기 때문이다.

언론 개혁의 필요성(7)
# 어디를 비추나

　언론을 사회의 거울이라고 한다. 언론이 사회의 어디를 비추느냐에 따라서 언론의 성격이 결정된다. 물론 사회 전체를 다 보여줄 수 없기 때문에 선택을 할 수밖에 없고, 그 선택 과정에서 어디에 초점을 맞추고 보여주느냐에 따라서 보는 사람들이 영향을 받게 되어 있다.

　그래서 신문이나 방송의 편집국장이나 편성국장의 철학이 그 신문이나 방송에 배어나오게 되어 있고, 물론 그들을 임명하는 임명권자의 의지가 영향을 미친다고 볼 수 있다.

　먼저 얘기한 것처럼 신문의 공정성은 강자에 아부하지도 않고, 약자에 자선사업을 하는 것도 아니다. 객관적인 사실을 있는 그대로 보도하는 것이 생명이지만 어차피 유한한 능력을 갖고 있는 인간의 작업인지라 한계가 있을 수밖에 없고, 결국은 만드는 사람들의 철학에 따라서 성격과 색깔을 보일 수밖에 없다.

　물론 신문의 독자나 방송을 청취하는 사람들이 비판적인 안목을 갖고 끊임없이 공정성을 유지하도록 감시해야 하지만, 그런 객관적인 비판을 하기보다는 네 편, 내 편을 갈라서 무조건 욕설과 비아냥으로 도배를 하는 현실을 보면서 답답한 마음이다.

언론 개혁의 필요성(8)
# 맑고 밝은 사회를 기대하며

세상의 거의 모든 일들이 상대적이고 복합적이다.

범죄자도 그의 범죄를 보면 정의를 위해 당연히 처벌해야 하지만 그가 그렇게 된 과정과 환경, 나아가 자라난 환경까지를 감안한다면 개인의 책임 외에도 사회, 가족, 민족이나 국가가 공동으로 책임을 느껴야 할 부분들도 많다. 그래서 정상을 참작하게 되고, 처벌보다는 새로운 출발을 할 수 있도록 교정하는 것에 초점을 맞춰서 교도 행정이 발달하게 된 것이라고 본다.

언론이 개혁의 대상이 된 것도 시대적인 요인들이 많다. "목구멍이 포도청이라……어쩔 수 없는 시대적인 환경 때문에……나만 그랬느냐? 다른 사람도 다 어쩔 수 없었지 않으냐?" 등 구구한 변명들이 필요없다. 굴절된 우리 역사의 한 모습이라고 본다.

그런 면에서 사회가 밝아지고 또 맑아지면 언론도 자연히 맑아지리라고 본다. 맑은 사회라야 부정과 부조리가 발붙일 곳이 없고, 또 그래야 그런 것들을 끈질기게 찾아내는 기자들의 노력이 칭송을 받고 가치가 돋보이게 된다. 세계적으로 유명한 퓰리처상과 같은 것들을 보면서 느끼는 것은, 아무리 사회가 민주화되고 맑아져도 어디에나 부정과 부조리는 있기에 그런 것들을 찾아내고 밝혀내는 노력들을 게을리 할 수 없다는 것이다.

# 미국 부동산 구입 신중해야

　지난 몇 년 동안 광풍처럼 불어닥친 부동산 열풍이 잦아들기 시작했는데, 이번에는 한국에서 해외 주택 구입을 자유화하겠다고 해서 한국의 뭉칫돈이 새로운 부동산 바람을 일으키지 않을까 생각한다.
　일부 부동산 업계에서는 모처럼 사그라지는 부동산 경기에 새로운 고객들이 몰려올 것을 잔뜩 기대하는 모습도 보인다.
　지금까지 미국의 부동산 개발 양상은 '서부개척사' 바로 그것이었다. 동부에서 서부로, 도심에서 교외로, 아직도 무한하게 많은 땅덩어리를 놓고 부동산 광풍이 일어날 것은 전혀 예상하지 못한 것이었다.
　그렇다면 어떻게 지난 몇 년 동안 그렇게 광풍이라고 불릴 만한 부동산 경기 열풍이 가능했을까? 몇 가지 요인들이 복합적으로 작용을 했다고 본다. 첫째는, 미국 경제의 계속적인 호조로 경제력이 팽창하면서 수입이 늘어났고, 또 이자율이 계속 낮아졌다. 둘째는, 베이비부머 세대라고 하는 사람들이 성장해서 자녀를 낳고 독립가옥에 대한 수요가 폭증했다. 셋째는, 베이비부머 세대가 전통적으로 교외로 빠져나가는 양상과 달리 문화와 편의성이 함께 충족되는 도심 재개발을 통해 직장 가까이 살고자 하는 경향을 보이면서 도심 재개발과 교외 개발이 동시에 이루어질 수 있었다. 넷째는, 일반적으로 아파트(콘도형) – 연립주택 – 단독주택으로 이어지는 경제적 향상에 따른 이사 패턴이 동시에 이루어지면서 연쇄적인 효과를 냈고, 주택 경기가 장기간 지속되면서 일부 투기꾼(?)들이 투자용으로 구입을 하면서 더 과열되었다고 본다.

물론 그 외에도 많은 요인들이 있겠지만 대개 위와 같은 사항들이 그동안 부동산 광풍을 일으킨 주요 요인들이었다는 것이 필자 나름대로의 분석이다.

그러면 앞으로는 어떻게 될 것인가?

누구도 미래를 정확하게 예측하는 것은 불가능하다. 긍정적인 면과 부정적인 면이 공존하고 있기 때문이다. 결론부터 얘기를 하자면, 작게 시작하라는 것이다. 작게 시작을 해서 적어도 2~3년은 관망을 하면서 투자를 하라는 권고를 하고 싶다.

왜냐하면 어차피 자기가 살 집을 장만한 사람은 경제적인 변동이 와도, 이자율이 올라가도 감수하고 살아나가야 하지만, 투기 목적으로 사둔 사람들은 버티기의 한계가 2~3년이라고 보기 때문이다. 그들이 견디지 못하고 매물을 내놓기 시작하면 거품이 빠지고 많이 하락할 가능성이 있다. 그리고 앞으로 또다시 부동산 가격이 이렇게 뛰어오르기는 쉽지 않을 것 같다.

물론 지역에 따라서 사정이 달라질 수 있기 때문에 일반적인 지역과 특수한 지역에 대한 예상은 많이 다르다. 예를 들면 워싱턴–볼티모어 지역의 경우 계속적인 인구 증가에도 불구하고 개발할 수 있는 주택이나 도심 재개발이 한계가 있다고 보기 때문이다. 이와 같은 현상은 동부 지역의 오래된 도시들이 공통적으로 갖고 있는 문제들이라고 본다.

　반면에 신생도시들 주변으로 미국의 전통적인 개발 양식인 도심에서 벗어나서 주변 교외로 발전해 나가는 것은 적어도 그 도시의 통근에 큰 불편이 없는 지역까지는 계속적인 발전이 이루어질 것으로 보이기 때문에 개발 대상 지역은 무궁무진하다고 본다.

　실력 있고 경험이 많은 사람, 특별히 경제적인 흐름과 투자하고자 하는 지역의 부동산 시장을 잘 아는 전문가들과 잘 상의해서 성급하지 않게 투자하는 것이 바람직하다고 본다.

평생 스승(1)
# 김상복 목사님

    김상복 목사님을 만난 것은 미국 메릴랜드 주의 볼티모어 근교에 있는 벧엘교회에서였다. 당시에 김 목사님은 워싱턴 바이블칼리지의 교수로 목회학 과장을 하시면서 벧엘교회를 담임하고 계셨는데 생활중심, 가정중심의 설교와 교육으로 지역사회뿐 아니라 미주 전역에도 잘 알려진 성공적인 목회를 하고 계셨다.

    본격적으로 주일을 지키면서 기독교인이라고 한 후 20여 년의 세월이 지나 김 목사님을 만나게 되었다. 나름대로 열심이 있을 때도 있었고, 교회 직분도 맡아서 일을 하기도 했다. 교회를 다닌 지 20년의 세월이 지나도 근본적인 변화가 없는 이와 같은 나 중심의 교인 – 교회에 왔다갔다 하는 사람을 Church-man(교인)이라고 부른다 – 에서 진실로 예수를 믿는 사람 – 신자, Jesus follower – 으로 변화시켜 주신 분이 김상복 목사님이시다. 그래서 영적인 성장을 도와주신 김 목사님을 평생 스승의 한 분으로 가슴속 깊이 간직하고 있다.

    교회만 왔다갔다 했지 생활이 변화되지 않는 교인에서 예수를 주님으로 믿고 따르겠다고 거듭난 신자로 변화가 되었다고 해서 그 사람의 생활이 하루아침에 성자가 되는 것은 아니다. 신자가 된 후에 김 목사님에게 배운 대로 구원이 이루어지는 것은 세 단계를 거친다.

처음은 예수를 믿음으로 말미암아 공짜로 얻어지는, 하나님의 아들이 되는 과정으로, 마치 우리가 태어날 때 부모가 누구인지 조상이 누구인지 미국에서 태어났는지 한국에서 태어났는지 모르는 것처럼 그냥 부모가 낳아 주었으니 태어난 것처럼 예수가 누구인지, 하나님이 누구인지, 성경이 무엇인지 잘 몰라도 그저 예수를 주인으로 삼고 살겠다고 하면 거저 얻어지는 구원의 첫 단계(justification)가 있다.

그 후에 하나님의 백성답게, 예수의 제자답게 성장하고 살아가는 거룩해져 가는 성화(sanctification)의 과정을 평생 살게 되는 것이다. 마치 우리가 이 세상에 태어날 때는 순간에 태어나지만 평생 온갖 우여곡절을 겪으면서 살아가는 것과 마찬가지다.

그리고 마지막 단계는 구원의 완성으로, 믿은 사람과 믿지 않은 사람이 구별되고 죽은 후에 천국이 있고 구원을 받아 천국에 가는 사람과 그것을 믿지 못하고 죽어서 영원히 멸망에 처하는 사람으로 구별이 된다. 구원받은 사람이 영광스러운 천국에 들어가는 것을 영화(glorification)의 단계로 '구원의 완성'이라고 부른다.

김 목사님은 기본적인 성경공부를 통해서 믿음의 눈을 뜨게 해주셨을 뿐 아니라 하나님을 믿는 사람으로서 해야 할 사명까지도 깨닫게 해주셨다. 그것은 〈오늘의 양식〉(Our Daily Bread)이라는 사역이다.

나름대로 한국교회가 많은 사람들을 전도해서 교회로 끌어들여 양적인 성장은 이루었다. 그다음에 교회가 해야 할 사명은 그들을 교회에 오는 사람에서 예수를 믿는 사람으로 변화시켜야 하는 것인데, 그것을 제대로 하지 못했다고 생각한다. 물론 지금은 한국교회들이 많이 변하여 제자양육 운동들을 통해서 이 일에 열심을 내고 있다고 보지만, 아직도 〈오늘의 양식〉이 추구하는 세 가지 원칙은 한국교회가 가슴 깊이 새겨 보고, 보다 열심히 추구해야 할 사항이라고 믿는다.

첫째는, 주일 중심 신앙을 매일 중심 신앙으로 바꾸어야 한다는 것이다. 6일을 제멋대로 살고 주일에만 교회에 가서 하나님을 찬양하고 거룩한 척하고 남을 돕고 하는 기독교인이 아니라, 매일의 삶 자체가 하나님을 믿는 사람답게 변화해 가야 한다는 것이다.
매일의 삶 속에서 예수 믿는 사람들이 안 믿는 사람들과는 뭔가 다르다는 것을 생활 속에서 보여줘야만 한다는 것이다. 그래야 예수 믿는 사람들이 사회 속에서 함께 썩어가지 않고 썩은 사회를 맑게 하는 빛과 소금의 역할을 감당할 수 있다는 것이다.

둘째는, 가만히 앉아 목사님에게 얻어먹는 신앙에서 자기 스스로 찾아 먹는 신앙인이 되어야 한다는 것이다. 목사가 신학교에서 전문적인 교육을 받고 영적인 양식을 요리하는 요리사라면, 신자들은 일주일에 한두 번 요리사의 멋진 요리를 먹고 성장하는 것이 아니라 매일매일 건강한 영적인 양식을 스스로 찾아 먹는 자립신앙인이 되어야 한다는 것이다. 물론 영적인 어린아이 때는 어머님의 젖과 이유식을 받아먹고 성장하지만, 영적으로 성숙해져감에 따라서 자기 스스로 죽이든 밥이든 아니면 라면을 끓여 먹든 매일매일 영적인 양식을 찾아 먹을 때 영적으로 건강해질 수 있다는 것이다. 교회를 몇십 년을 다니고 장로나 권사, 집사 등 직분을 맡아서 봉사를 한다고 해도 스스로 영적인 자립을 하지 못하고 엄마의 치맛자락을 붙잡고 먹여 달라고 쫓아다니는 영적인 어린아이는 예수님이 원하시는 성숙한 신앙인으로 영적인 싸움을 싸울 그리스도의 군사가 될 수 없다.

세 번째는, 인간은 무엇을 생각하느냐에 따라서 행동을 한다. 물론 무엇을 읽고 보고 듣느냐에 따라서 생각이 좌우될 수 있기 때문에 In-put도 중요하지만 생각이 행동을 낳고, 행동이 반복되면 습관이 되고, 어떤 습관이 많으냐에 따라서 인격이 형성된다고 하니 하루를 시작하면서 무슨 생각을 먼저 하고 생활을 시작하느냐에 따라서 인생이 달라진다. 그래서 먼저 하나님의 말씀으로 가슴과 머릿속에 채워 놓고 시작하면 이 세상의 근심과 걱정이 자리 잡을 틈이 없어진다. 이 세상에 있는 크리스천들이 같은 날, 같은 하나님의 말씀을 가지고 묵상하고 생활을 시작한다면 같은 마음을 품고 세상 사람들이 하나 되는 데 기여할 수 있다는 것이 기독교인들의 일치운동이다.

결국 이와 같은 삶이 되도록 도와주는 것이 〈오늘의 양식〉이다. 성숙한 크리스천이 되기 위해서, 그리고 개인적으로나 가정예배의 도구로 〈오늘의 양식〉을 가지고 매일매일 성숙한 크리스천이 되어 갈 수 있도록, 〈오늘의 양식〉이 보급되고 활용될 수 있도록 하는 것이다. 물론 보급만 되고 활용되지 않으면 효과가 없다. 활용되는 것은 생각처럼 쉽지가 않은 것 같다.

매일매일 하루에 15분만 투자를 해도 된다. 기존에 하고 있던 분은 제외하고, 인터넷을 이용해서도 할 수 있다. www.odb.

or.kr에서 영어로 할 수도 있고, 그곳에 가면 한국어 버전도 있다. 먼저 그날의 제목을 보고, 성경구절을 읽고, 묵상하고, 그리고 〈오늘의 양식〉의 내용을 읽으면 된다. 주의할 점은 성경 본문을 〈오늘의 양식〉만 읽으면 안 된다. 왜냐하면 식사에서 성경 본문이 주요리인 스테이크이고 〈오늘의 양식〉은 디저트인데, 스테이크를 먹어야지 맛있다고 아이스크림만 디저트로 먹으면 영적으로 건강할 수가 없기 때문이다.

김상복 목사님이 현재 시무하시는 서울의 할렐루야교회에서도 〈오늘의 양식〉을 발행하고 있고 인터넷 웹사이트도 운영하고 있다.

아직도 부족해서 매일매일 얻어맞고 넘어지고 실패하면서 성화(sanctification)의 과정을 걸어가고 있지만 분명한 것은 이런 부족함과 연약함에도 불구하고, 이 세상의 삶이 끝나고 영광스러운 하나님의 나라에 들어갈, 취소될 수 없는 구원의 완성이 기다리고 있다는 사실이다. 그럴수록 예수를 믿는 사람으로서 믿는 사람답게 살려고 노력하면서 하루하루를 살아가고 있다.

평생 스승(2)

# 이광호 박사님

　살아가는 동안에 수없이 많은 사람들을 만난다. 필자는 이것을 내 인생에 대한 소설이라고 말한다. 필자를 주인공으로 하는 소설에 끊임없이 등장하는 사람들, 어쩌면 대를 이어가면서 쓰여지는 연작 장편소설인지도 모른다.

　어떤 사람은 좋은 배역을 맡아서 아주 행복하고 아름다운 삶을 꾸미게 해주고, 반면에 어떤 사람은 훈련소의 훈련조교와 같은 악역을 맡아서 내 인생에 부족한 점들을 고쳐 주고 보완시켜 준다. 처음에는 그들을 미워하고 증오하고 때로는 저주하기도 했지만 나이를 먹어갈수록 그들도 인생의 중요한 한 부분을 차지하는 사람들이란 것을 깨닫고 필자의 소설에 등장하는 모든 사람들을 사랑하기 위해서 노력하고 있다.

　물론 말처럼 쉬운 것은 아니다. 사실은 쉬운 정도가 아니라 "원수까지도 사랑하라" 하신 예수님의 말씀을 실천할 수 있는 경지까지 가야 가능해지는 지독히 어려운 일이라는 것을 체험으로 안다.

　인간관계는 시간의 흐름과 비례하는 것이 아니다. 물론 좋은 친구는, 또 좋은 관계를 맺은 사람은 오랜 세월을 두고 우여곡절을 겪으면서 굳어지고 다듬어지는 것도 사실이지만 의기투합을 하게 되는 친구나 좋은 영향을 미치는 사람을 사귀는 데 반드시 오랜 시간이 필요한 것은 아니다.

이광호 박사님은 대학 시절 학과장을 하셨던 분이다. 미국 피츠버그 대학교에서 정치학박사를 받으시고 귀국하셔서 학교에 계시면서 학생들에게 인기가 좋아서 같은 과 학생들뿐만이 아니라 다른 과 학생들까지도 교수님 방에 찾아와서 진로를 상담하곤 하는 모습을 많이 보았다.

필자가 대학교에 들어간 것은 고등학교를 졸업하고 6년 만이었다. 시골에서 서울에 유학을 온 후에 서울 구경을 다니느라고 공부를 많이 하지 않았다. 고등학교 1학년 때는 선생님이 좋아서, 그리고 같은 학교에 형님이 3학년에 계셔서 공부를 열심히 했는데 형님이 졸업하시고 함께 살지 않게 되자 샛길로 빠지기 시작했다.

사실 형님이니까 평생스승이라고 못했지만 내게 가장 큰 영향을 미친 사람은 부모님보다도 다른 어느 누구보다도 형님이셨다.

대학에 들어가게 된 동기부터가 놀러 다니기 위해서였다. 군대에 가기 전에 직장생활을 했는데, 직장생활에 익숙해지다 보니 직장 동료 한 분이 필자를 20대 후반으로 봐주었다. 인생에서 20대 초반의 그 젊고 발랄한 시기를 놓쳐 버렸다는 생각이 들었다. 억울한 생각이 들어서 젊음을 되찾기 위해서 해군에 지원을 했다. 해군 복무를 마치고 대학을 가겠다고 작심한 것이다.

직장생활에 군대생활까지 마쳤으니 같은 과 학생들이 미팅을 해도 늙은 학생을 잘 참여시켜 주지 않았다. 서클 활동도 하고, 젊어지려고 발악에(?) 가까운 노력을 했다. 당시에 최대의 고민은 대학생활을 어디에 초점을 맞추고 할 것인가였다. 내일을 위해서 모든 것을 포기하고 고시공부에 매달릴 것인가, 아니면 초지일관 신나게 놀아가면서 대학생활을 할 것인가? 나는 "내가 등산을 좋아하는 이유"라는 글에서도 밝혔지만 목표에 도달하지 못하더라도 가는 과정을 음미하면서 살아가는 인생을 택했다. 이 원칙은 그 후에도 여러 번 필자의 인생에 중요한 결단을 해야 할 때 일관되게 적용이 되었다.

이런 한심한(?) 필자에게 끊임없이 도전과 용기를 주시면서 이끌어 주신 분이 이광호 박사님이셨다. 다른 학생들이 부러워할 정도로 총애를 하시면서 – 아마도 무조건적인 사랑을 배운 장로님이셨으니까 가능했을 것 같다 – 앞날을 위해 미국에 가서 공부하고 돌아올 것을 강권하셨다. 당시에 미국에 계셨던 사모님께 부탁을 해서 내가 관심을 갖고 있던 '평생교육에 관한 자료'들을 수집해 주시면서 미국으로 내모셨다.

미국에 와 있으면서 자주 연락을 드리지 못했다. 하라는 공부는 안 하고 딴짓(?) 하느라고 허송세월을 보내고 있었으니 무슨 염치로 연락을 할 수 있겠는가? 어느 날 돌아가셨다는 소식을 듣고 귀국길에 사모님과 함께 성묘를 다녀왔다. 사모님은 당시에 경희대학교에서 사범대학장을 하신 것으로 기억하는데 그 후로는 한 번도 찾아뵙지 못했다.

정치학자의 예지로 "앞으로 10년 내에 한국의 운명을 결정할 수 있는 큰일들이 생긴다. 민족의 통일을 위해 지금부터 잘 대비하지 않으면 안 된다. 그 이유로 첫째는, 김일성의 나이 때문에 김일성이 10년 이상 살기가 어렵고, 김일성 사후에 한반도가 어떻게 변할지 예측이 어렵다. 둘째는, 현대전은 경제전이다. 남한이 북한과 경제력이 3배 이상 차이가 나기 시작하면 가속도가 붙어서 더 이상 재래식 개념의 전쟁은 불가능하다. 그러나 북한이 불안정해지면 어떤 불장난이 일어날지 모른다"라고 말씀하셨다. 이런 민족통일에 대한 염려 때문인지 당시에 중앙정보부에서 운영하던 모 북한문제연구소의 소장으로 초빙을 받으셔서 일하셨다. 그런데 안타깝게도 시대는 이광호 박사님을 따라주지 않았다.

물론 당시 중앙정보부장이 김재규 씨였기 때문에 신군부로부터 배척을 받았는지도 모른다. 그리고 어쩌면 이광호 박사님의 죽음에 그런 이유가 개입되어 있을지도 모른다는 생각을 해보지만 아무것도 확인할 수는 없다. 다만 나를 총애하시고 나를 이끌어 주시던 스승님을 일찍 사별해야 했다는 것이 무척이나 아쉽고 원통하다. 다른 한편으로는 사모님이나 고명딸 수진 양에게 잘해줘야겠다는 생각이 마음뿐이었지 아무것도 해드린 것이 없으니 죄송스러울 따름이다. 하지만 언젠가는 꼭 사모님이나 따님이 아니라도 누구에겐가는 이광호 박사님의 이름으로 내가 받은 사랑을 더 보태서 넘겨줄 날이 올 것이라고 믿는다.

인간의 사랑은 내리사랑이라고 했다. 부모는 자식에게 사랑을 넘겨주고, 부모에게 효도할 마음이 생기면 그때는 벌써 부모님이 안 계시게 되는 것처럼, 스승도 스승의 은혜를 깨닫고 보은할 생각을 할 때면 스승은 계시지 않고 후배들에게 그 사랑을 전해야 되는 것이 인생인가 보다.

대학생활 한 학기를 마치고 장학금을 하나 받았다. 아마도 액수가 5만 원밖에 안 되는 가장 적은 장학금이었지만 그것은 내 인생에 가장 기쁜 일이었다. 그 장학증서를 아버지께 갖다 드릴 때까지는 그것이 그렇게 중요한 것인지 깨닫지 못했다. 군대까지 갔다온 막내아들 녀석이 대학교를 다니는데 과연 공부를 제대로 하는지 걱정하시던 아버지께 그 장학증서는 모든 걱정을 날려 버릴 수 있는 것이었다. 아버지께서 그렇게 기뻐하시는 모습을 평생에 본 적이 없다. 정말 못난 아들이 효도를 한 번 했구나 하는 생각이 들었다. 그리고 그 기대를 저버리지 않기 위해서 열심히 놀아도 공부는 해가면서 놀았다. 철없이 공부를 다 팽개치고 놀기만 할 수는 없었다.

대학 4년을 다니면서 계속 장학금을 받고 좋은 성적을 유지할 수 있었던 것은 이광호 박사님이 늙은 학생에게 주었던 5만 원짜리 장학금과 그것을 받고 기뻐하시던 아버지를 실망시켜드려서는 안 되겠다는 철든 생각 때문이었던 것 같다.

평생 스승(3)
# 조재억 선생님

인생에서 자기가 평생 가르침을 받고 존경하면서 본받을 만한 선생님이 있다는 것은 참 행복한 일이라고 생각한다. 그래서 필자도 다른 사람들의 인생을 바꿔 놓을 수 있는 - 물론 좋게 바꿔 놓는 것이다 - 선생님을 하고 싶어서 미국에 왔는데 평생 하는 공부라고 아직도 끝을 맺지 못하고 있다.

조재억 선생님은 고 1 때 담임을 하셨던 선생님이다. 충남 서산 분으로 시조시인으로, 국문학자로, 이 시대의 선비로 사신 분이신데, 필자가 가끔 문자를 한두마디씩 쓰는 것은 바로 조 선생님께서 담임하시면서 가르쳐 주셨던 것들과 졸업 후에 1년에 두 번씩 - 정초와 추석 - 찾아뵈면 약주를 한 잔씩 주시면서 덕담으로 들려주시던 얘기들이다.

필자가 평생교육을 생각하게 된 첫 번째 동기가 선생님으로부터 온 것이다. 졸업 전후에 사립학교 재단이 선생님들에게 간섭하는 것을 못마땅하게 생각하셨는지 환갑에 가까우신 분께서 공립학교에 가시기 위해서 교사 임용고사를 보셨다. 당시로 보면 아주 용기가 필요한 일이었다. 그 사실을 알고 서울고등학교에서 모셔가서 그곳에서 제자 양성을 하시다가 만년에는 댁에서 가까운 서울공고로 오셔서 은퇴를 하셨다. 단국대학교에서 강의를 하시기도 하셨는데 미국에 온 후로는 찾아뵙지도 못하고 근황을 들을 기회가 없어서 죄송스럽게 생각하고 있다. 연전에 한국방문을 하면서 한번 찾아가 뵈었는데, 은퇴 후에도 공무원이나 선생님들을 상대로 '선비론'을 강의하러 나가시는 것 같았다.

대의명분을 위해서 소신을 굽히지 않고, 작은 이익에 현혹되어 양심을 팔아 버리지 않는 것, 이것이 한국을 지켜온 선비정신의 줄기라고 생각한다. 선비는 추워도 의로운 것이 아니면 곁불을 쬐어 따뜻하게 하려 하지 않고, 참외밭에서 신 끈을 고쳐 매어 남에게 오해받을 짓을 하지 아니하며, 처자식을 굶길망정 부정한 돈을 받아서 구차하게 살아가지 않는다.

선비정신의 말살은 일제의 강권 통치와 회유로 시작되었는데, 지금 일고 있는 변절자들이나 제3공화국부터 시작해서 제5, 6공화국을 거치면서 경제개발의 이익을 전 국민과 공유하기보다는 욕을 먹고 감옥을 다녀와도 자손만대에 먹고살 돈을 마련하기에 급급해 있는 그런 사람들이 조재억 선생님의 가르침을 받을 기회가 있었으면 좋았겠다는 생각을 해본다.

그래도 한국이 이만큼 버티고 있는 것은 민족의 근저에 흐르고 있는 민족혼, 사회를 지켜가는 선비정신을 유지해 가는 사람들이 많기 때문이라고 생각한다. 언제나 권력과 금력에 눈이 멀어 민족의 앞날을 망치고 있는 소인배들이 물러나고 정의롭고 욕심 없는 사람들이 이끌어가는 사회가 될 것인가?

인간은 정치적인 동물이기 때문에 정치뿐만이 아니라 경제, 사회, 교육, 문화, 예술, 체육, 종교까지도 인간이 모인 곳에는 다 정치가 발생하고, 지도자를 자처하는 사람들이 실력이나 인격보다는 연줄이나 권모술수로 그 세계를 더럽히고 있다. 여기에 상승작용을 하는 것이 바로 정치인들 아닌가? 이것을 바로잡는 것은 시민, 국민의 몫이다. 그중에서도 시민단체들이 정치의 하수인으로 변절되지 않고 진정 시민을 위한 공익단체 역할들을 잘할 때 한국의 민주주의 발전은 물론 올바른 사회, 정의로운 사회, 동양의 정신문화를 가지고 세계를 리드할 수 있는 사회가 될 것이다.

'선비정신'으로 존경받는 한국인이 세계 어느 곳을 가든지 주변 사회에 선비정신으로 영향을 미칠 수 있는 그런 날을 기대해 본다.

시간 관리 교육(1)
# 5분이 인생을 바꾼다

　인간에게 주어진 3T(재물, 재능, 시간) 중에서 가장 공평하게 주어진 것이 시간이라고 했다. 부자든 가난한 사람이든, 나이가 먹었든 어리든, 문명이 최고로 발달한 나라에 살든 아니면 아직도 문명의 혜택을 받지 못하는 밀림이나 정글 속에서 살아가든 일 년 365일, 하루 24시간은 누구에게나 똑같이 주어졌다는 말이다.
　하지만 그 시간은 쓰는 사람에 따라서 정말로 천차만별이다. 많은 사람이 시간당 5달러 50전을 받고 일하는가 하면, 전문 직업인은 시간당 300달러, 500달러, 더 이상을 벌어들이는 경우도 있다. 그것도 문명이 최고로 발달했다는 미국의 얘기다. 경제가 미약하고 법적인 최저임금제가 없어서 더 형편없는 봉급을 받아가면서 중노동에 시달리고 있는 사람들도 많이 있다는 것을 잘 알 것이다.
　문명의 발달을 시간의 개념으로 설명하는 경우도 있다. 사람들이 시간 약속을 할 때 어떻게 하는가? 옛날 우리 선조들은 아주 불명확하게 약속을 했다. "다음달 중순경에 아니면 보름달이 뜰 무렵에, 아니면 내일이나 모레 서너 시경에 오겠다." 물론 생활의 여유라고 자위할 수도 있지만, 그리고 그렇게 시간에 쫓기는 생활을 할 필요가 없는 시대를 살았으니까 그런 약속이 가능했지만 도대체 기다리는 사람은 며칠 몇 시간을 기다려야 한다는 말인가? 문화가 발달이 되면 약속이 시간 단위로 바뀌고, 더 발달되면 30분, 15분 이렇게 바뀌게 된다. 그만큼 사회가 안정되고 생활이 짜임새 있게 되어 시간 예측이 정확하다는 것이다.

다른 면에서 본다면 인간이 아침에 5분만 맨손체조를 꾸준히 해도 얼마나 건강에 도움이 되는지 모른다. 하지만 실제로 실천을 하는 사람은 많지 않다. 사람들과의 약속도 마찬가지다. 5분만 먼저 도착해서 기다리면 언제나 시간을 정확하게 지키는 사람이 될 수 있다. 하루를 시작하면서 5분 동안만 그날 할 일들을 정리하고 계획할 수 있다면 그날의 생활을 매우 짜임새 있고 효과적으로 보낼 수 있다. 흔히 고속버스 뒤에서 보는 구절이지만 고속도로에서 규정속도보다 10마일을 더 빨리 간다고 해도 웬만한 거리에서는 운행시간 5분을 단축하지 못한다. 그래서 "5분 먼저 가려다가 50년 먼저 간다"라고 써붙이고 다닌다.

또 다른 면을 한번 생각해 보자. 텔레비전 방송에서, 그것도 시청률이 높은 시간대의 광고비는 1초당 얼마씩 계산을 한다. 30초면 어머어마한 금액을 내고 광고를 해야 한다. 물론 라디오 방송도 예외가 아니다. 소위 프라임타임의 광고비와 한가한 시간의 광고비는 천양지차다. 같은 1분이라도 같은 1분이 아니다. 필자가 방송국을 운영한 적이 있다. 단 30초 동안 방송이 중단되고 나가지 않을 때 그 30초는 천 년보다도 더 길게 느껴지는 시간이었다.

결국 시간은 사용하는 사람이 어떻게 훈련되어 얼마나 효과적으로 사용하느냐, 또한 그 시간이 얼마나 시의적절하게 타이밍을 맞춰서 사용되느냐에 따라서 엄청난 차이를 보인다. 신은 인간에게 공평하게 시간을 주었지만 사용하는 인간에 따라서 인생이 바뀐다.

　5분만, 단 5분이라도 잘 사용할 수 있도록 훈련된다면 인생이 바뀔 것이다. 5분 일찍 일어나고, 5분 일찍 도착하고, 5분만 미리 생각하고, 5분만 뒷정리를 잘하고, 5분만 체조를 하고…….

　시간을 아껴 쓸 줄 알고, 계획을 세워 시간을 잘 활용할 줄 아는 사람은 성공적인 인생을 살아가고 있다고 믿는다.

시간 관리 교육(2)
# 아는 것과 실천하는 것

교육과 훈련의 차이는 무엇일까? 교육이 지식의 전달에 중점을 둔 것이라면 훈련은 지식으로 안 것을 육체적으로 적용할 수 있도록 반복해서 습득하는 것, 그러므로 교육은 지적인 것이고 훈련은 육신적인 것, 그래서 정신작용과 육체의 훈련을 통해서 습관을 들이고 연결해 주는 것이라고 해도 무리가 아닐 것 같다.

시간을 사용하는 것도 마찬가지 개념에서 생각해 볼 수가 있다. 어떠한 사람이든지 기본적으로 소비해야만 하는 시간이 있다. 예를 들면, 남이 대신해 줄 수 없는 것들을 말한다. 잠을 자는 것, 이를 닦고 세수를 하는 것, 밥을 먹는 것, 옷을 고르고 입는 것, 휴식을 취하는 것 등 일상생활에서 매일매일 해야 하는 많은 일들은 본인이 해야만 한다. 물론 얼마나 훈련을 받았느냐에 따라서 약간의 차이는 있을지 몰라도 기본적으로 소비하는 시간을 제외하고 난 후에는 실제로 자기의 직업이나 재능을 가지고 효율적으로 일할 수 있는 시간이 그렇게 많지 않다는 것이다.

'모래시계'라는 드라마를 보면서 느낀 감정이, 인간이 얼마나 극한상황까지 갈 수 있는가 하는 것이었다. 잠을 자지 못하고 밥을 먹지 못하고 육신적, 정신적인 고통을 견뎌낼 수 있는 한계가 어디까지인가? 우리 자신은 그렇게 하지 못하지만 인간 한계를 극복하는 스포츠맨이나 드라마 속의 주인공들의 인생을 통해서 우리의 생활을 되돌아보게 된다.

인간이 사회적 동물이라고 하는 것은 혼자 살 수 없고 더불어 함께 살아가야 하기 때문이다. 그런 사회적인 면 때문에 소비해야 하는 시간들도 많다. 특별히 한국처럼 가족관계나 친구관계, 특별히 직장에서 상하관계나 동료관계에서도 본인의 의사와 상관없이 소비해야 하는 시간들이 상당히 많고 또 중요하게 생각된다.

직장에서의 각종 모임 - 공적 모임이 아닌 것 - 예를 들어 집들이, 돌, 회갑, 결혼, 생일 등의 잔치, 단합대회 등에 참석해야 한다. 이런 것들이 참 인간적이라고 보기 때문에 이런 기회를 갖기 어려운 것이 미국생활에서 아쉬워하는 점 중에 하나다. 하지만 이런 것들이 개인의 시간 관리를 어렵게 하는 요인 중에 하나라고 본다.

평생에 이사를 필자만큼 많이 한 사람도 드물 거라고 생각하는데, 이사를 생각하면 생각나는 일이 있다. 언젠가 아는 분의 이사에 친구들이 와서 이삿짐을 날라주는데 그분들이 석사, 박사학위를 갖고 있는 분들이었다. 사관학교를 졸업한 고급장교들인데, 미국식으로 시간당 임금을 계산하면 도대체가 이삿짐을 나르는 막노동자들의 몇십 배에 해당하는 고급 노동력이 낭비되고 있는 것이 아닌가 하는 계산을 해본 적이 있다. 그렇지만 사람은 그렇게 계산만으로 살아가는 것은 아니다. 계산대로 사는 것이 아니기 때문에 인생은 살아가는 재미가 있는 것인지도 모른다.

결국 시간 관리는 아는 것도 중요하지만 훈련을 통해 내 생활에 적용하는 것이 더 중요하다.

시간 관리 교육(3)
# 무슨 일을 언제 하는가

도대체 인생을 어떻게 살아야 잘 사는 것인가?

하루는 어떻게 보내야 하고, 일 년은 어떻게 보내야 하며, 유년기, 청소년기, 청년기, 장년기, 노년기의 각각의 때에 도대체 어떻게 사는 것이 행복한 삶인가? 무엇이 가장 값진 삶인가? 이런 질문을 해보게 된다.

"일찍 일어나는 새가 벌레를 잡는다"라고 했는데 일찍 일어나는 것만이 최선인가? 자기의 성격이나 형편에 따라서 늦게 자고 늦게 일어날 수도 있고, 또 형편에 따라서 규칙적인 생활을 하지 못할 수도 있다.

아침에 일어나서 어떻게 일과를 시작하는 것이 좋은가? 꿇어 엎드려 기도를 하는 것이 먼저인가, 아니면 밖으로 나가 신선한 공기를 마시면서 체조를 하는 것이 더 나은가? 세수나 샤워를 먼저 하고 책을 읽든가 음악을 듣는 것은 어떠한가?

낮에 어떻게 시간을 배분하고 일을 하는 것이 능률을 극대화할 수 있는가? 밤에 어떻게 하루의 일과를 마감하는 것이 효과적인가? 잠자기 전에 독서를 하는 사람, 텔레비전을 보다가 잠을 자는 사람. 요즘은 인터넷이 발달을 해서 인터넷을 하다가 잠을 자는 사람이 더 늘어날 것으로 추측된다.

그 시대, 그 사회의 시간 소비에 대한 패턴을 가장 많이 연구하고 또 영향을 미치는 것이 텔레비전 프로그램이 아닌가 생각한다. 한국에서는 가장 중요한 저녁 뉴스 시간대가 9시로 되어 있다. 미국에서는 11시다. 연전에 11시 뉴스를 파괴하고 한 시간 일찍 10시에 뉴스를 시작한 방송국이 있었다. 시청률 경쟁에서 돌파구를 마련하고자 했던 것으로 보이는데 성공여부는 좀 더 시간을 두고 봐야 할 것 같다. 사람들의 생활양식을 연구해서 따라가는 것인지, 방송국의 프로그램에 따라서 사람들의 생활 리듬이 바뀌어가는 것인지 모르겠다. 물론 두 가지가 상당한 상관관계를 가지고 상호작용을 한다고 본다.

인간의 생활에 대한 교과서는 없는 것인가, 아니면 있는데 널리 보급되지 않아서 모르고 있는 것인가? 의학적인 면에서나 체력적인 면에서, 정서생활과 신앙생활 전반을 놓고 체계 있게 연구해서 샘플로 제시할 수 있는 생활표가 있으면 좋겠다는 생각을 해본다.

물론 인간생활을 가장 많이 연구하고 효과적으로 관리하고 있는 곳이 군대라고 생각한다. 특별히 단기간에 사회인을 군인으로 만들어 내는 훈련소야말로 인간을 새로이 태어나게 하는 곳이라는 말을 듣는다. 군 생활을 경험 삼아 일상생활을 정리해 본다.

아침에 기상나팔 소리와 함께 자리에서 일어나면 연병장에 모여서 인원점검을 하고 간단한 운동을 한다. 어쩌면 이 방법이 잠에서 깨어나 일상생활을 시작할 수 있는 준비를 하는 가장 좋은 방법인지도 모르겠다. 아침 운동이 끝나면 세수나 샤워를 하고 아침 식사를 한다. 아침 운동이 아침 식욕을 불러일으킬 것이다.

아침 식사가 끝나면 오전에는 정신운동을 많이 할 수 있는 교육을 하고, 오전 교육이 끝나면 오후에는 정신적인 활동보다는 육체 노동을 한다든지 체력단련을 한다. 그것은 점심 식사 후에 오는 식곤증을 쫓아내고 정신상태를 긴장으로 계속 유지해서 능률을 떨어뜨리거나 피로가 누적되지 않도록 하는 데 도움이 될 것 같다.

오후 일과가 끝나면 휴식시간을 갖고 저녁 식사를 하게 되는데, 역시 오후의 육체 노동이나 운동이 저녁 식사의 밥맛을 좋게 하는 데 일조를 할 것이다. 고된 훈련병 시절이야 저녁 시간에 교육을 하면 잠자기가 바빠서 피교육자의 3대 특징인 춥고, 배고프고, 졸립고 하는 상태에 빠지게 할 것이다. 이처럼 기계처럼 움직이면서 생활하는 절도 있고 규율 있는 생활이 좋다고 생각은 하면서도 우리들의 일상생활에서는 적용하려 들지 않는다. 시간 맞춰서 규칙적인 생활을 하는 것은 군인이고, 군인이 아니면 마치 자유롭게 살아가는 것이 특권인 양 게으름을 피운다.

우리들의 일상생활에서도 군대에서와 같은 패턴을 적용할 수 있을 것이다. 물론 각 개인의 개성과 독창성이 인간의 특권이고 민주사회의 힘이라는 것을 부정하고 획일적인 전체주의를 주장하는 것은 아니다.

하루의 생활, 일주일의 생활, 일 년의 생활을, 더 나아가서 인생의 단계 단계마다 어떻게 계획하고 시간을 배분해서 무슨 일을 하는 것이 좋을지 한번 각계의 전문가들이 모여서 연구해 볼 일이다.

시간 관리 교육(4)
# 남의 시간 빼앗기

지금까지는 주로 개인의 시간 관리를 생각해 보았지만 이제는 남과의 관계에서 시간을 생각해 볼까 한다. 인간은 살아가면서 혼자 사는 것이 아니기 때문에, 나의 재능이나 물질을 가지고 남에게 피해를 주는 일은 쉽지 않은 일이다. 물론 의도적으로 나쁜 짓을 하거나 남에게 피해가 갈 것을 뻔히 알면서도 행하는 경우도 있지만, 사실은 본인은 의식을 못하거나 아니면 오히려 도움이 될 것이라고 생각하면서 했는데 결과적으로 남에게 피해가 가는 경우도 있을 것이다.

어찌 보면 칼럼을 쓴다는 것도 좋은 뜻에서 읽는 분들에게 조그만 도움이 되기를 바라고 쓰지만, 뻔하고 시시한 얘기라고 시간만 손해를 보았다고 생각하는 사람도 있을 것이다.

특별히 남의 시간을 빼앗는 일들은 여러 형태로 나타난다.

가장 직접적인 것들이 상대방과의 역할관계에서 나타나는 시간 소비다. 우리들의 일상생활에서 흔히 볼 수 있는 약속시간이다. 병원에 가서 기다리는 시간이 얼마나 많은가? 특별히 높은 사람을 만나려면 일찍부터 기다려야 한다. 이유는 간단하다. 실력자나 높은 사람은 시간을 아껴야 하기 때문에 실력 없거나 아쉬운 사람이 시간을 내어 기다리고 있다가 만날 수밖에 없는 것이다. 하지만 요즘에는 돈이든 권력이든 조그만 것만 있어도 마치 자신의 특권인 양 사용하기를 주저하지 않는 사람들이 많이 있는 것 같다.

고등학교 때 스승님으로부터 들은 '삼토포 삼악발'(三吐哺 三握髮)이라는 교훈 하나가 생각난다.

찾아오는 사람을 진심으로 맞이하는 것을 이르는 말로, 중국 주나라의 주공(周公)이 현인을 구할 때 한 끼의 식사에 세 번이나 입에 넣은 밥을 도로 뱉어버리고 일어나 손님을 맞았으며, 목욕을 하다가 세 번 머리를 틀어쥐고 나가서 맞이했다는 것인데, 좋은 인재를 놓치지 않기 위해서 최선을 다했다는 고사성어다.

요즘 회사의 높은 사람들이나 관직에 있는 사람들이, 식사 중이거나 목욕 중에 자기보다 높은 사람이 온 것도 아닌데, 중간에 나가서 사람을 맞을 만큼 남의 시간을 존중해 줄 사람이 얼마나 있을까?

과연 남의 시간을 얼마나 빼앗고 있는지 한번 생각해 볼 일이다. 특별히 높은 사람, 권력 있는 사람, 상대적으로 우위에 있는 지위를 이용해서 남의 시간을 빼앗고 있지는 않은지 한번 생각해 볼 일이다.

시간 관리 교육(5)
# 토막 시간 활용법

　남의 시간을 빼앗는 것이 의도적이든 무의식적이든 상대방이 그와 같이 할 때 그것에 대처하는 방안이 있다. 바로 토막 시간 사용에 대한 훈련과 준비를 해두는 것이다.
　시대 발달의 많은 부분들이 바로 이 시간 활용을 염두에 두고 발전하는 것 같다. '더 빨리, 더 효율적으로, 같은 시간에 더 많이' 하는 것들의 근저는 바로 시간을 다루고 있다.
　불과 10~20년 전만 해도 토막 시간 사용이 가능한 도구가 없었다. 노트북도 없고, 물론 핸드폰도 없었다. 기껏해야 책이나 잡지, 신문을 들고 다니면서 시간 나는 대로 읽는 것이 가장 보편적인 토막 시간 사용법이었다. 그러나 이제는 자신의 취향이나 목적에 따라서 거의 무한대에 가까운 방법들이 생겨났다고 본다.
　핸드폰을 이용해서 각종 정보를 받을 수도 있고, 다른 약속들을 하거나 변경할 수도 있고, 자기의 시상이나 아이디어들을 메모해 두거나 음악을 듣거나 책을 읽거나 뉴스를 보는 것 등 거의 모든 분야의 모든 일들이 시간과 장소에 구애받지 않고 가능해졌다.
　물론 장소에 따라 핸드폰 사용에 제약을 받는 곳들이 있다는 것을 모르는 것은 아니다. 더구나 예의를 지키지 못하고 남의 눈살을 찌푸리게 하는 경우도 종종 목격하게 되지만 적어도 무례가 되지 않으면 거의 모든 일들이 가능하다는 얘기다.

다만 한 가지 무엇을 할 것인가? 미리 준비하고 계획하지 않으면 불가능한 일이다. 아니, 불가능은 아닐지라도 효과적으로 이용할 수 없고 그저 충동적인 일들로 인해서 실수를 할지도 모른다. 그렇기 때문에 토막 시간 사용에 대해서도 미리 예상을 하고 계획을 세워 두는 것이 필요하다.

요즘은 멀티테스크 시대라고 한다. 젊은이들일수록 동시에 여러 가지 일들을 해내는 데 무리가 없다. 전에는 부모들이 한 가지 일에 집중하지 않는다고 자녀들을 나무라는 경우가 많았다. 공부하면서 음악을 듣고, 밥을 먹으면서도 전화를 하고, 컴퓨터에서 자료를 찾고…… 이런 일들을 동시에 하는 자녀들이 불안하기도 하고 제대로 일들을 처리할까 걱정이 되었지만 그것을 자연스럽게 여기는 시대가 된 것 같다. 오히려 그렇게 못하는 사람이 경쟁 사회에서 도태될 것 같은 위기마저 느낀다.

시간은 준비된 사람에게만 기회를 준다. 주어진 시간이 길든 짧든, 그 시간을 활용하는 사람에게만 효용 가치가 있는 것이 시간이다. 준비되지 못한 사람에게는 그저 흘러가 버리고 마는 것이 시간이다. 토막 시간이라도, 언제 어떤 경우라도 시간을 낭비하지 않겠다는 마음으로 5분을 어떻게 사용할 것인지 준비해 두자.

그러나 한 가지 덧붙일 것은 아무 준비가 안 되었어도, 좋은 휴식을 취할 준비만 되어 있다면 문제 될 것이 없다. 휴식도 준비된 자만이 가질 수 있는 특권이다. 어영부영 보내는 시간은 휴식도 아니고 피곤을 더해 주는 낭비다.

시간 관리 교육(6)
# 공공질서 지키기

　시간 관리 교육을 위해 마지막으로 공공질서 의식에 대해 얘기를 해보자.
　미국 대부분의 대도시에는 벨트웨이라는 순환도로가 있다. 일전에 워싱턴 DC의 벨트웨이를 운전하면서 느낀 것이다. 미국에서는 보통 오후 2시면 러시아워가 시작된다. 왜냐하면 학생들의 하교가 시작되는 시간이 2시 15분부터이기 때문에, 오전에 자녀를 학교에 보내고 파트타임을 하는 엄마들이 주로 은행이나 쇼핑센터, 가게 등지에서 시간제로 일하고 아이들이 집에 올 시간이면 일을 마치는 경우가 많기 때문이다. 학생들이 학교에 가 있는 동안만 일하려는 사람들이 많기 때문에 고급인력을 싸게 쓸 수 있는 여건도 마련이 된다. 시장의 법칙에 의해서 같은 시간에 일하려는 사람이 많으면 적은 임금을 주고도 좋은 사람들을 쓸 수가 있게 된다.
　얘기가 옆으로 빗나갔지만, 오후 러시아워가 시작되면 대부분 길이 막히게 된다. 많은 경우에 사고가 나서 길이 막히는 경우보다는 사고 난 지점을 통과하면서 사고 구경(?)을 하고 가기 때문에 길이 막히는 경우가 더 많다. 실제로 막힌 길을 10여 분씩 기다리다가 사고지점을 통과하게 되면 사고는 반대편 길에서 일어났는데 이쪽에서는 많은 차량 운전자들이 한 번씩 쳐다보고 가느라 주행속도가 느려지고, 또 한 번씩 쳐다보는 시간이 전체 차량 통행에 지장을 줘서 결국 차도를 꽉 메운 차들이 모두 지체를 하게 된다.

물론 한 사람의 작은 실수로 인해서 길의 양방향에 있는 수천 대의 차량이 지체되어 소비되는 시간을 생각한다면 엄청난 시간이 된다. 실질적인 부주의로 인한 사고든지, 아니면 무의식적으로 사고를 보면서 조심하기 위해서, 본능적으로 구경하기 위해서, 경찰이 보이니까 조심하기 위해서 흘끔흘끔 쳐다보는 것들이 결과적으로 남의 시간을 빼앗게 되는 것들이다.

특별히 교통체증 중에 끼어들기를 해서 서로 못 가고 시간을 낭비하는 것들을 많이 본다. 질서를 지켜서 차례대로 간다면 훨씬 더 빨리 갈 수 있는데 말이다.

교통질서뿐만이 아니라 공공질서를 지키는 것이 사회적으로 남의 시간을 빼앗지 않을 뿐만 아니라 결국은 자신의 시간을 지키는 것임을 알아야겠다.

미국에 와서 첫 번째로 배워야 할 것은 바로 맥도날드에 가서 줄서서 기다리는 것이라고 했다. 조급한 마음에 다른 곳으로 가봤자 더 빠를 것이 없다. 느긋하게 기다리는 것이 오히려 더 빠른 경우가 많다.

# 내가 여행을 좋아하는 이유

등산을 자기와의 싸움, 자기 내면의 세계를 관조할 수 있는 운동으로 본다면 여행은 자기 밖의 세계를 보는 계기가 되는 시간이라고 생각한다. 물론 그룹 등산이 갖는 협동심, 단체생활 등등 많은 좋은 점들이 있지만 기본적으로 자기 자신에게 초점을 맞춘 것이다. 그래서 등산이 자신의 내면을 돌이켜볼 수 있는 시간을 갖게 되는 반면에 여행은 자신을 떠나서 남을 볼 수 있는 기회를 갖게 된다고 생각한다.

인간은 한 가지 일이나 사건, 사람, 사물에 몰입하다 보면 가까이 있는 나무는 보되 숲은 보지 못하는 우를 범하기 쉽다. 긍정적인 면에서 무엇을 좋아한다든지 사랑한다든지 모든 일이 잘되어 나가는 것 같다든지, 반면에 부정적으로 사업에 실패를 했다든지 사랑에 배신을 당했다든지 등등 우리들의 현실에서 오는 많은 일들에 한 번 빠지기 시작하면 전체적인 관점에서 보기보다는 그 자체에 빠져서 헤어나지 못하는 경우가 너무나 많다.

그래서 일이 잘되어 나갈 때도, 일이 잘 안 풀리고 어려울 때도 필자는 여행을 즐긴다. 한번 훌쩍 떠나서 점검을 해보는 것이다. 일상생활을 떠나서 생각을 해보면 새로운 관점에서 볼 수 있다. 아주 하늘이 꺼질 것 같은 절망 속에서도 내가 '어허 그것 별

것 아니구먼, 다시 시작하면 되지' 하는 여유를 가질 수가 있다. 여행 중에 만나는 다른 사람들의 삶의 모습 속에서 자신의 위치를 발견할 수 있다. 그것은 기차 역전에서 구걸하는 삶을 살아가는 분일 수도 있고, 좌판을 벌여놓고 장사를 하고 있는 아낙네일 수도 있다. 아니면 고속도로변에서 일하고 있는 농부의 모습일 수도 있고, 굴뚝 연기가 솟아나는 공장으로 들어가는 근로자들의 모습일 수도 있다. 그들과 자신의 모습을 비교해 보면서 새로운 도전을 얻을 수 있는 것이다.

일상생활의 단조로운 반복에서 얻을 수 없는 많은 삶의 편린들을 여행을 통해서 얻을 수 있다. 그것이 단 몇 시간의 여행이든, 아니면 며칠간의 여행이든 자기의 형편에 맞게 생활과 마음의 여유를 부려 보자. 그러면 인생은 훨씬 더 풍요로워질 것이다.

자기 자신의 삶을 돌아보고 점검해 보는 것도 중요하지만 자신을 둘러싸고 있는 환경과 주변 사람들을 생각해 보고 관심과 사랑을 쏟아 주는 일들도 중요한 삶의 요소들이라는 것을 가끔 잊어버리고 사는 사람들에게 여행은 아주 중요한 치료제가 될 것이다.

# 내가 등산을 좋아하는 이유

　필자는 등산을 참 좋아했다. 여행도 좋아하지만 등산을 좋아한 이유가 있다. 미국생활을 하면서 등산할 기회가 별로 없다는 것이 참 애석한 일 가운데 하나다. 인생에는 어느 경우에나 적용되는 보편적인 원리와 원칙이 있다고 믿는다. 그런 보편적인 진리를 깨닫는 시점이 인생을 살아가는 과정 속에서 언젠가는 있게 되는데, 그것이 젊어서인지 아니면 늙어서 임종을 앞두고인지 그것이 문제다.

　인생이나 등산이나 시작이 있고 과정이 있고 끝이 있다. 시작과 끝은 대부분 내가 컨트롤할 수 있는 범위를 벗어나는 경우가 많다. 그래서 과정을 중요시한다. 물론 인생이 한 편의 장편소설이라면 등산이야 꽁트만도 못한 소설의 한 장면에 불과하지만 그래도 그곳에도 있을 것은 다 있다.

　철저한 준비가 없으면 산 속에서 길을 잃고 헤맬 수도 있고, 또 예상보다도 훨씬 더 험한 코스를 만나서 고생을 사서 할 수도 있다. 한 발자국을 잘못 디디면 낭떠러지로 떨어져서 목숨을 잃을 수도 있고, 큰 부상을 입을 수도 있다. 인생을 살아가면서도 마찬가지다. 작은 교통사고나 부주의한 사고로 평생 고생하거나 목숨을 잃는 경우가 허다하다. 어떤 경우에는 차라리 죽으면 아무것도 모를 것 같고 죽지 못하고 힘겹게 살아가는 것이 더 어렵다고 느끼는 경우도 많다.

어떤 사람은 등산의 목적을 정상에 두고 무조건 정상만을 향해서 돌진하는 사람이 있는가 하면, 중간중간에 경치를 음미해 가면서 2부 능선, 5부 능선, 7부 능선을 골고루 즐기다가 정상에 오르지 못하는 사람도 있고, 경우에 따라서는 그렇게 음미하면서도 정상에 도달하는 사람도 있다. 그런가 하면 아예 힘든 일은 처음부터 안 하겠다고 작심을 하고 등산을 포기하고 산 밑자락에서 편하게 놀기만 하는 사람도 있을 것이다. 그 어떤 경로를 택하든 자기의 인생관에 관한 것이다.

과연 어떤 인생관을 가지고 어떻게 살아왔는가? 필자는 과정을 중시하는 사람이다. 사람이 언제 끝을 맞을지 알지 못하는데 결과를 좋게 하겠다고 모든 것을 희생하는 사람들보다는 정상에 오르지 못할지라도 인생의 과정을 즐기면서 사는 날까지 충실하게 살겠다는 것이 나의 인생관이다. 정상에서 바라보는 경치가 아무리 훌륭하다 해도 중간중간에 느끼는 맛을 한꺼번에 느낄 수는 없다.

물론 "젊어 고생은 사서도 한다"라는 옛말처럼 한때 고생을 해서라도 정상에 오르면 그 후의 삶이 훨씬 나아진다는 것을 모르는 것은 아니다. 그것을 부정해서 학생이 학교 다닐 때 공부를 소홀히 하고 놀기만 한다든지, 직장인이 직장일에 불충실하고 놀러만 다니라는 얘기는 아니다. 무엇을 하든 자기 삶을 균형 있게 즐기면서 살아가는 것을 말하는 것이다.

정상에 오르지 못한 사람은 정상에 올랐을 때 느끼는 참맛을 느끼지 못한다. 정상에 오르지 못한 사람이 노력을 하지 않고 하는 변명일 수도 있다.

  균형 있는 삶이란 올라가는 과정을 즐길 수 있고 정상의 맛을 볼 수 있지만 내려오면서 즐길 수 있는 것도 포함되어야 한다고 본다. 모두를 즐기지 못하고 부분만을 즐긴다면 반쪽 인생을 살았다고 후회할지도 모른다.

/ 후 /
/ 기 /

## 말썽쟁이 아빠

젊은 나이 26세에 시집온 아내가, 미국서 2~3년 공부하고 오면 호강시켜 줄 것으로 기대하고 부모와 형제를 떠나 덜렁덜렁 따라왔습니다. 그것이 35년 전 얘기입니다.

35년 동안 노예처럼 가난한 유학생의 와이프로 고생하면서, 딸과 두 아들을 훌륭하게 키웠습니다. 그뿐만이 아닙니다.

그 세월 동안 자녀들은 아무 말썽 없이 잘 성장해 주었는데, 집안에 말썽을 일으키는 사람은 아빠뿐이었습니다.

밤낮없이 뛰어다니면서 졸면서 운전하다 차를 망가뜨리고, 사고를 냈습니다. 부족한 모습 그대로이지만, 하나님의 일을 하겠다고 망둥이처럼 뛰어다니는 나를 하나님은 불쌍히 여기시고 보호해 주셨으며, 자녀들이 잘 자라도록 인도해 주셨습니다.

큰딸 선영(수젠, Susan), 큰아들 범회(벤자민, Benjamin) 막내아들 성회(폴, Paul) 모두 자랑스럽게 성장해 줘서 감사합니다.

선영이는 어려서부터 천재 소리를 들으면서 공부를 했습니다. 워싱턴에 있는 조지워싱턴 대학에서 마케팅을 전공하고 직장생활을 하다가, 하와이 대학의 한국학 전공의 대학원 석사과정을 마치고 국방부의 고위공무원으로 근무하고 있습니다.

하와이에서 1년, 서울 고려대학교에서 1년을 공부하면서 인턴십을 하고는 한국 전문가가 되어, 미국에서 태어났지만 한국의 말과 글은 물론 역사와 문화, 정치 등 부모보다도 한국을 더 잘 아는 사람이 되었습니다.

큰아들 벤자민은 미국대학의 입학시험에 참고하는 SAT 시험에서 수학 만점을 받아서, 남부의 하버드로 불리는 밴더빌트 대학에서 4년 전액 장학생으로 생명공학을 전공하고 졸업하여 연방특허청 특허심사관으로 근무하다가 메릴랜드 법대에서 공부해 특허전문 변호사가 되었습니다.

특허전문 최대의 법률회사인 Finnigan Law Firm에 근무하다가 연방항소법원 재판연구관으로 1년을 마치고, Ropes & Gray 라는 대형법률 회사에 근무하고 있습니다.

막내아들 폴은 펜실베이니아 피츠버그 대학에서 경제학과 커뮤니케이션을 전공하고, 컨설팅 회사에서 컨설턴트로 근무하고 있습니다. 고등학교 시절 활발한 보이스카웃 활동으로 최고 영예의 이글스카웃이 되었습니다. 이글스카웃 수여식에는 미국 대통령과 부통령을 비롯해서 국방부장관, 합참의장, 참모총장, 연방상원의원, 하원의원, 주지사, 주 상원의원, 하원의원, 시장, 시의원, 군수, 군의회의원 등 거의 모든 선출직 지도자들이 축하 결의안이나 표창장, 축하 서신을 보내서 지역사회 지도자의 탄생을 축하합니다.

세 아이들을 훌륭하게 키워 준 아내가 고맙고, 그렇게 성장해 준 자녀들이 고맙고 대견합니다.

유학 와서 공부도 못하고, 한인사회와 주류사회를 위해서 일하겠다고 부족한 모습 이대로 뛰어다닌 나에게 하나님은 아내와 자녀들을 통해서 큰 복을 주셨습니다.

지나온 세월을 생각해 보면 부끄럽고 죄송스럽지만 감사하고 자랑스러울 뿐입니다. 그래서 남은 인생은 좀 더 성숙해져서 하나님을 잘 믿고, 예수님의 사랑과 복음을 주변에, 더 나아가 땅 끝까지 전하는 데 바칠 수 있기를 바라고 있습니다.

특별히 조국이 어려울 때 해외동포가 된 750만 해외동포들이 21세기 조국의 번영과 발전을 위해서, 또 조상님들의 개국이념인 '홍익인간' 정신으로 온 인류가 더불어 함께 잘살기 위한 한민족의 노력에 앞장설 수 있기를 바랍니다.

남은 여생에 꿈이 있습니다.

첫 번째는, 미국에 있으면 '미주새마을운동'을 계속 벌이고 싶습니다. 미주 한인들이 미국의 역사 속에 기여할 수 있는 사명으로서, 미국을 모든 사람들이 더불어 다 함께 잘사는 나라로 만드는 운동이라고 생각을 합니다.

두 번째는, 미국에 한민족의 번영의 터전인 '태극시'를 워싱턴 근교에 건립하고 싶습니다.

미국과 조국 대한민국의 공동번영을 위한 연구와 비즈니스를 함께하기 위한 터전, 또 한국의 문화를 세계와 미국에 알리기 위한 민속촌, 2세와 전문인을 길러내는 유치원부터 대학원에 이르기까지 전인교육을 이루어낼 학교, 미국 내 한인뿐만이 아니라 전 세계에 있는 한인 동포들이 말년을 안락하게 보낼 수 있는 은퇴자 마을, 필요한 모든 사람들이 쉼과 재충전을 위한 명상과 휴식센터를 함께, 동서양의학을 공동 연구하면서 치료하는 병원, 이런 것들을 골고루 배치해서 만드는 신도시가 '태극시'입니다.

세 번째는, 한인 동포들이 조기 은퇴를 하고 인생의 마지막에 땅 끝까지 이르러 예수님의 사랑과 복음으로 섬기는 선교사 1만

명을 훈련하고 파송하는 '시니어선교센터' 건립입니다.

조국이 통일될 때 북한 동포들을 훈련시켜서 전 세계 일꾼으로 파송시킬 선교센터를 건립하는 것입니다.

네 번째는, 조국이 21세기 지구촌의 중심 역할을 할 수 있도록 '동포처'를 추진하는 것입니다. 동포처 추진 워싱턴 위원장 일을 잘해서, 조국이 그런 일을 할 수 있는 밑거름이 될 수 있기를 바랍니다.

다섯 번째는, '부모학'이란 학문을 만들고 싶습니다.

아버지, 엄마가 각자의 역할을 잘할 수 있으면 현대사회의 많은 문제들이 해결될 것이란 믿음이 있습니다.

초등학생에게까지 콘돔을 나눠 주고 성교육을 하는 학교의 실태를 보면서, 문제의 근원인 생명에 대한 존중, 창조주 하나님에 대한 이해, 그 은혜에 대한 보답과 책임을 교육하는 것이 중요하다고 생각합니다.

미국에 유학을 와서 카핀 주립대학 대학원에서 평생교육을 공부하는데, 그것은 조국이 더 필요로 하는 것이 아니고, 세계에서 최고로 문명이 발달한 나라, 미국에 이민을 와서 흑인촌에서 장사를 하면서 일주일에 한 명씩 죽어나가는 내 동포, 아침마다 장사를 나가면서 방탄복에 쌍권총을 차고 나가는 내 누님과 매형, 영어가 통하지 않아서 제대로 의사를 표현할 수도 없고, 미국의 사회제도나 문화를 몰라서 아무런 혜택도 받을 수 없는 내 형제, 내 동포들을 위한 생존의 문제였습니다.

아프리카 밀림에서 바나나와 과일을 따 먹으면서 살다가 맹수와 독사에 희생되는 것과 무엇이 다를까? 끊임없이 고민을 하다가 결국 고 주상오 씨께서 한인회장으로서 한인회 일을 함께하자는 삼고초려를 거절하지 못하고 한인사회 일을 시작했습니다. 형님이 뉴욕에서 박사 공부를 마치고 귀국하시면서 하신 말씀입니다.

"동생……, 동생이 하고자 하는 일들을 이해하지만, 그런 것은 부모를 잘 만나서 밥 걱정 없는 사람들이 해야 할 일 아닌가? 동생은 지금 가난한 유학생으로 처와 자식들을 먹여살리는 일을 고민해야 하지 않나? 형으로서 동생의 그런 뜻을 펼칠 수 있도록 도와줄 형편이 못 되는 것이 미안하네…….''

맞습니다. 나는 가진 것 한 푼 없는 가난한 유학생이었고, 아내와 자식을 벌어 먹여야 하는 가장이었습니다. 그래서 아내의 가슴에 못을 박는 말을 하고 말았습니다. 독립운동 하는 우리 조상들이 아마 그랬을 것입니다.

"독립군 남편을 잘못 만났다고 생각해 주시오……."

그런 남편과 함께 살면서 자녀들을 훌륭하게 키워 준 아내가 고맙고 면목이 없습니다.

하나님은 그런 나에게, 자녀들이 번듯하게 자라서 자랑스러운 모습을 보여주도록, 또 말년에 아내가 밥 걱정하지 않고 살 수 있도록 한 걸음 한 걸음 인도해 주셨습니다. 그 하나님의 은혜에 감사해서 남은 여생은 성실하게 하나님의 일을 하면서 살고 싶습니다. 부족했던 모습을 거울삼아서 예수님의 사랑과 복음을 전하면서 살고 싶습니다.

미주 동포들을 위해서, 조국을 위해서, 예수님을 위해서, 인류를 위해서…….

2016년 4월

미국유학실패기 - (KBS) 월드넷 칼럼집
## 말썽쟁이 아빠

**1판 1쇄 인쇄** _ 2016년 5월 6일
**1판 1쇄 발행** _ 2016년 5월 12일

**지은이** _ 허인욱
**펴낸이** _ 이형구
**펴낸곳** _ 쿰란출판사

**주소** _ 서울특별시 종로구 이화장길 6
**편집부** _ 745-1007, 745-1301~2, 747-1212, 743-1300
**영업부** _ 747-1004, FAX 745-8490
**본사평생전화번호** _ 0502-756-1004
**홈페이지** _ http://www.qumran.co.kr
**E-mail** _ qrbooks@gmail.com / qrbooks@daum.net
**한글인터넷주소** _ 쿰란, 쿰란출판사
**등록** _ 제1-670호(1988.2.27)
**책임교열** _ 박은아·신영미

© 허인욱 2016   ISBN 978-89-6562-884-2   03230

책값은 뒤표지어 있습니다.
이 출판물은 저작권법에 의해 보호를 받는 저작물이므로 무단 복제할 수 없습니다.
파본(破本)은 구입처에서 교환해 드립니다.